Karl Lachmann, Moriz Haupt, Johannes Vahlen

Karl Lachmanns Briefe an Moriz Haupt

Karl Lachmann, Moriz Haupt, Johannes Vahlen

Karl Lachmanns Briefe an Moriz Haupt

ISBN/EAN: 9783743470453

Hergestellt in Europa, USA, Kanada, Australien, Japan

Cover: Foto ©ninafisch / pixelio.de

Weitere Bücher finden Sie auf **www.hansebooks.com**

KARL LACHMANNS BRIEFE

AN

MORIZ HAUPT.

HERAUSGEGEBEN

VON

J. VAHLEN.

BERLIN.

DRUCK UND VERLAG VON GEORG REIMER.

1892.

Vorrede.

Wenn es noch Anhänger Lachmanns giebt, denen die Bekanntmachung der Briefe desselben an seinen Freund und Gesinnungsgenossen Haupt willkommen ist, so mögen sie wissen, dass der Dank dafür Haupts Töchtern gebührt, die sich haben bereit finden lassen, den lange von ihnen gehegten Schatz einer Veröffentlichung nicht vorzuenthalten. Dass aber das Geschäft der Herausgabe mir zugefallen ist, hat der Verleger des Büchleins, mein verehrter Freund, Herr Ernst Reimer zu verantworten, dessen Wunsche, dass ich, wie früher Lachmanns Kleinere Schriften zur classischen Philologie und den Torso seines Lucilius, so jetzt diese Briefe herausgeben möchte, ich mich nicht entziehen wollte, so sehr auch bei mir die Meinung überwog, dass ich mich damit einer das Mass meiner Kräfte übersteigenden Aufgabe unterziehen würde; und diese Empfindung ist auch jetzt, da ich über das eingehaltene Verfahren in Kürze Rechenschaft zu geben versuche, die vorherrschende und lässt die Freude an der für ein philologisches Gemüth genussreichen Sammlung in mir nicht aufkommen, zumal, was Unvermögen oder Unachtsamkeit des Herausgebers verschuldet hat, das nun fertig vorliegende Werk nur zu deutlich vor Augen stellt.

Die Sammlung enthält nur Briefe Lachmanns, von den Hauptschen hat sich nichts erhalten, ausser dem kleinen Rest der S. 94

abgedruckt ist. Lachmanns Briefe, 117 an der Zahl, reichen von
1834, dem Jahr der ersten Bekanntschaft Haupts mit Lachmann, bis
Ende Januar 1851, d. i. wenige Wochen vor Lachmanns am 13. März
d. J. erfolgten Tode. Sie bilden eine ununterbrochene Kette, nur
so, dass das erste Jahr nur einen, das folgende, in welchem Haupt
abermals in Berlin war, keinen Brief aufweist. Hinzugekommen
sind hier, ausser den von Lachmann selbst seinen Briefen angehäng-
ten Beilagen S. 17 ff. und S. 76 ff., zwei Briefe von ihm an Gottfried
Hermann (S. 61 ff. und S. 149 ff.), die äusserlich oder im Inhalt zu
den Briefen an Haupt in so naher Beziehung stehen, dass sie hier
ihre rechte Stelle zu bekommen scheinen.

Lachmanns Briefe an Haupt, deren zeitliche Abfolge, wo sie
nicht datiert waren, aus dem Inhalt unschwer sich feststellen liess,
sind nicht alle vollständig und wortgetreu zum Abdruck gekommen.
Es konnte nicht die Absicht sein, durch die Veröffentlichung der
40, zum Theil mehr als 50 Jahre zurückliegenden Briefe, welche
Einblick eröffnen in ein sehr vertrautes Verhältniss der beiden in
Wissenschaft und Temperament gleichgearteten Gelehrten, jetzt
noch Missstimmung zu erzeugen, und nichts lag den gütigen Gebe-
rinnen der Briefe mehr am Herzen, als dass alles vermieden werde,
was den Genuss dieser Publication durch einen Zusatz von Bitter-
keit beeinträchtigen könnte. Daher sind sowohl zahlreiche Stellen
kleineren Umfangs, welche Urtheile enthielten, die noch heute ver-
letzend sein konnten, als auch zum öftern grössere Ausführungen
ähnlicher Art ausgeschieden worden, jene ohne dass auch nur eine
Spur die Beseitigung andeutet, diese, weil doch der Zusammenhang, um nicht mehr als nöthig auszumerzen, zu durchbrechen
war, meist durch das Zeichen der Lücke kenntlich gemacht. Manchmal ist auch, wo Beseitigung nicht statthaft oder nicht räthlich war,
ein Wort durch ein anderes ersetzt worden, oder hat der Setzer im
Schreck über einen kräftigen Ausdruck leeren Raum zu beliebiger
Ausfüllung des Lesers gelassen. Was aber von Härten verblieben

ist, schien gegenüber dem reichen wissenschaftlichen Inhalt nicht
schwer ins Gewicht zu fallen oder seine Rechtfertigung zu finden
entweder an der Stelle selbst oder an andern in diesen Briefen oder
auch in dem was anderweitig bekannt und von Lachmann oder andern veröffentlicht war. Denn das durfte doch wohl als Massstab
gelten, um nicht hier zu unterdrücken was Niemanden unbekannt
war und sonst ohne Murren hingenommen worden.

Im Äusseren weicht der Druck in Einem von der Vorlage ab.
Lachmanns Briefe sind von Anfang bis zu Ende mit deutschen
Buchstaben geschrieben, auch mit grossen Anfangsbuchstaben bei
Substantiven und den Satzanfängen, letzteres jedoch nur bis gegen
Ende des Jahres 1843; von da ab beginnt eine Änderung einzu-
treten, indem die grossen Anfangsbuchstaben verschwinden, aber
nicht gleich mit völliger Consequenz, sondern so dass eine Zeitlang beide Weisen unter einander gemischt werden, ja manchmal
ganz oder überwiegend die frühere Gewohnheit zurückkehrt, bis
schliesslich im Laufe des Jahres 1844 die kleinen Buchstaben die
Alleinherrschaft behaupten. Wie Lachmann über diese Seite der
Schreibung urtheilte und wie wenig Werth er ihr beilegte, sagt er
selbst in dem Br. 4 S. 15 beim Terentianus: 'Vorrede und Anmerkungen habe ich nicht anders schreiben wollen als den Text;
wie ich, nur darum, in altdeutschen Büchern kleine Anfangsbuchstaben schreibe. Übrigens ist mirs ganz einerlei'. Auch in den
Briefen ist deutlich wahrzunehmen, dass die vielen Anführungen
aus altdeutschen Dichtern es gewesen sind, nicht irgend theore-
tische Gründe, die ihm die Neuerung empfohlen haben; wobei nur
auffällig erscheint, dass er nicht auch hier die ganze Neuerung,
wie in den Vorreden seiner Ausgaben, durchgesetzt, sondern
mit den beibehaltenen deutschen Lettern die kleinen Buchstaben
verbunden hat, die von Rechts wegen nur der lateinischen Schrift
zukamen. So anziehend es nun sein konnte, einen Meister der
Sprache bei diesem Schwanken zu beobachten, so schien doch der

Druck in alle Wege eine Nachbildung dieser Ungleichheit zu wider-
rathen, und sind daher lateinische Lettern aber mit Beibehaltung
der grossen Anfangsbuchstaben, d. i. die jetzt bei gelehrten Büchern
aus begreiflichen Gründen am meisten verbreitete Weise, gewählt
worden. Im Übrigen folgt der Druck genau der Schreibweise
Lachmanns, wollte es wenigstens, verschmäht auch gewisse Un-
gleichheiten nicht wie sie in Briefen aus verschiedenen Zeiten
leicht sich einstellen. Auch Abweichungen in der Schreibung alt-
deutscher Wörter von dem was Lachmann selbst oder Haupt in
den gedruckten Büchern befolgt zu beseitigen schien so wenig geboten als den griechischen Wörtern die Accente beizufügen, wo sie
Lachmann gespart hatte. Einige wenige Briefe, wie 62, sind unter
besondern Umständen in Eile flüchtig hingeworfen; sonst sind sie
durchweg mit zierlicher Hand meist sehr leserlich geschrieben, vorausgesetzt dass eine gutgeschnittene Feder, für Lachmann ein un-
erlässliches Erforderniss (s. 6 S. 23; 48 S. 129; 67 S. 169; vgl.
auch 66 S. 168), zur Verfügung stand. Abgesehen von den oft
überreichen sachlichen Mittheilungen, sind sie, wie es scheint, in
raschem Zug geschrieben, oft auch nicht wieder durchgelesen (9
S. 40; 18 S. 59; 43 S. 119): aber obwohl Lachmann selbst bemerkt (S. 171) dass er 'selten ohne Schreibfehler schreibt,' zeigen
sie wenig Berichtigungen (wie die 33 S. 92 mit einer Anecdote
begleitete) oder Berichtigenswerthes, wie, um anderes, das unzweifelhaft schien, zu übergehen, zweimal S. 64 und S. 96 ein
nicht zuzusetzen war. Aber so schöne Anakoluthien, wie S. 74
'der sich von Dieffenbach wegen des Schreibekrampfes hat eine
tenotomia subcutanea über sich ergehen lassen', oder S. 170
'auf Bergks Erörterungen über Od. ε braucht man nach der Probe
zu Il. A, die er mir gar selbst geschickt hat, braucht man wohl
nicht zu warten', oder die sehr ähnliche S. 193,7 v. u., um
nicht' die vielleicht beabsichtigen, wenigstens nicht verkannten
S. 52, 13 v. u. und 202, 3 (vgl. S. 9 u. 10) zu nennen, ver-

dienten, weil sie so sehr belehrend sind, eher aufbewahrt als abgeändert zu werden.

Bei einer Briefsammlung von so vorwiegend gelehrtem Charakter, wie die vorliegende mit ihren zahlreichen Anführungen aus altdeutschen oder griechisch-römischen Dichtern und Schriftstellern, musste es, um das Dargebotene gelehrtem Gebrauch nutzbringend zu machen, eine Hauptsorge des Herausgebers sein, die angegebenen Fundorte zu prüfen und wenn nöthig zu berichtigen oder wo sie fehlten zu ergänzen, und die ausgeschriebenen Worte oder Verse selbst einer eingehenden Controlle zu unterziehen, die, wie leicht zu erkennen ist, von manchfaltigen Schwierigkeiten begleitet war. Da aber aus diesen Gründen der Herausgeber genöthigt war, die gesammte in den bezeichneten Zeitraum fallende Litteratur der beiden Gelehrten so wie die ihnen zunächst sich anschliessende oder irgend mit jener zusammenhangende von Neuem und zu diesem Zwecke durch seine Hände gehen zu lassen, so schien es gerathen, nicht auf Berichtigung und Ergänzung der Citate im Texte sich zu beschränken, sondern in begleitenden Anmerkungen litterarische Fingerzeige zu geben, die den Benutzern die Arbeit hier und da erleichtern könnten. Indem dabei auch die Beziehungen der Briefe unter einander verfolgt und das Zusammengehörige soweit thunlich auf Einem Punkte gesammelt worden, ist es vielleicht gelungen, die wissenschaftliche Thätigkeit Lachmanns und Haupts in den hier in Betracht kommenden Jahren in ihren Zusammenhängen und Fortschritten deutlicher zur Anschauung zu bringen. Alles was dieser Art im Text oder in den Anmerkungen von dem Herausgeber hinzugefügt worden, ist um es von ähnlichem das von Lachmann herrührt zu sondern, in grade eckige Klammern geschlossen worden. Aber obwohl auch ausser dem litterarischen Interesse, das allein massgebend sein sollte, manches das auf dem Wege lag, ein Wort der Erläuterung gefunden hat, so konnte es doch nicht die Absicht sein, für alles und jedes in diesen Briefen

berührte, zumal das politische in den bewegten Jahren 1848 1849
1850, auch wenn es möglich gewesen wäre, den Interpreten zu
machen. Und im Litterarischen selbst hat der Erfolg der aufge-
wendeten Mühe nicht immer entsprochen und wird es an Gelegenheit zu Ergänzungen und Berichtigungen nicht fehlen. Einiges hat
sich noch den 'Nachträgen' einfügen lassen, zum Theil freilich,
was nicht unbekannt oder schwer zu finden aber einer Bemerkung
nicht bedürftig erschienen war, anderes was zur Zeit nicht zugäng-
lich gewesen, hauptsächlich aber einiges Werthvolle, das gütigen
Mittheilungen von Freunden und Collegen verdankt wird, die an
ihrer Stelle genannt sind. Ganz besonders aber hat mein langjäh-
riger Freund, der Generaldirector der Königl. Bibliothek, Herr
A. Wilmanns, sich um dieses Büchlein verdient gemacht, indem
er einiges hier nicht Vorhandene vermittelt und die Benutzung der
seiner Obhut anvertrauten Schätze mir auf alle Weise erleichtert
hat. Auch der Director der K. Universitätsbibliothek Herr Dr. Er-
man hat mich zu Dank verpflichtet.

Was sonst noch geschehen ist, die Brauchbarkeit des Werk-
chens nach Thunlichkeit zu erhöhen, bedarf nachsichtiger Beurtheilung: die Columnentitel, nicht die das Jahr der Briefe angeben,
sondern die den hauptsächlichen Inhalt derselben kurz zu bezeichnen versuchen, aber nur zu oft bei rasch wechselndem Stoff
Bedenken begegneten, die schwerlich immer glücklich überwunden
sind; und das Register, das weniger Tadel verdienen wird, weil es
manche Namen, wissentlich oder unwissentlich, übergeht als weil
es viel überflüssige und werthlose enthält, und zufrieden sein muss,
wenn unter den vielen auch die für philologische Leser beider Sorte
wichtigen und werthvollen zu finden sind.

Soviel über die Herausgabe der Briefe. Ihren Inhalt auszu-
schöpfen und was sie etwa Neues und Unmittelbares bringen zu
einem Gesammtbild von Lachmanns Persönlichkeit zusammenzu-
fassen versuche ich nicht, so anziehend auch die Aufgabe wäre, an

der Hand dieser Briefe sei es dem Gelehrten nachzugehen, der in diesen knapp 16 Jahren eine unglaublich reiche und fruchtbare litterarische Thätigkeit fast gleichzeitig auf weit getrennten Gebieten entfaltet, und zuzusehen, wie er unter Störungen und Hemmnissen unentwegt seine grossen Ziele verfolgt und noch Zeit erübrigt, den Arbeiten anderer eine thätige und fördernde Theilnahme zu widmen, nicht bloss den Leistungen Haupts, an die ihn ein besonderes Wohlgefallen und hohe Werthschätzung fesselt, sondern auch den Versuchen anderer, die er, so missliebig sie ihm sind, doch nicht im Stiche lässt, oder den Menschen ins Auge zu fassen, der unter der stachelichten Schärfe, die den überlegenen, an strenge Geistesarbeit gewöhnten Gelehrten kennzeichnet, einen tiefen fonds wahrer Liebenswürdigkeit birgt, aus der oftmals die naive Freude hervorbricht, die er im Verkehr mit Menschen empfindet von denen er weiss dass sie ihm freundlich gesinnt sind, mit Haupt vor allem und seinem ganzen Hause, Mutter Frau und Kindern, aber auch mit manchen andern, Savigny, Bekker, Meineke, Böcking, G. Hermann, und der, wo ihn nicht Krankheit hindert, einen regen und viel begehrten Umgang mit vielen Menschen gar verschiedener Art zu unterhalten pflegt. Aber ich wage es nicht den reichen Stoff der aus der neu geöffneten Quelle fliesst zu gestalten, weil ich mir die dazu erforderliche Fähigkeit nicht zutraue und besser anderen und berufeneren anheimgegeben bleibt, was an dieser Stelle kaum ernstlich begehrt werden kann. Eher könnte man erwarten, dass die stilistische Eigenart dieser Briefe einer Zergliederung unterzogen würde. Und es wäre vielleicht nicht unnützlich. Denn wenn z. B. Chr. Belger M. Haupt als acad. Lehrer S. 28 die Worte 17 S. 56*) 'warum ist er so kindisch und bleibt auf des Kindes Klatschereien dabei' usw. mit der Bemerkung 'dass Lachmann über-

---

*) Die hier nicht stehen würden wenn sie nicht früher bei Belger gedruckt worden wären: wie anderes, trotzdem es dort zu lesen ist, in der hiesigen Sammlung übergangen ist.

haupt seinen Empfindungen einen starken Ausdruck gab' und einem
nicht passenden Beispiel aus W. Scherers Jacob Grimm 2. Ausg.
S. 193 zu entschuldigen sucht, so hat augenscheinlich der Wort-
witz, der kein einfacher ist, keinen Eindruck auf ihn gemacht, der
doch mehr Antheil an der Färbung des Ausdrucks gehabt hat als
die Grobheit oder die Leidenschaft. Aber leichte Arbeit wäre es
nicht, die Ingredienzen dieses bunten Spiels mit Namen und Worten, mit Anecdoten und Citaten, und allen Finessen der Sprache
zu scheiden, und vom ersten Brief, der in wenigen Zeilen fast alle
Elemente dieser Stilart aufweist und recht als ein Prototyp der
Gattung wie mit Absicht an die Spitze gestellt scheint, bis zum letzten dem Tode nur um wenige Wochen vorauf liegenden, der noch
die gleiche Liebhaberei erkennen lässt, alle Fäden des Gewebes
rein zu legen. Zwar die eigentlichen Citate, deren Fundort auch
meist hat nachgewiesen werden können, sind leicht genug zu erkennen und mit Bewunderung sieht man, wie sie in nicht geringer
Zahl aus allen Sprachen und Litteraturen immer zur rechten Zeit
sich eingestellt, Citate aus Griechen (ὁ δ' εὔκολος κτλ S. 21; γόνυ
χλωρόν S. 241; vgl. 'zwischen Rand und Lippe' S. 38; Ion S. 68;
δεύτερος πλοῦς S. 203; μέλλω σε ἐξεμέσαι S. 43); aus Römern
(Plaut. Ter. *sapienti sat* S. 139; Ter. *huic mandes siquid* S. 231;
non sine Cerere et Baccho S. 193; Hor. *serviet utiliter* S. 144;
vivere nec recte nec suaviter S. 241; *si quid novisti rectius* S. 3
u. 23; *te dulcis amice revisam* S. 182; vgl. 3; 156; 197; Virg.
a te principium S. 42; Cat. S. 88; Lucr. *in dias luminis oras*
S. 163; *effluat ambrosia* S. 165; Varro *in rutubam* S. 224;
Suet. *hoc Catone* zufrieden S. 28; aus Lessing und Tacitus gemischt zugleich mit einer Berichtigung des letzteren 'weil Tacitus
sagt Wir Franzosen (Lessing) *muneribus acceptis ..*' S. 86; *cordis speculator* Hartm. S. 156; nicht zu gedenken der zahlreichen
lateinischen Wendungen, die keine Citate sind, wie *si quid mei
tuum facere poteris* S. 177; vgl. 107; *cura ne iterum rideam*

S. 26; *cura ut valeas, curate ut valeatis, valete venite; S. V. R. E. E. V.; salvo meliori; proprio Marte; ceterum censeo,* das S. 175 zu folgendem Scherz erweitert ist '*ceterum censeo Calpurnius quam primum edendus esse. Sancimus lege aeternum valitura,* Heiligster, wenn Du dies liesest, lebe ewig wohl und'; oder der Quasicitate S. 171 u. 174); englische (*cursed spite* S. 214; *tell me boy* S. 212; vgl. S. 154; *Mr. Burchells Fudge* S. 229, denen auch Benecke's *A merry Christmaſs* S. 122 u. 243 hinzugefügt sei); französische (*La femme propose* S. 187 f.; vgl. 196; womit die Liebhaberei sich verbindet auch ohne Citat französischer Ausdrücke sich zu bedienen, *bonne foi* S. 129; *sang froid* 236; *morceau d'éloquence* S. 136; *livres difficiles à trouver* S. 179; *pour la rareté du Latin* S. 130; *bévue* S. 240; 139; 140; *tiers état* 212; *mignon-* oder *dindo*-Horaz S. 243); aus mittelhochdeutschen Dichtern (*selbe tate selbe habe* S. 152; *wes brot ich isse* S. 42; *er wart mit swerten* S. 162; *möht ich versláfen; wol im ders erbeiten* S. 239; *mit arge ûf dem rükke* S. 109); von Scaliger (*nous autres pédans* S. 68 und über Persius S. 102); von Lessing S. 42; von Schiller ('unter Larven die einzige fühlende Brust' S. 54; 'edle Naturen' usw. S. 174; 'Milch der frommen Denkart' S. 209; 'Lass fahren dahin' S. 56, von Schiller oder Luther); von Goethe (an den, ausser wo er genannt ist S. 158, 201, auch 'was schiert mich M.' S. 196 vgl. 'was schiert mich der Berliner Bann', sowie der öftere Briefschluss 'Und so fortan' S. 122. 160. 182. 217 erinnert und das Lachmann beliebte Wort 'appetitlich' S. 146 u. 171, vgl. 'die Racker sind doch gar zu appetitlich' Faust); ferner das leider unnachgewiesene 'jung wachsam unbesorgt' S. 116; 'Befiehl ich folge' S. 159; 'Die Ruhe kehrt zurück' von Gluck S. 120; vgl. 175 'die Zauberflöte'; 'guter Hoffnung wie Stolbergs Oceanide' S. 225; und um noch Einiges promiscuo anzuschliessen, 'nur mehr solcher Schriften, wie Schmalz' S. 71, 'abscheulich, aber doch ähnlich, sagte jener'

S. 188; 'wie Zeisberg, um nicht zu viel falsches zu lernen' S. 210;
'um mit dem schleinitzischen kleinen Grobian an Hügel zu reden'
S. 225; 'um mit dem seligen Büsching zu reden' S. 3; 'wenn Du
wärest wie ich, um mit dem Apostel zu sprechen' S. 195; 'Darüber könnte man mahl was schreiben, sagte der selige Hecker'
S. 228; 'Gesegnete Mahlzeit, war das letzte Wort des sterbenden
Böttigers' S. 14; 'Ein Badeort ist ein Badeort, sagt Kamptz' S. 182;
'wie Dissen, ganz langsam, nach und nach, immer weiter, allmählig' S. 174. Aber die vielen einfachen Wörter und Redensarten mittelhochdeutscher Sprache, die Lachmann in seine eigene
Rede mischt und die zum Theil als solche nicht markiert sind und
markiert sein sollten, entziehen sich leichter der Beachtung. Ich
meine nicht bloss deutliche wie *vogellin, vogelsanc* S. 186; *muoter*
S. 137; *ungenante ungenande* S. 178; *handelunge* 215; *under-
tânen* und *hävene kezzel* S. 188; *bescheidenliche* S. 135; *gnâden*
S. 38; *sillaben an dem vinger mezzen* 103; *wunderlichez wunder* oder *kunder* S. 102 (das, irre ich nicht, kein Citat ist sondern
nach bekanntem Gebrauch von *wunderlich* geformt); zu denen
auch *Prinze* S. 239, *possen* S. 228 sich fügen und *tar* S. 11,
sondern auch solche 'ichtens' S. 30, 'folgende Rettersch' S. 31,
'berimpft werden' S. 190, 'ohne Beiten und Streiten' S. 88, 'Twâl
zu stricken' S. 40 und (worüber mich Weinhold belehrt hat) 'wie
ein alter Gaul abmarecht' S. 132; wozu vielleicht auch 'Ernst und
Schimpf' S. 210 zu rechnen ist. Auch das Versteckspiel mit Namen verlangt scharfe Aufmerksamkeit: dahin gehören die mir un-
klaren Pseudonymen Raupach S. 9, Turnebus S. 8, Paull Fleming
S. 121, 132; ferner der 'Hallische Vellejus' S. 12, denen 'Ortuinus
Gratius' von Meusebach S. 8 sich anschliesst, aber besonders das
zierliche Spiel mit Walther von Klingen und Walther von Breisacht
S. 165; und der virgilische Wilibald Häring S. 158; hierher stelle
ich auch 'die Huhndummheit Hahns' S. 158, und den Scherz mit
dem Namen Marcus S. 86; Nippaldey S. 242; und die Witze die an

Lachmanns eigenen Namen S. 8 u. 24 sowie an Haupts nom de
guerre Magister Pelz geheftet werden, S. 58, 136. Aber Lachmann, der von anderen verlangte, dass sie die mittelhochdeutsche
Litteratur halb auswendig kennen sollten (S. 118), hatte nicht bloss
aus dieser wie aus so vielen andern Litteraturen eine Fülle von
Wendungen und Gedanken in stetiger Bereitschaft, sondern er besass auch ein sehr lebendiges Gefühl für alles Seltsame, Barocke,
Abgelebte in Stil und Sprache und für alles was irgendwie ein
Merkzeichen der Lächerlichkeit an sich trug; und wie er nicht un-
gern seine Gedanken in einen ihm fremden oder veralteten Stil
kleidete, dergleichen er dann mit völliger Freiheit und bis zur Voll-
kommenheit handhabte, wie er Br. 7 S. 29 im Stil, mein' ich, des
16. Jahrhunderts, Br. 55 S. 139 f. in der drolligen Manier der
Herzogin von Orleans anhebt, von deren Seltsamkeiten er in jener
Zeit mehrfach auch im Einzelnen Gebrauch gemacht hat mit oder
ohne Citat (s. auch Reiske an Lessing S. 42 und Jöcher S. 128),
so haftet auch und wird gelegentlich benutzt, was der oder jener,
der dabei gewöhnlich auch citiert wird, sich komisches hat entfallen
lassen, wie 'ich weiss sie wie Wilken nicht auswendig' S. 24; 'mit
Zuhülfenahme (so schreibt Karajan)' S. 85; 'Allerwerthester (so
schreibt Güthe an Schultz)' S. 8, 'ohne Religionsbisse (Prof. Wolff
in Pforta)' S. 51 (vgl. S. 168); 'wie es sich hier *in naturo* zeigt,
sagte eine klenzische Kinderfrau, und Dreher-Schütz im Faust *In
forma humano*' S. 226; 'obgleich am heiligen Abend geschrieben
(wie einmahl Delbrücks ältester Sohn sagte)' S. 142; 'mein jetziger
Stiefelputzer sagt Herr Reimer hat eine Conjectur zu erhalten gewünscht' S. 55; s. verwandtes auch S. XII und die zu mehreren
Scherzen verwendete Entbindungsanzeige 'mit grossgedruckten Knaben' sowie den anderen Zeitungsausschnitt S. 128 u. 129; auch
Franzens Übersetzung 'des entsetzlichen Gastwirth's Atreus' S. 168,
oder Augusti's 'schreibt an die Brüder in der Zerstreuung' ἐν τῇ
διασπορᾷ S. 67 bereitet ihm besonderes Vergnügen, wie nicht min-

der Massmanns Purismus S. 187. Ja die Aussprache intéressant
S. 128 entgeht ihm nicht, und ein Druckfehler Haupts giebt S. 225
seinem Gedanken die Form (vgl. S. 178). Aber auch ohne solch
äusseren Anhalt, an dem er seine witzigen Bemerkungen aufhängt,
ergeht sich Lachmann in den manchfaltigsten Spielereien in Wort-
bildungen und Redeweisen: 'dem Leder leider seinen Lauf lassen'
S. 3; 'in Eurer Noth habt Ihr freilich einander nöthig' S. 203;
'da Engelh. erst eben eingelaufen ist, hat er doch durchlaufen werden können' S. 122; 'dass die Wenigsten dies "wenigstens" wissen' S. 189; 'kann den Anfang des ersten Buchs noch nicht finden,
weil man sich ja überhaupt nicht zu finden weiss' S. 198 (vgl. 148);
lassen Sie mich bald erfahren warum ich nicht eher etwas von Ihnen
erfahren habe' S. 46; 'um in Frankreich lateinische Grammatiker
zu holen, von denen meinetwegen das meiste der Teufel holen
kann' S. 238; 'noch einen ganzen Tag auf Gottliebs ganze Gelehrsamkeit warten' S. 219; 'Gewaltiges ist nicht so beliebt als kleine
Gewaltstreiche' S. 214; 'Gott befohlen, und guten Winter, und
guten Gerhard' S. 53; 'ein hartnäckiger Husten und ein Blutschwer
am Waugen nebst einem Hühneraug nicht am Wangen' S. 220;
'in die dann gar nicht fertig werden würdende Einleitung' S. 210;
'dass Sie nach Dresden hinauf werden würden' S. 136; 'Salbäder'
S. 216; 'Der Frühling will im Herbste nicht gedeihen' S. 137 und
die ähnlichen Scherze mit dem 'Frühling' genannten Minnesangs
Frühling S. 138. 142. 143; 'frisch wie ein Fisch' S. 217; 'Verderblicheres' S. 92; 'Frau, Frau Mutter, und Kind Kind grüssen'
S. 138 vgl. 213; 'mit lahmer Pfote streichle ich noch alle möglichst manierlich: mache bei der Bestellung einen zierlichen Gruss
daraus' S. 227; 'wobei ich freilich nur der Empfangende und Ihr
alle drei nur die unglücklichen Liefernden und meiner Langweiligkeit Gelieferten waret' S. 153 (vgl. 152); 'der Verfasser der Verfassung' usw. S. 206; 'Wahlwühlereien' S. 208; 'Universitätsreorganisationspropositionen' S. 218; 'Gesamtungeheuer oder affentower'

(v. d. Hagens Gesamtabenteuer) S. 138 vgl. 69; 'Rheumatismus, der seit Mittwoch ein Rheumatissimus geworden ist' S. 224; 'kam wieder eine kleine Rose, die bis heute geblüht hat' S. 174; 'von entzogenem Fleisch und Wein — nicht Bein' S. 241.

Ein besonderes Wort verdient wohl noch das Anecdotenhafte, das verschiedenen, meist freilich auch stilistischen Anlässen entsprungen doch in seiner Art etwas Gemeinsames hat, wodurch es zweckmässig verbunden wird: ich meine z. B. die Anecdote von dem 'Russen, der seinem Lehrer in der Geometrie den Beweis eines Satzes gern schenken wollte, weil er ihn so glaubte' S. 179; oder von den 'zweyen Ungarischen Schwestern, die eine der andern in all ihren Bewegungen hinderlich gewesen' S. 29; vgl. ferner 'Admirabler Lessing' S. 24; 'Hochgeehrteste Abschnitte' von Stäudlin S. 92; G. E. Schulze's 'Unterdessen empfehle ich mich Ihnen' S. 17; 'Würdigster ausserordentlicher Herr Professor' S. 120. Doch genug. Denn wer könnte alle die Formen und Mittel verzeichnen, mit denen Lachmann seinen Briefen, neben ihrem gelehrten Inhalt, noch einen besondern stilistischen Reiz zu verleihen gewusst hat. Möge die angeführte Probe, die vieles übergeht, genügen, die Manier mit einigen Hauptstrichen zu bezeichnen und die Aufmerksamkeit der Leser auch auf diese Eigenthümlichkeit zu lenken. Und wenn die Briefsammlung, die hart an dem Ausgang des ersten Jahrhunderts seit Lachmanns Geburt erscheint, dazu beitragen sollte, sein Gedächtniss aufzufrischen oder zu befestigen, so wäre die Herausgabe derselben trotz ihrer Mängel nicht ohne Nutzen gewesen.

Berlin, 11. August 1892.

Verbesserungen.

S. 22,5   corr.: citiert.
    24,21   -   Sie
    31,13   -   Ihren.
    34,10   -   Variante.
    61,1   -   Vermutung.

BRIEFE

LACHMANNS

AN

HAUPT.

1834.

1.

Wenn der Herr Magister so gefällig sein wollen die Sillaben an dem Finger zu messen*), so werden Sie finden dass MS. 2, 76^{ab} nicht *leider : kleider* reimt, sondern *ledere : vedere***), dass wir also dem Leder leider seinen Lauf lassen müssen und von dem neidhartischen Reim nicht mehr sagen wollen und können als wir wissen, um mit dem seligen Büsching zu reden, obgleich es Grimm dies Mahl anders gehalten hat, ohne dass wir deswegen *in verba magistri* zu schwören brauchten.

Si quid novisti rectius istis.

Jahn***).

Herrn M. Pelz Wohlgeboren
    abzugeben bei Hr. Geh. Rath
      von Meusebach†).

---

*) (Die Wendung, einem Vers von Rûmzlant (v. d. Hagen M. S. III S. 56^{b}) entlehnt, gebraucht Lachmann noch zweimal in diesen Briefen, 38 (1843) von Hahn, 39 (1843) von Massmann.]

**) [Vergl. Haupt Neidhart von Reuenthal (Leipz. 1858) S. 216 fg.]

***) [Den Griphus der Unterschrift enträthsle ich nicht. Dass der Schreiber Lachmann ist, zeigt die Schrift; und von Haupt's Hand steht am obern Rande links 'Lachmann', rechts 'erb. 9. Nov. 1834 Berlin'.]

†) [In dessen Hause Haupt während seines Besuches in Berlin vom 15. Octob. bis 14. Nov. 1834 (Wendeler Briefwechsel Meusebachs mit J. und W. Grimm S. c) gewohnt hat: vgl. die Briefe 2 und 3. Der

1*

1836.

2.

Berlin d. 11. Juli 1836.

Liebster Herr Magister,

Als gestern Ihr Paket von der Post erwartete, war sicher dass (nun will ich aber auch alle pronomina personalia auslassen) den fertigen Gratius enthielte; welches aber, als dasselbe empfieng, sich anders zu verhalten befand. War aber schade: denn er sollte längst fertig sein, und ich hatte mich drauf gefreut. Damit ich Sie nun wenigstens nicht aufhalte, so erfolgen hier gleich die kurzen Besinnungen über Verse des Gratius*). Was nicht taugt, werfen Sie weg.

279 *Sed frustra longus properat labor, abdita si non*
Altas in latebras unique inclusa marito est
Femina. nec partae Veneris sub tempore munus
Illa neque emeritae seruat fastidia laudis.
Primi complexus, dulcissuma prima uoluptas:
Hunc Veneri dedit inpatiens natura furorem.
Si tenuit fastus et mater adultera non est,
Da requiem grauidae etc.

294 weiss ich nichts Bessers.

303 *Illa perinde suos, ut erit deuincta, minores*
Ad longam praestabit opem.

310 *humanos non res magis altera sensus*
Tollit: sed ratio uitiis adeuntibus opstat.

'Magister Pelz', vermuthlich eine Erfindung Meusebachs (sieh Chr. Belger, M. Haupt als academischer Lehrer S. 16), stammt aus Jean Paul's Leben Fibels (vergl. den folgenden Brief S. 7). Ausser andern Scherzen, wie 18 (1840); 47 und 52 (1844); vergl. auch 23 (1841) hat Lachmann daher den in der Anrede vieler Briefe festgehaltenen 'Herrn Magister', dem später auch die 'Frau Magisterin' sich gesellte.]

*) [Vergl. Wendeler Briefwechsel Meusebachs mit J. und W. Grimm S. CVI Anm.]

349 *Scilicet ad magnum maior ducenda laborem*
Cura, nec expertos fallet. deus hic quoque noster,
Est aliud quod praestet opem placabile numen.
470 *Stringendae nares et bina ligamina ferro Armorum*
516 Wo die hartmäuligen Pferde zu Hause sind, weiss ich nicht.

Halieut. 108 von der χάννη ist *gemina sibi nata* oder
fusa parente wohl auch zu verwegen. Ich bin aber auf den Beweis begierig, dass diese Verse vor dem 9. Jahrhundert aus Plinius
zusammengestoppelt sind.

Für die *Catulliana**) danke ich schönstens. Ich hätte zum
Danke gern die Recension über Dissens Tibull beigelegt: aber ich
habe nur Ein Exemplar. Einmahl ist *nicht* für *einst* gedruckt,
welches mich ärgert: es macht zugleich Unsinn und eine Grobheit***). Auch für das Fragment im Correcturbogen****), das aber
nichts vom XII. Jh. hat, wie Biterolf viel, sondern vielleicht näher
zu Eggen Ausfahrt und dgl. gehört. Ich hätte daraus brauchen
können 1.) dass 5 Mahl 6 dreissig ist: ich wollte aber fast lieber,
es wäre 28. 2.) dass Etzel von Westen an die *Salza* zieht,
wollte ich mit dem Sammelplatz auf dem *Günzenlê* vergleichen.
Aber dies ist nichts: denn die Salza soll ja Grenze von Polen

---

*) [Nicht die *Quaestiones Catullianae*, die im September 1837 erschienen (s. zu 7 S. 31); mit denen die Briefe 5 und 6 sich mehrfach
decken oder berühren, so dass ersichtlich wird, Lachmann kannte
die *Quaestiones* noch nicht als er die Briefe schrieb. Wahrscheinlich
also vorläufige Mittheilungen über Catullus, wie Haupt auch sonst
manches mittheilt, was erst sehr viel später gedruckt worden.]

**) [Der Druckfehler, einer der sehr täuschenden, ist leider auch
in den Abdruck der Recension in Lachmanns Kleineren Schriften
zur classischen Philologie S. 149 Z. 6 übergegangen: 'sie kann *nicht*
zur Geschichte der Ausgaben beitragen.']

***) [Vermuthlich das in den Altdeutschen Blättern von M. Haupt
und H. Hoffmann 1. Bd. 1836 S. 329 ff. von W. Wackernagel herausgegebene 'Bruchstück eines unbekannten Gedichtes aus der Dietrichs-
sage'. Vergl. auch Lachmanns 'Anmerkungen zu den Nibelungen'
zu 1531 S. 198.]

sein, und das kann ich nicht begreifen. Das andre trag ich nicht nach, weil ich so gut als keine *Addenda* mache, sondern nur Hagens Bosheit dadurch strafe, dass ich seine so spät gegebenen Lesarten des Fragments H doch auf 6 umgedruckten Blättern noch einschalte*). Seit Ende Februar ruht der Druck, weil Wackernagel nichts schickt. Es ist mir lieb, dass er auch gar nicht schreibt: denn nun denke ich, er will nicht eher schreiben als er das Glossar mitschickt: schriebe er, so wär es eine Entschuldigung.

Entschuldigung werde ich aber wohl nicht finden, wenn ich erst heute, am 12. Sept., weiter schreibe. Da nun einmahl die Antwort so lange gelegen hatte, wollte ich doch die zwei Beilagen abwarten, die beiderseit am Sonnabend erst fertig geworden sind. Meine Spielerei mit Terentianus betrachten Sie nicht allzustrenge, obgleich in der Eintheilung dieses Sommers das Spiel doch viel Zeit einnimmt; nämlich Mai Ulpian, Juni Dositheus, Juli Terentianus, August Faulenzen und Terentianus drucken lassen. Eins nur hoffe ich, dass zwischen diesem Terentianus und dem etwa von Lindemann intendierten keine Spur von Ähnlichkeit sein wird, besonders auch nicht im Format und im Preise.

Dass ich was zu Ihren Blätterheften**) liefern soll, kommt mir fast wie Spott vor. Den Ulpian und Dositheus können Sie nicht brauchen, und für die Akademie bin ich so in gezwungener Noth dass ich statt einer Abhandlung neulich 3 meusebachische Fragmente (blutschändrischer Kaiser, Tundalus, Karlmainet)***) vorgelegt und kaum sie als alte niederrheinische

---

*) [Vergl. die Vorrede zur 2. Ausgabe der Nibelungen S. VII.]

**) [Zu den von Haupt und Hoffmann herausgegebenen 'Altdeutschen Blättern', deren erster Band 1836 erschienen.]

***) ['Über drei Bruchstücke niederrheinischer Gedichte aus dem zwölften und aus dem Anfange des dreizehnten Jahrhunderts.' Gelesen in der Akademie der Wissenschaften am 11. August 1836: s. Kleinere Schriften zur deutschen Philologie S. 519.]

Poesie zusammen gefasst habe. Neulich war Hermann hier, hin und zurück von Rostock; sehr heiter und liebenswürdig, ob er gleich Böckh nicht sehn wollte. Der wollte von Ihnen wissen, ich wüste was von den Liedern der Odyssee. Da es aber in der That nur A und B der Ilias war, so trieb mich die Lust auf ein Paar Tage wieder daran, und so hab ich neun Lieder bis Λ,1 heraus gebracht*). Das dient wieder nicht für Ihre Heftblätter.

Uhlands Forschungen, Grimms Syntax, Wackernagels Lesebuch, liegen angelesen da: ist es aber nicht ein Jammer, dass ich mit jedem Jahre das Lesen mehr verlerne? Zwar Wackernagels Polemik gegen seinen Bruder habe ich doch gelesen, und hätte es lieber nicht.

Die Inschrift von *Pelz* und *Fiebel* steht noch unverändert, und neulich ist Frau von Witzleben mit beiden Kindern darunter eingezogen**). Es ist jetzt gutes heiteres Wetter: ich hoffe ja dass sichs halten wird.

Hab ich nun durch mein schändliches Liegenlassen den Gratius um zwei Monat aufgehalten? Hoffentlich nicht, sondern ich erwarte ihn mit umgehender Post. Und darum soll auch dies Paket sogleich auf die Post geschickt werden.

Die Staatszeitung vom 18. Aug. zeigt dass Bunsen von dummen schweizerischen Katholiken Gregorn in Rom auffinden lässt, ohne für uns lieber zu sorgen. Ich habe sogar der Redaction erst den Namen 'Gregor vom Steine' liefern müssen, weil sie ihn in Rom nicht gewust haben; — weil er im Koberstein nicht stehe***).

---

*) [Vergl. 3 S. 13, und Lachmanns Brief an Lehrs bei Friedländer Homerische Kritik S. ix.]

**) [Vergl. 1 S. 3f. und Wendeler Briefwechsel Meusebachs mit J. u. W. Grimm S. cvii.]

***) [Es ist die Allgemeine Preussische Staatszeitung v. 19. (nicht 18.) August 1836, die in einer Mittheilung 'aus Rom' über die litterarischen Pläne des 'Hrn. Prof. Greith aus St. Gallen' be-

Ich hoffe nun auf einen baldigen Brief: denn Sie müssen Sich doch bedanken. Ach ich vergesse dass Sie den Gratius umgehend schicken. So lange denn Adieu. Von Herzen

Ihr

C. Lachmann.

3.

Berlin, 25. Sept. 1836.

Allerwerthester (so schreibt Göthe an Schultz) Herr Magister, Emilie Düntz, Wallstrasse No. 20 zwei Treppen hoch, ist in den Vormittagsstunden von 11 Uhr an zu sprechen. In den gestrigen Abendstunden aber bis gegen halb Zwei ward wenig anders als von Ihnen gesprochen, und zwar mit lauter Liebe und ohne Streit. Nur meinte ich, es sei gut wenn Turnebus Ihnen recht bald antworte, und Herr von Meusebach meinte, dem Ortuinus Gratius sei ja in Basse 'vielleicht ein Erlöser' erschienen. Uebrigens würden Sie, sagt er, hier nicht überflüssig sein: denn Fr. v. Witzleben klagt dass sie sich von Ihnen durchaus kein Bild machen könne, und Liesbetchen nun gar nicht, die so schon ganz fremde Leute Lachonkel nennt, wie ich eigentlich heisse als Ihr und ihr gemeinschaftlicher Onkel. Sie hätten an mehreren Orten, besonders aber auch bei sich selbst schlafen können, zwischen beiden Kindern.

Als Gesellschafter der Wissenschaften*) kenne ich mich

----

richtet und u. a. ein neu aufgefundenes Gedicht von Hartmann von Aue erwähnt; an den daraus angeführten Anfang schliesst sich die Bemerkung 'aus diesen Anfangsversen geht unzweifelhaft hervor, was man bei der Auffindung in Rom nicht gewusst zu haben scheint, dass dies Gedicht nichts anderes ist als Hartmann's von Aue (bisher ungedruckter) Gregor vom Stein, welchen man hauptsächlich nur aus der Wiener Handschrift kannte' usw.]

*) [Der 'Oberlausitzschen Gesellschaft der Wissenschaften zu Görlitz', die nach der Allgemeinen Preussischen Staatszeitung vom 13. September 1836 Lachmann zum Ehrenmitglied gewählt hatte.]

nur aus der Staatszeitung: ich nehme daher die Collegenschaft noch nicht an, wie (oder anders als) ich das 'Guten Morgen, Herr College' von dem Königl. Professor (nicht *Regius professor*) Sprachmeister Fabbrucci verschmähe.

Als ich neulich Ihren Brief wieder ansah, wunderte ich mich warum Sie nicht verbessert hätten, oder ich im Juli, *Ubera tota tenet, stat tergo liber aperto* [Grat. 294; s. S. 4]. Nachher sah ich dass so schon Gronow verbessert hat: dadurch wirds aber eben nicht unwahrscheinlicher.

Dass die Abhandlung sich auf den Eingang des Parzival*) bezieht, hat Ihrem furchtbaren Gedächtniss freilich nicht entgehn können: aber die Anhänge werden Sie doch nicht errathen. Und dass beim Terentianus Noten seien, ist eine falsche Conjectur: nicht einmahl sind die Verbesserer der einzeln Stellen angegeben. In der Stelle über Livius Andronicus**) ist ohne Zweifel eine Dummheit, ein Misverstand der Äusserung eines Älteren. Das *puto* mag ausdrücken dass er selbst einen Zweifel habe. Wie beim saturnischen Verse, Atil. Fort. p. 2680, wird etwa Caesius Bassus aus den *numeris innumeris* des Livius ein Paar solche *miuros* heraus gefingert haben, eben so richtig wie das bei Terentianus dabei stehende αἰόλον ὄφιν: Terentianus hat nicht die echten Verse geben wollen, eben ihrer Unregelmässigkeit wegen, wie er auch nur den genauen Saturnius *Malum dabunt* giebt, sondern er hat neue gemacht. Die Frage kann nur sein, ob Livius Verso ungefähr diesen Inhalt gehabt haben. Dies wird wahrscheinlich durch die bestimmte Hinweisung auf den Gegenstand des Chorgesangs. Dass in Raupachs Ino ein Weiberchor war, zeigen die Fragmente, nicht aber wie darin ein Gesang an Hekate vorkommen konnte.

Wenn Sie zu Ulpians Fragmenten (unaufhörlich hat sie Hugo

---

*) [Vergl. 4 S. 15.]

**) [Hierüber im Wesentlichen übereinstimmend Haupt in den *Observationes criticae* (Leipzig 1841) S. 43f. Opp. 1 S. 115f.]

herausgegeben? **Auf der letzten Ausgabe steht** *editionem et prae-*
fationem quintam, cui quartum annotatio, tertium integra
codicis lectio, iterum ex Gaii institt. emendatio adjecta, cu-
ravit. Curioser ist, dass sie Böcking auch schon zwei Mahl,
nicht sehr vorzüglich, edicrt hat: ja man kann drei Mahl rechnen) Wenn Sie zu den Excerpten aus Ulpian eine Emendation
von Hermann haben, so schicken Sie sie mir. Ende October
werden die meinigen vielleicht gedruckt. Hübsch sei sie, haben
Sie gesagt: aber daran zweifle ich, dass dergleichen darin zu
machen sind: meine wenigstens sind alle nicht hübsch, sondern
herausgerechnet*), sogar die beste XXII, 6, *Caelestem Sidonen-*
sem Carthagini. Alles Schöne ist vorweggenommen. Mehr Vergnügen hat mir Dositheus gemacht, von dem Sie hoffentlich so
viel als gar nichts wissen werden. Da ist der Juristen Kritik
vollkommen schweinisch. Aber Göschens Gaius ist eine unvergleichlich schöne Arbeit. Darum habe ich ihm auch zu seinem
morgenden Semijubileum die 2 operosen Verse gemacht, zum Ab-
singen für die Göttinger Stratioten (so nannten wir als Kinder die
Braunschweiger gamins).

> *Semiquinquagesimali rite doctori sonet*
> *Multa multa multa multa multa gratulatio.*

Er bereitet jetzt einen kleinen Bonner Gaius vor, wozu wir etwas
geliefert haben, nicht gar viel, aber einiges Gute.

Zum Erec**) wünsche ich von ganzem Herzen Glück:
machen Sie nur dass er bald fertig wird (und zählen Sie nach,
ob auf jeder Seite die nöthige Zahl Zeilen ist. Ich weiss zwar
nicht wer abschreibt: Goldhann hat mir im Wilhelm einmahl
6 oder mehr Zeilen ausgelassen). Sie wissen ja wohl dass der
Iwein bald wieder gedruckt wird: Benecke wünschte alle Werke

---

*) [Vergl. Lachmanns Kleinere Schriften zur classischen Philo-
logie S. 217.]

**) [Vergl. Wendeler Briefwechsel Meusebachs mit J. u. W.
Grimm S. CVII.]

Hartmanns zusammen; ich nicht, weil die Symmetrie sonst gestört wird, da doch nur zum Iwein ein Commentar sein kann.
Der Gregor mag dann auch allein bleiben mit dem armen Heinrich: gleichviel ob Sie ihn übernehmen, oder ich, nachdem der
Schweizer einen (wenn es nöthig ist) collationierbaren Text hat
drucken lassen. Aber Hagen muss uns nicht darüber kommen:
thut ers aber auch, so machen wirs doch noch einmahl. So
sollte auch eigentlich der Otfried*) wieder herausgegeben werden:
ich zwar *tar* es nicht (*ik dér*, sagt man in Preussen, im Präter.
ik dorscht; in Hamburg *ik derf*, *ik doste*), und Hoffmann weiss
zu wenig dazu.

Ich leugne ja nicht, nur hielt ich mich auch nicht verpflichtet es zu sagen, dass Dissen [s. S. 5] den Tibull für Kranke
seiner Art zurichtet. Den Schinken, eh er ihn in den Mund steckt,
wärmt er zwischen seinen Händen. Auch erzählt man (es ist
aber nicht wahr), eh er ein Hemde anzieht, müsse es die Magd
einen Tag anziehen und menschlich wärmen. Die Wahrheit ist,
dass er ein Hemde lange trägt, dann aber es wegwirft, denn
gewaschen würde es ihn erkälten: er glaubt also, ein eben erst
gemachtes Hemde bekomme er ungewaschen. — Gruppens Bemerkung war, wie bei ihm immer, von einer Dummheit begleitet; die folgenden Gedichte seien Entwürfe Tibulls zu den
6 ersten Gedichten; im ersten Buche seien auch 2 zusammenhangende Ganze, wobei dann aber Ein Marathus umgestellt
werden sollte**).

Denken Sie wie mich Wackernagel chikaniert. Reimer berichtet von seiner Schweizerreise, das Wörterbuch zu den Ni-

---

*) [Vergl. Lachmanns Abhandlung über Otfried in Ersch und
Grubers allgemeiner Encyclopädie d. W. u. K. Abth. 3 Bd. 7 Leipz.
1836: Klein. Schr. z. deutsch. Philologie S. 449 ff., bes. 452.]

**) [Wovon Gruppe Die römische Elegie (Leipzig 1838) ersteres
aufgegeben (S. 48 f.), letzteres aber beibehalten und weiter ausgeführt hat; s. bes. S. 205.]

belungen werde noch lange ausbleiben, weil er erst seinen dritten Band machen müsse, der ihm doch nach der Vorrede verleidet war. Nun denke ich um das fertige einen Umschlag
legen zu lassen und auch die abscheuliche Heftmanier mitzu-
machen: denn es ärgert mich dass alles so veralten soll, und
dass ich als ungedruckt citiere was Sie inzwischen haben drucken
lassen. (Aber*) p. 219 V. 97 muss es wohl *zere* heissen, V. 170
recken).

Meiers Recension über Fritzsche**) hat mir zwar Spass gemacht, aber vieles ist auch sehr ungeschickt, z. B. dass er
nicht alles gelesen zu haben eingesteht. Die Halenser sind überhaupt toll. Senat und Rector haben protestiert, in der Aula
solle neben des Königs und Niemeyers Büste nicht die von
Wolf aufgestellt werden, weil er ein unmoralischer Mensch gewesen sei. Dazu haben sie sich von Leo bewegen lassen. Am
3. August auch den Regierungsbevollmächtigten anzureden, hat
Bernhardy ans Ministerium geschrieben, sei servil, und da dies
verlangt werde, könne er die Rede nicht halten; wodurch denn
herausgekommen ist dass Meier diese Anrede bisher absichtlich,
nicht aus bekanntem Ungeschick weggelassen hat. Und dabei sind
sie auf Delbrück gar nicht böse, erkennen seine Thätigkeit an,
und klagen nur dass er zu furchtsam sei.

Der Sohn des hallischen Vellejus ist wegen seiner Un-
ziemlichkeit gegen Hermann von Meineken und mir zurecht gesetzt worden: aber er wird darum doch nicht recht sitzen, weil
er ein Kribbelkopf ist, der nichts einfach und unschuldig ansieht.
Um Hermanns Meinung über den Rhesus zu widerlegen, hat
er die dumme Art erneuert die Unechtheit der Medea zu be-

---

*) [Altdeutsche Blätter von Haupt u. Hoffmann (1836) Bd. 1.
s. Zusätze S. 420.]

**) [Die in der Allg. Lit. Zeit. Halle 1836. 1. S. 521 ff. (s. bes.
532) gedruckte von M. H. E. Meier über Fr. Volkm. Fritzsche's
Quaestiones Aristophaneae. i. 1835.]

weisen. Diesen Abschnitt zu streichen habe ich ihn nicht bewegen können*).

Nun noch eins das ich nicht vergessen darf. Wenn Sie
sich doch einmahl mit dem Dietmar**) die heillose Mühe geben,
so sollten Sie für Pertz doch lieber gleich einen Text und ge-
ordneten Apparat fertig machen. Sonst kommen wieder unphi-
lologische Dummheiten hinein. Was von Anmerkungen hinzugefügt wird, kann Ihnen dann einerlei sein. Wir (d. h. eigentlich Ranke) haben oder hat (damit ich Sie doch nachahme) einen
netten jungen Historiker an Pertz zur Hilfe geschickt, Dr. Waitz
aus Flensburg: es sollten aber mehr sein und Pertz nicht alles
allein machen. So würde dies weit lohnendere und besser vorbereitete Werk auch weit besser in der Ausführung als die By-
zantiner.

Meine homerischen Lieder***), da Hermann nun auch schriftlich verlangt ich soll etwas darüber publicieren, werden nun vielleicht eine akademische Abhandlung. Wenn ich nur über A hinaus kommen könnte! Aber da ist mir alles noch viel zu wenig
dunkel, und die hermannsche Abhandlung seh ich absichtlich
nicht an.

---

*) [Da *Velleius* an *Paterculus* erinnert, läge es nahe an *Frideri-
cus Vater Io. Sever. f.* (des 1826 gestorbenen Hallischen Prof.) zu
denken, dessen 1837 erschienene Bearbeitung des Rhesus ausser
Böckh Meineken und Lachmann *praeceptoribus optimis* gewidmet ist,
und der in den hier vorausgeschickten *Vindiciae Rhesi tragoediae*,
nicht minder in dem vom September 1835 datierten Aufsatz 'Ueber
den Verfasser des Rhesus und die Zeit seiner Aufführung' (N. Jahrb.
f. Philol. u. Paedag. IV Suppl. 1 Heft 1836) gegen Hermann eines
recht unziemlichen Tones sich bedient. Aber das über die Medea
bemerkte findet sich hier nicht, und was auf die Aeusserung in der
Vorrede der Ausgabe *ante hos quattuor annos quaestio de auctore
Rhesi ex officio mihi expedienda* zu geben, bleibt unklar.]

**) [Vergl. Wendeler Briefwechsel Meusebachs mit J. u. W.
Grimm S. CVII.]

***) [S. oben 2 S. 7.]

Aber die neue Seite erinnert mich dass ich zu lange mit
Ihnen schwatze, schon einen ganzen Vormittag, von Zehn bis
gegen Zwei, freilich mit einigen Unterbrechungen. Also Gesegnete Mahlzeit war das letzte Wort des sterbenden Böttigers,
und glückliche Heimkehr! Beides wünscht von Herzen

Ihr

C. Lachmann.

4.

Berlin, d. 10. Dec. 1836.

Lieber Herr Magister,

So eben kommt der Erec an' ist ein verehrungswürdiger
Schluss Ihres Briefes; womit ich nicht gesagt haben will dass
das Uebrige darin nicht auch gut und angenehm sei. Nur auf
den französischen Erec zu warten widerrathe ich, schon damit
Ihnen keiner zuvor komme: und das Publicum für beide Gedichte ist doch nicht ganz dasselbe. Auch würden Sie es wahrscheinlich aufgeben müssen, beide Texte auf Einer Seite drucken
zu lassen: und dann sind zwei Bücher besser. Ferner rathe ich
den französischen drei Mahl abschreiben zu lassen, nicht zwei
Mahl nur collationieren: sonst haben Sie ganz gewiss nichts davon. Aber vielleicht sind zwei Abschriften genug: lassen Sie Sich
erst Proben liefern.

Eine Stelle in Ihrem Briefe, da ich ihn heute wieder lese,
hat mich angenehm überrascht. Ich bin neulich auf den Einfall gekommen, Flore und Blanscheflur deutsch herauszugeben*),
da ich doch eben an Bähr schreiben muss. Und da sehe ich
nun, Sie haben von Uhland den französischen. Ich glaube,
Sie wagen nichts, wenn Sie ihn mir auf einige Wochen schicken:
ob ich ihn ganz abschreibe, weiss ich noch nicht. Oder lassen
Sie michs wissen, wenn die Ausgabe erschienen ist.

---

*) [S. zu 5 S. 21.]

Dass meine Abhandlung über den Parzival*) Ihnen so frostig vorgekommen ist dass Sie den Schnupfen davon bekommen haben, thut mir leid: er wird aber nun wohl vorüber sein.

Ceterum censeo. Ich habe *u* und nicht *v* geschrieben, weil dies im Terentianus absurd wäre: Vorrede und Anmerkungen habe ich nicht anders schreiben wollen als den Text; wie ich, nur darum, in altdeutschen Büchern kleine Anfangsbuchstaben schreibe. Uebrigens ist mirs ganz einerlei. Nur, wo ich sehr alte Quellen habe und deren Orthographie sehr befolge, wie in den Agrimensoren, ist mir auch *u* mehr recht als *v*. Daher würde ich auch wohl im Gratius so schreiben. — Eine glückliche Entdeckung haben Sie gemacht, der Sie doch mehr nachspüren müssen; nämlich dass mir die princeps vom Atilius Fortunatianus zur Hand sei. Sie haben Sich wohl durch Eberts falsche Vermutung teuschen lassen. Meinen Sie denn, ich hätte den Atilius weggelassen, wenn ich ihn gehabt hätte? zumahl da mir der Band Terentianus so zu dünn ist. Ich weiss nicht einmahl welches eigentlich die princeps ist, und habe Friedländern jetzt aufs Suchen ausgeschickt, der in solchen Sachen unvergleichlich ist.

Er hat Ihnen schon geschrieben dass der Börnerianus von Anfang an mein Beweis gegen Wagenfeld gewesen ist**); weshalb ich mich auf nichts Weiteres eingelassen habe. Der Mann ist übrigens kein Theologe, sondern ein Arzt: sonst hätte er seinen Codex nicht ins 13. Jahrhundert gesetzt. Ich möchte aber gern wissen, oder vielmehr, mir zweifelt nicht, dass die

---

*) ['Ueber den Eingang des Parzivals'. Gelesen in der Akademie der Wissenschaften am 15. Octob. 1835: Kleinere Schriften zur deutschen Philologie S. 480.]

**) [Vergl. 'Versuch über Dositheus' Berlin, gedruckt im Juni 1837: Kleinere Schriften z. class. Philologie S. 200 Anm. 5 u. 6. S. auch Praef. z. N. T. vol. 1 p. xii fg.]

Dosithei ebenso aussehen, und nicht, wie Böcking dummer Weise
sagt, in Frankreich geschrieben sind, sondern in St. Gallen,
auch nicht nach dem zehnten Jahrhundert.

Die Conjectur von Hermann zum Ulpian brauche ich nicht:
denn sie ist falsch, wenn er für *caesaris* etwas anders gewollt
hat als *censuve*. Dies hat Göschen am Besten gesagt, ob ihm
gleich die Emendation selbst zufälliger Weise entgangen ist*).
Da mirs aber eben einfällt und ein Viertel Loth mehr nichts
ausmachen kann, lege ich Ihnen eino ursprünglich für Savigny
auseinander gekohlte (besprochene nach Massmann) Conjectur
zum Gaius bei, die ein philologisches Gemüt erfreuen kann:
man braucht keine juristische Kenntnisse dazu. Sie sollten aber
zuerst nur die erste Seite und etwa die Hälfte der zweiten lesen.

Wenn Sie Sich mehr als ich glaubte für Dositheus inter-
essieren, und da Sie sogar einiges von ihm wissen was mir
entgangen ist (Dübners Notiz), so hören Sie auch meine Ansicht. Er konnte nur Latein, Griechisch nur soviel wie ein
römischer Sprachmeister der griechische Kinder unterrichtete.
Seine Grammatik und Uebungsstücke sollten auswendig gelernt
und abgeschrieben werden. Als man sie nun um Griechisch
daraus zu lernen abschrieb, ist immer mehr nach beiden Seiten
hin buchstäblich übersetzt worden, Schreibfehler und alles mit.
Die Ansichten von Böcking (Gothofredus) und Schilling sind
rein einfältig. Des Dositheus Hygin ist griechisch gewesen,
obgleich Bernhardy *(Eratosthenica)* diese Ansicht verhöhnt. Für
Lindemann ist aber der Dositheus viel zu schwer**).

Ich hoffe dass Sie Sich das leider lange vertrödelte Buch
zen Nibelunge (so nennts J. Grimm)***) nicht schon ange-

---

*) ['Kritischer Beitrag zu Ulpians Fragmenten' 1, 12: Kleinere
Schriften z. class. Philologie S. 223 u. Anm. 6.]

**) ['Versuch über Dositheus': Kleinere Schriften zur class.
Philologie S. 197f. 199 Anm. 4. Ebenda auch über Dübner.]

***) ['Zu den Nibelungen und zur Klage. Anmerkungen von
K. L. Wörterbuch von Wilhelm Wackernagel'. Berlin 1836.]

schafft haben, sondern dass Sie es nach und nach, nur nicht gleich zur Verkältung bei Nacht, neben der Erecsarbeit lesen werden. Ich wünsche guten Appetit und keine zu feine Zunge.

Meusebach ist noch immer in Baumgartenbrück bei Potsdam, wohin er sich erst mit Frau und Köchin begeben hat um Reste aufzuarbeiten. Nun, da er vor lauter Wunderlichkeit auch so einsam nicht damit fertig wird, hat er sich vor 14 Tagen abermahls auf 4 Wochen Urlaub nach Baumgartenbrück geben lassen, wohin ich ihm nun wohl endlich den Rosengarten nachschicken muss. — — Sie sehn, der 4. Theil der Grammatik bringt einen, mitten in der Bewunderung, auch darauf die Feinheiten der deutschen Sprache zu betrachten. Unterdessen aber, pflegte G. E. Schulze*) am Ende jeder Vorlesung zu sagen, empfehle ich mich Ihnen. Z. B. 'indem ich diese Meinungen von Schellingen für baren Unsinn halte und dieselbigen noch nicht zu bejreifen im Stande bin. Unterdessen aber empfehle ich mich Ihnen.'

Beilage zu 4.

Die Behandlung der Stelle des Gaius 1, 43 über die lex Furia Caninia gehört zu den mehr angenehmen als nothwendigen Aufgaben für die Kritik, aber eben so sehr zu den schweren. Es kann nichts Unbekanntes darin gestanden haben, nach des Schriftstellers Weise kann grade hier die Darstellung nur glatt und einfach gewesen sein: und doch fehlt für den Sinn das Nöthige, bei manchem unnützen Worte. Ich will die Stelle ganz hersetzen, damit man sogleich bei den ersten Sätzen die ganze Anmut der Schreibart des Gaius sich wieder vergegenwärtige. In dem schwierigen letzten Theile (p. 11, 4-8) gebe ich mehr als Göschens Text, nämlich alles Gelesene, doch bei zweifelhafter Lesung nur die mir wahrscheinliche.

---

*) [Bei dem Lachmann in Göttingen philosophische Vorlesungen gehört hatte. S. Hertz Karl Lachmann S. 12.]

Nam ei qui plures quam duos neque plures quam decem seruos habebit, usque ad partem dimidiam eius numeri manu mittere permittitur. ei uero qui plures quam x neque plures quam xxx seruos habebit, usque ad tertiam partem eius numeri manu mittere permittitur. at ei qui plures quam xxx neque plures quam centum habebit, usque ad partem quartamirec t•ɔlantior acenat• datur. nouissime ei qui plures quam c
plures quam D
habebit nec plures qᶜ•ammiito permittitur quam ut quintam partem neque plures atur. sed praescribit lex ne cui plures manu mittere liceat quam c.

Wo die Schwierigkeiten liegen zeigt sich schon durch die Ungeheuer von Wörtern. Für die Berichtigung ist bisher nichts geschehn, ausser dass Göschen mit sicherem Blicke in *acenat•* erkannt hat *licentia:* was Blume Klenze und Heffter, in der Verzweiflung, glaub ich, vorgeschlagen haben, ist eben so unwahrscheinlich als unrichtig.

Meine Verbesserung will ich zuerst gradezu hinstellen und nur die Veränderungen der handschriftlichen Lesart nach Göschens Weise bezeichnen. Giebt diese Einrichtung einen gegründeten Anstoss, so lohnt es der Mühe nicht zu betrachten wie ich das Einzelne rechtfertige.

at ei qui plures quam xxx neque plures quam centum habebit, usque ad partem quartam manu mittere permittitur. nouissime ei qui plures quam c nec plures quam D habebit, non *latior* licentia *datur, quam ut quintam partem neque plures* (manu mitt)*at. sed praescribit lex —*

Man bemerkt sogleich dass ich an den bedenklichen Stellen zwei Reihen von Buchstaben die Plätze wechseln lasse,

t•ɔlantior acenat• datur
qᶜ•ammiito permittitur,

und dass ich von der ersten die Buchstaben *quartamirec* als in der zweiten wiederholt übergehe. Alles Übrige sind nur kleine Nachbesserungen, die sich vielleicht sogar bei einer neuen Ansicht der Handschrift bestätigen können: denn dass ich noch ausserdem annehme, *atur* stehe für $\overline{m}\,\overline{m}atur$ und dies für *manu mittat*, bedarf keiner Rechtfertigung, wenn man die Handschrift genauer kennt. Ich glaube nicht dass man es bedenklich finden wird, wenn ich *t*olantior acenat** lese *nō latior licentia*, wenn ich *q^c*a* für *quartam* nehme, also das übergeschriebene corrigierte *c* für *r*, und *miito* für *mittere*, d. h. *i* für *t*, *to* für durchstrichenes *t* und ein *e*. Die Umstellung aber wird erst wahrscheinlich werden, wenn die Zahl der Buchstaben ergiebt dass in einer älteren Handschrift eine ausgefallene Zeile nachgetragen und durch Missverstand der Besserung zwei Zeilen an die unrechte Stelle gerathen sein möchten. Nun geben die beiden umgestellten Zeilen jede zwei und zwanzig Buchstaben,

non latior licentia datur
quartam m̄ mittere pmittit':

und die übrigen lassen sich ebenfalls leicht mit ungefähr so viel Buchstaben schreiben, also ganz wie das Wiener Bruchstück von Ulpians Institutionen. Zuerst also

centum habebit usq. ad partē.

Nun sollte folgen *quartam manu mittere*. Dies aber hat, weil es nachher noch einmahl folgte, nur sehr unvollständig, vielleicht halb vertilgt, in der älteren Handschrift gestanden, etwa *quarta* mi***re* für *quartā m̄ mittere*. Daher in der von Verona *quartamirec*. Nun folgt die eine der versetzten Zeilen. Dann wird es geheissen haben

nouissime qui plures quam
c nec plures quam D habebit

Dies, glaube ich, hat der Corrector unserer Handschrift herstellen wollen, da sich der Schreiber durch das doppelte *quam* hatte teuschen lassen. Eine nähere Ansicht der Handschrift wird wohl diese Schreibung ergeben

n' plures quam D
c habebit nec plures

obgleich Göschen und Blume das *n'* (*nec*) nicht gesehen haben.

Nur so ist das doppelte *plures*, im Text und in der Correctur, begreiflich: nur so ist die Wortstellung natürlich und stimmt zu den drei vorhergehenden Gliedern. Hierauf folgt die andre versetzte Zeile; dann eine vermutlich etwas längere, an deren Ende das $\bar{m}$ $\bar{m}$ übersehen ward, welches der Sinn verlangt,

> *q ut quintā partem neq. plures* $\bar{m}$ $\bar{m}$
> *atur̊ s' praescribit lex* u. s. w.

1837.

5.

Liebster Herr Magister,

Willkommen in Leipzig! und bleiben Sie auch da — ausgenommen soviel Sie nach Berlin herüber springen wollen, wo dieses Jahr besser Wetter ist, trotz aller Kälte welche die Thermometer anzeigen. Aber ernsthaft, machen Sie um Gottes Willen dass Sie sich dort festsetzen können. Ich glaube zwar nicht dass eben dies viel helfen wird, aber locken Sie doch Ihren Hrn Vater mit der Aussicht (er ist ja meines Wissens ein Jurist, trotz der Leipziger Elle) auf eins der beiliegenden Exemplare entweder meiner nur scheinbar akademischen Schrift oder der Habilitationsschrift des seligen Hrn von Göthe. Die übrigen Exemplare des Dositheus sind 1) für Sie 2) für Hermann 3) unbekannterweise für Schilling 4) desgleichen für Hänel, ob er uns gleich, neben freilich guten Sachen, auch einen Juvenal xiv Jh. für 100 *Rthlr.* dünkt mich verschafft, dagegen auf einen guten Vitruv gar nicht mit geboten hat; wie denn dieser Herr Von immer seine feinen Wege hat, die man ihm aber doch zur Hälfte danken muss. Endlich 5) für Sie, damit Sie zwei haben. Meine Absicht werden Sie nicht verkennen, eben das zu thun was die Juristen nie mit Klarheit erkannt und zu Stande gebracht hätten. Sind nun Fehler darin, die werden sie schon verbessern. Vielleicht wären gar keine (ich meine würkliche Böcke)

darin, wenn ich sie hätte bewegen können das Manuscript durch-
zusehen: nur allein Savigny (ὃ δ' εὔκολος*) μὲν ἐνθάδ', εὔκολος
δ' ἐκεῖ) hat mir die Liebe gethan und mir würklich einiges verbessert. Bei Dübner hab ich Sie nicht citiert, sondern nur im Herzen: er ist auch ein alberner Geheimthuer, der uns mit zwei Worten
Beschreibung viel Zweifel sparte**).

Flore und Blanscheflur erfolgt so spät zurück, weil man immer
nicht recht wuste ob nach Zittau oder nach Leipzig. Hätten Sies
gebraucht und nicht gefordert, so wären Sie zu schelten. Ich habe
noch keinen französischen Roman von solcher Kunst gelesen, finde
auch den holländischen nicht besser, wohl aber den deutschen.
Schade dass die Handschrift offenbar nur ein Auszug ist, mit einem
possenhaften Zusatze (vom Gaukler). Jetzt macht mir das Decanat
gar zuviel zu thun (Frau v. Meusebach hat aus *Spectabilis Spe-
ciosus* gemacht, da ich doch, mit Buttmann zu reden, kein *Pic-
tus* bin): ich kann an nichts Zusammenhangendes kommen, Sie
müsten denn einen Aufsatz über Varro *de l. Lat.* v. p. 97 und
VI, p. 245 fg. Speng.***), der fertig ist, so nennen: selbst die
Collation unseres Codex von Flore ist nur angefangen. Wenn
also noch was daraus wird, so kann die Arbeit höchstens mit
dem Gratius zu gleicher Zeit erscheinen, vielleicht erst mit dem
Erec†).

Dass der Verf. des *Reinardus* heisst *magister Nivardus*
lernt man (Grimm††) weiss aber auch nicht wer das ist) aus
flores auctorum (auf die *flores philosophorum* folgen, z. B. aus

*) [Wie Sophokles bei Aristophanes Frösch. 82.]

**) [Siehe 4 S. 16 Anm.]

***) [Gedruckt 1839 im Rhein. Museum f. Philologie Bd. 6. S. Lach-
manns Kleinere Schriften zur classischen Philologie S. 163 u. S. 167.]

†) [Diese schon 4 S. 14 geäusserte Absicht, obwohl sie auch
später, 1841 (s. die Briefe 28 u. 29), wieder auftaucht, ist unausgeführt geblieben.]

††) [Siehe Lateinische Gedichte des X. und XI. Jahrh. Herausgeg.
v. Jac. Grimm (Götting. 1838) S. XIX Anm.]

Terenz — Petron ist ein *auctor*), woraus ich Ihnen die *Tibullu-siana* (Diez) beilege, das vierte Exemplar der einen Excerpten-sammlung*). Oder hab ich sie Ihnen etwa schon geschickt? Da ich diesen Sommer eben über Catull und Tibull lese, muss ich einiges mittheilen oder danach fragen. Dass Catull in Glossarien citiret werden soll, wissen Sie aus Scaliger p. 35 = 41. p. 41 = 50. Vergl. gloss. Pith. v. *Placor*, Catull 64, 272. Ratherius in Maffei Ver. ill. 2, p. 4. Nirgend Excerpta. Dante Inferno 4 kennt weder Catull noch Tibull. Beide nennt Petrarca im trionfo d'amore cap. 4, 22. 24; wann hat er dies Capitel geschrieben? (Ubaldini ist nicht in Berlin: Blanc oder Witte hat ihn. Dass er am 3. capitolo im Sept. 1357 gearbeitet, weiss ich nur aus Wagenseils holdseliger Kunst). Ben-venuto de' Campesani starb nach Versen von Ferreto Ferreti von Vicenza (Muratori rer. It. scr. 9, 1185) als *Mille trecentenis decies geminaverat annum Tertius* = 1360 (nicht 1313 wie Muratori p. 939). Also wird Catull in den Fünfzigern des 14. Jahr-hunderts gefunden sein**). — Das *tricesimo aetatis anno* des Hieronymus ist gewiss richtig aus Sueton *de viris illustr.*, die Jahreszahlen aber falsch, obgleich wie immer bei ihm consequent. Die jüngste historische Beziehung auf die letzten Tage von 707 *per consulatum peierat Vatinius* (XXIX, 19 geht auf 687). Cor-nelius geht im ersten Theil des Atticus nicht weit über die Schlacht bei Philippi hinaus, erwähnt aber *Lucretii Catullique mortem*. Also starb Catull zwischen 708 und 712. Hat Hieronymus den Consul Cn. Octavius von 678 mit dem von 667 verwechselt***)?

---

*) [*Flores tam auctorum quam philosophorum* im cod. Diez. B 60. f. 20. saec. xiv: vgl. *de Aviani fabulis*, Klein. Schrift. z. class. Philol. S. 53 Anm. Ueber die Berliner Hdschr. und die übrigen Hdschr. derselben Excerpte s. Haupt *De carm. bucol. Calp. et Nemes.* p. 13 Opp. 1 S. 374 u. s. unten (1841) Br. 28.]

**) [Man vergl. hiermit die Ausführungen in Haupt's *Quaest. Catull.* S. 2 f. 4 f. Opp. 1 S. 2—5 um zu erkennen, dass Lachmann diese noch nicht gesehen haben konnte. Siehe oben 2 S. 5 Anm.]

***) [Vergl. *Quaest. Catull.* S. 13—16 Opp. 1 S. 9—13.]

— *Ilis utere mecum, auge, corrige:* ich habe nichts damit vor.
Aber es wäre mir lieb, wenn Sie etwas von der *Gretea,* Varro *de
ling. Lat.* VI p. 245, wüsten*).

Kennen Sie auch die Noth, wenn man einen Brief mit Citaten
geschrieben hat, dass man dadurch dumm wird, und dann kein
menschliches Ende finden kann? Homeyer lobt (im Dositheus)
meine leichte Behandlung, er weiss aber nicht wie schwer sie mir
wird, und wie ich mich quäle dem Leser das Unnütze zu ersparen.
Mich freut es nur dass ich Ihnen vergolten habe: Ich lese Ihre
Slavica**) nicht, und Sie lesen nicht meine *Latinos Iunianos.*
Denn wenn Sie es thäten, es wäre sündlich. Das sagen Sie auch
Hermann, mit einem herzlichen Grusse. Ceterum censeo, dass Sie
sich in Leipzig festsetzen und dass der Gratius bald kommt. Von
ganzem Herzen Ihr C. L.

Berlin d. 5. Juli 1837.

6.

Lieber Herr Magister. Vor etwa 3 Stunden kam Ihre epistola,
als ich eben zum Essen gehn wollte, welches dann geschah, nachdem ich sie noch zum Theil auf der Strasse gelesen hatte. Jetzt
sitze ich in einem Examen welches mit 8 Medicinern vorgenommen
wird und ein Vorspiel ihres medicinischen Doctorexamens ist***).
Ein schöner Zustand, um mit einer nicht geschnittenen Feder (ich
der ich alle 5 Minuten schnitzele) auf solchen Reichthum zu ant-

---

*) [Vergl. 6 S. 25f. u. Anm.]

**) [Vielleicht die Recension von *Glagolita Clozianus,* ed. Kopitar
1836 in den Wiener Jahrbüchern für Litteratur Bd. 76, auf welche
Haupt (nach einem Brief an Meusebach v. 21. Mai 1836, s. Wendeler
Briefwechsel S. CVI u. Anm.) nicht geringen Werth legte.]

***) [Gemeint ist das später aufgehobene Tentamen philosophicum
der Mediciner, woraus sich ergiebt, vergl. 74 (1847), dass Lachmann
Decan der philosophischen Facultät war: dies genügt, den undatir-
ten Brief dem J. 1837 zuzuweisen und hier einzureihen. Lachmann
hat zweimal das Decanat bekleidet, im J. 1836/37 und im J. 1846/47

worten. Und doch versuche ich es, weil ich sonst die Zeit kaum
dazu finden werde, und den Düntzer*) gern gleich schicken möchte.
Wenn ich zwei Exemplare finden sollte, könnten Sies gar behalten: ich glaube aber, er hat das Uebrige, welches ich freilich
im Mspt. auch gelesen, nachher mitdrucken lassen, mir aber nicht
verehrt. — Ob zwischen 'Αλχμὰν und Λαχμὰν eine Ähnlichkeit
ist, hab ich schon lange gesonnen, Sie scheinen aber auch keine
gefunden zu haben. — Dositheus und Göthens Werke**) sind auf
meine Kosten gedruckt, *loco dictaturae in usum auditorum,*
jedes in 200 Exemplaren, so dass ich noch immer welche nach-
liefern kann. Auf Partheys und der Vossischen Erben Kosten habe
ich hingegen übernommen die lessingischen Werke zu adminis-
trieren***). Fast hätt ich geschrieben zu admirieren, weil mir
'Admirabler Lessing' durch den Sinn fuhr: Sie, admirabler ge-
lehrter Herr, wissen nun gleich die Geschichte dazu herzuerzählen,
die ich armer Teufel hier im Senatszimmer nur unvollständig
weiss (ich weiss sie wie Wilken, 'nicht auswendig') und in
4 Wochen vielleicht gar nicht mehr. Ich wollte aber fragen
ob die (Hamburgischen) Ermunterungen und Mylius Naturforscher
etwa irgendwo in Leipzig zu erlangen wären, und bald? Hier
weiss ich sie nicht aufzutreiben. — Was sie von den Juristen
sagen, ist Verleumdung, s. v., wenigstens von Savigny und
Göschen. Ich weiss sehr gut dass ich von ihren Sachen nichts
weiss: und ihnen liegt es sehr fern sich die Schicksale eines

---

(s. die Br. 68 (1846) u. 72. 73. 74. 77 aus dem J. 1847). Dass hier nur
an das erstere gedacht werden kann, lässt der Inhalt des Briefes un-
zweideutig erkennen. Vergl. 5 S. 21.]

*) [H. Düntzer's Doctordissertation *Livii Andronici fragmenta col-
lecta et inlustrata. Accedunt Homericorum carminum a veteribus poetis
Latinis versibus expressorum reliquiae* (Berl. 1835) P. I.]

**) [S. 5 S. 20. Oder ist es der von Lachmann besorgte Druck
des Goethischen Gedichts 'Als Nicolai die Freuden des jungen Werthers
geschrieben hatte' (Berl. 1837. 1 Bl. 8), auf den sich 17 S. 56 bezieht?]

***) [Der Vertrag ist am 16. August 1837 geschlossen worden.]

cod. Graecolatin. zu vergegenwärtigen. Wenns ein Jurist anders ansieht, so ist er ein Narr. — Ich wollte aber lieber, Sie lobten mein *reprimere* und *batuere*, das Savigny noch nicht nöthig finden will, als das *manu justice**), das allo preisen, und ich weiss froilich selbst dass es richtig ist. — Von Petrus Arca (so sago ich nach, weil es gelehrt ist, Area für Arquà) denke ich. was ein anderer zu seiner Zeit von philologischen Sachen gekannt hat, geschweige ein Correspondent von ihm, das hat er auch gekannt. Warum aber Pastrengo den Tibull nicht in der Reihe aufzählt, ist wohl vielleicht zu untersuchen**). — Es ist nicht ein Diezischer Codex, sondern der berühmte Grammatiker Codex***); und der das Blatt bemerkt hat, und dass dies eine Art von Katalog ist, der dies dem Dr. Friedländer, der für Sie Kataloge suchte†), angab, das bin ich gewesen, und nun werden Sie wohl glauben. dass ich mir *lib. II.* auch schon mit der Zählung in den Excerptis (namentlich bei Vicentius Bellovacensis) zusammengestellt habe, freilich ohne sonderlichen Erfolg. Ich hatte nichts davon geschrieben, weil ich glaubte, Sie wüstens — und das war denn auch freilich der Fall. — Zur *Gretca* weiss ich nichts zu bringen als höchstens die *Collyra, amica Lucilii*, nach der das 16. Buch

---

*) ['Verbesserungen des Textes der Collatio' im Anhang zum Dositheus, und ausgeführter in der Zeitschr. f. geschichtl. Rechtswissenschaft x 2 (1840): Kleinere Schriften z. class. Philol. S. 215 f. u. S. 242 f.]

**) [Haupt in den Berichten der k. sächs. Gesellschaft der Wissenschaften 1849 S. 257 (Opp. 1, 277) schreibt 'Petrarca kannte wohl alles was von römischer Litteratur damals entdeckt war und schwerlich blieb ihm fremd was seinem Freunde Pastrengo zugekommen war'. Ebenda S. 256 (Opp. 276) 'auch den Tibullus kannte Pastrengo'.]

***) [cod. Diez. B. 66 saec. IX (s. Keil Gramm. Latin. IV p. XXXII), der f. 218 ein kleines Bücherverzeichniss mit *Albi Tibulli lib. II* enthält.]

†) [Deren einen auf deutsche Litteratur bezüglichen, den er 'vor Jahren durch die Güte des Herrn Custos Dr. Gottlieb Friedländer erhalten' hatte, Haupt in seiner Zeitschrift 3 (1843) S. 191 f. mittheilt.]

den Namen hatte. Übrigens sinds Hexameter *Quae cum ad me cubitum venit* etc. Die Verse aus der Astraba lese ich so, hoffentlich mit Ihrer Erlaubniss, MERETR. *Ne séquere adsequē, Polybadisce.* POL. *meam spem cupio consequi: Sequor hércle eam quidem: nam libenter mea sperata consequor.* Nur den Namen *Polybadiscus* capiere ich nicht; eben so wenig *disce* für *audi.* Und zu *adsequē* weiss ich nur das Adverbium *consequie quoque iam redeunt ex ordine certo* bei Lucretius[*]). Wenn Sie mehr haben, bitte ich mirs aus. Schöpfer zum Velleius schaffen Sie sich nicht an. Gestern habe ich Jacobs (in Lübeck) Schulausgabe des Rutilius Lupus erhalten, woraus ich diesen Sch. erst kennen gelernt habe. Mit dem 9. Jahrhundert[**]) ists eine infame Lüge: dagegen will ich mir verbitten dass der alte Katalog *(Tib. lib. 11)* ins 10. Jahrh. gesetzt wird: es ist durchaus neuntes.

19. Juli. Heute will ich zum Gestrigen zuerst hinzusetzen, weil es mir grade einfällt, dass ich bei Hermanns letztem Programm herzlich gelacht habe, wo er sich nicht besonnen hat wie Brennholz auf Lateinisch heisst, nämlich *cremium. Cura ne iterum rideam,* wenns in die Opuscula kommt[***]). — Aus Jacob schreibe ich die Anmerkung des librarius des IX. Jahrhunderts ab. *Heic est ingens lacuna in antiquissimo liuro. qui est scriptus anno urbis milesimo septuagesimo. excerpta pa-*

---

[*]) [Vergl. 5 S. 23 u. Kleinere Schriften zur class. Philol. S. 172. 173. 175.]

[**]) [In welches Schoepfer hinter seinen *Adnotationes criticae quibus Velleji Paterculi quae supersunt pristinae integritati reddere conatus est C. S.* (Quedlinburg 1837) S. 53 die Handschrift setzt, aus der er ein Blatt mit Bruchstücken des Rutilius Lupus bekannt macht. Den Betrug hat auch schon Fr. Iacob *P. Rutilii Lupi de figuris sententiarum. In usum schol. explanavit F. I.* (Lubecae 1837) S. 27 erkannt (s. auch die gleich folgenden Anführungen bei Lachmann), und eingehender 1856 im Ind. lect. Vratisl. Fr. Haase dargethan in der *disputatio de fragmentis Rutilio Lupo a Schoepfero suppositis.*]

[***]) [Wenn ich nicht irre, das Programm *De Apolline et Diana. Pars prior. edita a.* 1837 (Opp. VII), in welchem S. 296 der Ausdruck

latina docent perisse heic harumce figurarum descriptiones: epanoioseos paradigtos usw. Ferner *praemio corrigendos esse hoemones nequam. intelegi . . pro iliuerali deligentem.* — Frontinus de aquis 2 will mir *Neque enim ullum* nicht ein, nach Ihrer Verbesserung: ich würde *quidquam* begehren*). — Es ist allerdings richtig dass Albertino Mussato den 31. Mai 1330 gestorben ist, s. Muratori XI, chronicon Cortusiorum: man kann höchstens zweifeln (wenn man die Überschrift nicht gelten lässt, sondern nur den Context) ob nicht 31. Mai 1329. Also habe ich den verdrehten Vers des Ferreto Ferreti missverstanden. Aber dass der Catull so früh gefunden sein soll, ist auch wenig wahrscheinlich. Volaterranus († 1521 über 70 J.) sagt, zur Zeit seines Grossvaters: das ist freilich zu spät**). Ist noch ein jüngerer Benveuuto de' Campesani gewesen, der das schöne Epigramm gemacht hat? Wenn doch der Mann in Prosa geschrieben hätte! Einmahl habe ich gedacht *Francesco Notapassanti notajo* könnte der Name sein***). — Ihr αὐόκωλος ist sehr schön und wahr†). — Können Sie den ersten Vers der einen Fabel des Babrius besser machen als so? Ἀγροῦ χελιδὼν ἐξετωτήθη μακράν. Könnte nicht Catull auf Babrius anspielen mit *Sed non videmus manticae quod in tergo est*††)? Wann hat Phaläcus gelebt? Haben griechische Dichter (ausser Scaliger) reine iambische Trimeter ge-

---

si urens aliqua vis loco subiiceretur begegnet, der also doch in die Opuscula gekommen ist.]

*) [Gedruckt im Rhein. Mus. f. Philol. (1845) 3, S. 310f. Opp. 1, 161, und (zur Rechtfertigung von *ullum* für *quidquam*) noch einmal Hermes (1870) 4 S. 154 Opp. 3, 464.]

**) [Vergl. 5 S. 22 u. Anm. Haupt *Quaest. Catull.* S. 4 fg. Opp. 1, 3 f.]

***) [*Quaest. Catull.* S. 8 (Opp. 1, 5) und Ber. d. sächs. Gesellsch. d. Wiss. 1849 der philol. histor. Classe Bd. 1 S. 256 Opp. 1, 276.]

†) [Mitgetheilt *Observ. crit.* (1841) S. 54 Opp. 1, 127.]

††) [Babrius 12, 1 wo Lachmann später Ἀγροῦ χελιδὼν μάκρ' ἀνεξεπωτήθη nach seiner Vermuthung ediert hat. Catull. 22, 21 zu vergl. mit Babrius 66.]

macht? Hat Catull (Calvus und Mäcenas nach ihm?) die Priapeos
von Anakreon, die iamb. tetr. catal. von Hipponax: oder halten
auch Alexandriner dergleichen? Die glykoneischen Strophen halten
Sie doch auch für anakreontisch? — *Quo licet ingenio**), so
geschickt und fein ihr könnt? — Ein Codex, meinen Sie, enthielt
alle drei Dichter (und wohl auch den Petronius?). Dazu müste
man wissen wie sich der Regius 7989**) im Properz zu G und R
verhält. Aber vermutlich kann ich das wissen: es wird ja wohl
eine schlechte Collation hier sein. Soll ich danach suchen? —
Catull LXIV, 404 muss nach Lobeck Agl. p. 769 wohl *parentis*
gelesen werden. XCV, 7 *Padoam* wollte Rob. Titius loc. contr.
10, 3: Yvo Villiomarus verspottet es, weil *Padusa* auch bei
Polyb. zu lesen sei***). Hand im Tursellin 3. p. 45. 56 tadelt
mir eine gute Conjectur als *pessima*†). Warum haben *basiare*
nur Catull und Martial? Was ist *pulcherrima Neptunine*, The-
tis? Wo ist *Scyros* in Thessalien? Γορτών††)?

Ein Brief ist das nicht, lieber Herr Magister, sondern ein
Briefconcept: Sie müssen aber dies Mahl *hoc Catone*†††) zufrieden sein. Den Düntzer finde ich bis jetzt nur Ein Mahl,
und hier erfolgt er.

Du Cange unter *longicollum* citiert *Goclenii lexicon philos.*
Haben sie das nachgesehen?

---

*) [In dem Epigramm des Benvenuto de Campesanis V. 5.]

**) [Ueber dessen Inhalt Bücheler *Petronii Satirarum reliquiae*
(Berol. 1862) S. XVIf.]

***) [Haupt *Quaest. Catull.* S. 97 Opp. 1, 71.]

†) [38, 2 *Malest me hercule ei et laboriose.* Vergl. 7 S. 31.]

††) [Ueber *basiare* Haupt *Ind. lect. aest.* 1856 S. 9 (Opp. 2, 109):
derselbe hat *pulcherrima Nereine* (64, 28) emendiert *Quaest. Catull.*
71 f. Opp. 1, 52 ff. vergl. Opp. 3, 518; über *Scyros* d. i. *Cieros* (64, 35)
Meineke *Vindic. Strabon.* (Berl. 1852) S. 153.]

†††) [Sueton. August. c. 87 *cum hortatur ferenda esse praesentia
qualiacumque sint, 'contenti simus hoc Catone'.*]

7.

Vester Getrewer Herr Magister

Ewer vnderscheidliche Zuschrifften nebst derselben angenehmen Beylagen, damit Vns sowohl Ihr als Unsers werthen Herrn Schwagers Liebden bechren wollen, haben Wir ganz gern und genädig empfangen. Vns aber derselben bis nun schriftlichen zu bedancken allzu geringe Sorgfalt getragen; wie Ihr denn nicht ohn einigen der Wahrheit Grund und Anschein Euch verwunderet wie dass keiner aus Vns Euch deshalben seine Gesinnungen offenbaret hat. Ihr wollet aber bedenken dass Wir, obwohlen unser drey (dahero Wir uns auch nicht wie Ihr fürwitzig ausgeklügelt, mit dem Titul D^{rr} zu schreiben pflegen, sondern $\overline{ddd}$ nach dem Vorgang etlicher rhümlicher iedoch mehrerer nichtswürdiger Vnserer Vorfahrer, welche sich $\overline{imppp.}$ $\overline{ddd}$*) geschrieben) jedennoch etlicher Massen denen zweyen Vngarischen Schwestern zu vergleichen, deren Geschichte Euch bekannt seyn wird, wie eine der andern in all ihren Bewegungen hinderlich gewesen. Zumahl aber haben Wir jetzo zu diesem weitläufftigen Stilo keine Zeit. Denn kurz, liebster Hr. Magister, was können Sie von einem Menschen verlangen, der

1) zwei Collegia liest —

2) den Lessing zum Druck fertig machen muss und eben am Misogynen steht — Für Eure Nachrichten danken schön und bitten um mehr. Aber die sächsischen Provinzialblätter haben wir nur bis 1803 incl., können also was 1804 S. 7—9 steht nicht lesen ehe Wir Müllers Programm *de Lynceo***) gelesen haben.

---

*) [Oder wie bei Symmachus oft, z. B. 306, 5. 29; 312, 34 Seeck, $\overline{ddd}$ $\overline{imppp}$. — Der Scherz geht auf die drei Doctorhüte, mit denen Lachmann bekleidet war, seit bei Gelegenheit des Göttinger Universitätsjubiläums (19. September 1837) die theologische und die juristische Facultät ihn *honoris causa* zum Doctor creiert hatten. S. Hertz, Karl Lachmann S. 204 f.]

**) [Rectoratsprogramm von Göttingen 1837 *Tractantur Graecorum de Lynceis fabulae.*]

Könntet Ihrs uns sehr schnell schicken, so liesse sichs noch ein-
flicken vor den Dramen.

3) den Gaius *) in einer kleinen Ausgabe für die Bonner
vollenden soll (die 2 letzten Bücher) und die grosse neu machen,
wo er bis II, 125 gekommen ist.

4) die schleiermacherischen Werke immer sacht fort drucken
lässt, und jetzt die akademischen Abhandlungen.

5) eine Correctur von Leo Klenzens Reise nach Griechenland
machen muss, und endlich

6) seit vorgestern, als Hrn Greiths schändlicher Gregor **)
ankam, einen neuen Text zu machen angefangen hat — wird aber
wohl ganz ohne Angabe von Varianten bleiben. In Seb. Brants
Leben der Heiligen, Winterteil, ist sant Gregorius vff dem stein
nach Hartmanns Gedicht ***). Wir haben aber durchaus keine lateinische Legende, in welcher Gregor. vorkäme. Fändet Ihr ichtens
dergleichen, thäten wirs vnser Ausgab willig hinzue fügen, den
zu lieb so der teutschen Sprach unerfahren.

7) Dass wir im October unsere homerische Sachen zusammen
geschrieben und letzten Donnerstag verlesen †), dergleichen

8) dass unsre Anmerkungen zum Ulpian in zwei Wochen
gedruckt werden, sagen Wir nur um noch mehr Numern zu machen:
sonst ist das fertig.

Wollten Euch auch noch fragen ob Niebuhr dem Lindemann

---

*) [Nach Jo. Fr. Ludw. Goeschens Tod, der am 24. Sept. 1837
zu Göttingen starb; s. unten S. 31.]

**) ['Spicilegium Vaticanum. Beiträge zur nähern Kenntniss
der Vaticanischen Bibliothek für deutsche Poesie des Mittelalters.
Von Carl Greith, Pfarrer in Mörschwyl bei St. Gallen.' Frauenfeld
1838 (die Vorrede vom 13. October 1837) S. 135—303. — Im Iwein
2. Ausg. (1843) S. 362 nennt Lachmann diesen Gregor eine 'schüler-
hafte Ausgabe'.]

***) [Vgl. 8 S. 33.]

†) [In der Sitzung der Akademie der Wissenschaften am
7. Decemb. 1837.]

etwan seinen Varro auch geschenkt hat. Sonst muss er in Bonn
sein, und dann kann ich ihn leicht bekommen.

Übrigens aber ist freilich jetzt trübe Zeit, in der man sich
ins Arbeiten hinein stürzen müste, wenn es einen nicht von
selbst überschwemmte. Wir wissen von Göttingen nichts als was
in den Zeitungen steht, wenigstens nichts Glaubhaftes. Die Ab-
setzung der Sieben ist noch zu bezweifeln: die Schwäche der
Fünf muss doch den officiellen obgleich gewiss lügenhaften Angaben leider wohl geglaubt werden. Dass Göschen bei diesem
Sturme nicht mehr lebt, ist der andern Unglück, für ihn aber freilich gut. Er war in allen Sachen des Lebens gradezu die Hauptperson.

Unter ihren *Catullianis***) sind schöne Sachen, die mich bei
einer zweiten Ausgabe quälen würden. Ich hätte über manches geschrieben, wenn Sie nicht, als ich von Göttingen heimkehrend das
schöne Paket vorfand, eben an Lindemanns Busen geruht hätten.
*Et quaerendus ei****) wird Ihnen Hand so auslegen wie er mein
Malest me hercule ei et laboriose ausgelegt hat, für die Interjec-
tion. Ich zweifle ob man bei *is unde petitur* das *is* auslassen kann.

Nun sagen Sie aber einmahl ernsthaft, warum spricht denn
Ihr letzter Brief weder vom Gratius noch vom Erec, dafür aber
steht am Ende folgende Rettersch.
*schriebe ich weiter, so käme es am ende affectiert heraus et-
was gar nicht zu berühren, worüber Sie wohl lachen mögen.*

---

*) [Dies sind die *Quaestiones Catullianae*, Haupts Habilitationsschrift, die (s. 2 S. 5 u. Anm.) Lachmann, als er im September
1837 vom Göttinger Jubiläum zurückkehrte, vorfand: sie waren am
19. September auch an Meusebach geschickt worden (Wendeler Briefwechsel Meusebachs mit J. u. W. Grimm S. cxvii), dem Haupt
noch am 10. December 'über Lachmanns Schweigen klagte, der ihm
noch kein Wort, nicht einmal ein verwerfendes über die *Quaestiones
Catullianae* geschrieben'.]

**) [Catull. 67, 27. S. *Quaest. Catull.* S. 85 (Opp. 1, 62). Haupt
hat in seiner Ausgabe Lachmanns *is* aufgenommen. Ueber Hand
vergl. 6 S. 28 u. Anm.]

(Die Zeichen hab ich nach dem Muster von Ziemann gesetzt, in
welchem mir Benecke die Erklärung von *dankêre* gezeigt hat).
Erst dachte ich, Sie hätten sich verlobt: da aber *mögen* dazu nicht
passt, hab ich alle Erklärungsversuche aufgegeben bis Sie sie selbst
liefern.

Meusebach seh ich gar nicht mehr. — — Bleiben Sie mir
aber doch freundlich gewogen, und danken Sie Ihrem Vater herzlich, und empfehlen mich Hermann schönstens. Von ganzem Herzen Ihr Lachmann.

Am 11. Dec. 1837,
von welchem an auf den Strassen
nicht mehr geraucht werden darf.

1838.

8.

Berlin 26. Januar 38.

Fester Herr Magister,

Da Sie sich doch um meine Sachen wie es recht ist kümmern,
so sollen Sie wissen dass vom Gregorius bereits einige Clummen
gesetzt sind. Sie werden Sich aber des Todes verwundern, oder
würden wenn ich nichts sagte, dass es 7 Bogen purer Text, ein
Titelblatt eingerechnet, sein werden und weiter nichts. Ich habe
aber gute Gründe allerlei zu verschweigen

1) dass Hr Greith ein   ist; weil man sonst den Ärger merkt
dass er seinen Fund*) nicht vielmehr uns angeboten hat, da er sich
ganz unvorbereitet wusste.

2) dass ich Meusebachen nicht bitten mag um das veesen-
meyersche Blatt. Er würde es zwar hergeben — —

---

*) [Ueber Greiths 'Fund' der Vaticanischen Handschrift Haupt
in seiner Zeitschrift Bd. 5 (1845) S. 32 Anm.]

3) dass die Angaben aus Greith, aus Schottky's Abschrift und aus Oberlin, dennoch nicht zuverlässig genug sind*).

4) dass Leo, obgleich er mir seino˙ Anglo Saxonica geschickt hat, doch höchst schändlich unsern Bibliothekaren zutraut dass sie Pergamentblätter wegwerfen, zumahl da Wilcken selbst Leos Pult ausgeräumt hat. Ein ehrlicher Mensch hätte gesagt, bei seinem ungeregelten Abgang bei Nacht und Nebel werde das Blatt verloren sein**).

5) dass ich nicht sicher bin ob Leos Blatt aus Hartmann übersetzt ist oder umgekehrt, dass ich aber einen lateinischen Text nicht habe auftreiben können. Der in den Gestis Romanorum ist schlecht, der deutsche in den Leben der Heiligen ist nach Hartmann. Hätte ich einen erträglichen, so würde ich ihn hinten anhängen***).

Eigentlich schreib ich deshalb damit Sie dafür sorgen (da Sie es doch vermutlich selbst übernehmen) dass in Brockhaus Blättern hübsch beide Ausgaben zusammen genommen werden, nicht aber Ihr Greith vorausgeht. Und dann wollt ich fragen ob Sie glauben es könnte mir eine oder die andre Redensart aus dem Erec nützlich sein, wenn Sie ihn mir umgehend unfrankiert zuschickten, oder ob nichts darin vorkommt was nicht im Iwein auch stünde: denn sehr gleichförmig ist Hartmann allerdings, und dass er jemahls Fortschritte im Stil gemacht möchte ich bezweifeln, obgleich ihm nicht jederzeit dieselben Sprachformen unbedenklich und reimgerecht erschienen sind.

Dann wollte ich Ihnen noch 2 Stellen vorlegen, wo Ihr Scharfsinn mir vielleicht hilft. Ich citiere die richtigen Verszahlen,

---

*) [Ueber diese handschriftl. Mittel, auch das Veesenm. Blatt, Lachmann in Haupts Zeitschrift 5 (1845) S. 32. 33.]

**) [Leo's Bericht über Auffindung und Verlust eines Pergamentblattes, aus welchem er ein Bruchstück einer lateinischen Bearbeitung des Gregorius mittheilt, in den Blättern für literarische Unterhaltung, 18. Decemb. 1837.]

***) [Vergl. 7, S. 30. *Gesta Romanorum* c. 81 S. 399 ff. Oesterley.]

da ich den Greith in der Druckerei habe. 1117 *nu geſuogte ein wunderlich geschiht (ezn kom von ſinem willen niht), er getete da● des vischœrs kinde alſô wê.* Die Wiener hat *Es thett das es geschach jm aine Des vischers kind so wee.* In der Legende steht *do spilet er eins mals mit des vischers kinden und thet einem wee an seinem nacke.* Nachher [1133] hab ich geschrieben '*war ist er nû?*' '*bîme sê.*' Aber den Stern hinter *da* wäre ich gerne los*). 3273 *ê (vil* W) *grôz ze den liden allen daz vleisch, nû* (so W) *zuo gevallen unze an daz gebeine: er was sô glîch* (so gleich W, überhaupt ohne variante) *kleine an beinen unde an armen, ez möhte got* (W) *erbarmen.* In der Legende steht nur das Wort *mager.* Ist *glîch* zu ertragen? Ich habe gedacht *gel und kleine:* dazu müsste man aber eine Parallelstelle haben aus dem Erec. Wenn Sie nicht helfen, lasse ich *glîch* stehen**). Meist bin ich glücklich durchgekommen, aber nur mit dem Wörterbuch. V. 2 habe ich gesetzt *in tiusch unt getihte,* V. 6 *rome guoten sündœre:* V. 1—6 fehlen W. V. 154 werden Sie hoffentlich billigen *daz eine was diu minne, daz im verriet die sinne,* obgleich auch W *Dy* hat***). Wenn ich Ihnen mit meinem Druck ein Verzeichniss der aus Conjectur geänderten Stellen schicke, wollen Sie sie durchnehmen und kritisieren? — Zu der Aenderung Nib. 1110,3 seh ich keinen Grund. 1398,4 *triuwen* kann recht sein, aber so wenig überzeugend als die meisten Conjecturen in Volkspoesie. — Jacob Grimm ist in Cassel gar zu unruhig und missvergnügt, auch friert er stark. Wilhelm, weil er die Gewissensfrage gar nicht in die Politik spielt, ist ruhig und heiter, auch gesund weil er die Bibliothek nicht besucht. Mohrstadt hat an Hugo geschrieben, er möge ihm doch an Albrechts Stelle helfen. Antwort, das könne er wohl nicht: denn er habe vor

---

*) [*er getet (daz geschach nie ê)* Lachmann in Haupts Zeitschr. a. a. O. S. 45.]

**) [Lachmanns Ausgabe *gerlich;* die Vatic. Hdschr. (A) *gelich.* s. Haupts Zeitschrift a. a. O. S. 65.]

***) [Die Ausgabe *diu.*]

8 Tagen nach Hannover geschrieben zu den Stellen der Sieben würde sich wohl kein honnetter Mensch melden. Damit guten Morgen, eingeklemmter Herr Magister.

9.

Berlin d. 3. Merz 38.

Lieber Herr Magister,

Während ich die Abzüge des siebenbogigen Werkes (ich meine aber nicht das Über die urspr. Gestalt) aus der Druckerei erwarte, will ich Ihnen schreiben, und mich zunächst recht sehr für den übersandten Erec bedanken. Im Einzelnen habe ich wohl nicht viel für meinen nächsten Zweck gelernt, aber wohl gesehen dass im Iwein die Gleichmässigkeit der Formen viel zu schulmeisterlich gehandhabt worden ist*). Und es ist eigentlich eine Sünde dass das Gedicht nicht längst bekannt gemacht ist: ich hatte nicht geglaubt dass es in diesem Grade die Grundlage aller erzählenden Poesie der ordinären Poeten wäre. Übrigens nehme ich jetzt meine Ansicht über die Ordnung der Werke Hartmanns und über den Stil des Gregorius zurück. Offenbar ist der Erec das älteste: ich habe nicht geglaubt dass Hartmann, nachher so pünktlich und planmässig arbeitend, als *tumber kneht* [1602 u. ö.] so ins Gelag hinein habe dichten können wie es sich hier zeigt. Übrigens hat er hier noch manchen Ausdruck der nicht höfischen Poesie, *vürbüege, magedin, hey wie -!*, 34ᵉ *daz wœtlich niemer mêre ergât* (*wœtlich* Adjectiv 34ᵃ): auch *menegin* hätte er später wohl nicht mehr gesagt. Höchst auffallend ist dass er sich nachher die französischen Wörter abgewöhnt hat. Aber nun frage ich, ist seine Jugendlichkeit soweit gegangen dass er der Abenteuer grade die Äusserungen zuschreibt die im Französischen des Chrestien nicht stehen? Ist es seine Erfindung grade das

---

*) Wegen des einmahligen *dû wilt* im Erec, und *ritter* im Gregor [1331], darf man diese Formen nicht gleich durchsetzen [s. Lachm. z. Iw. 2. Ausg. Z. 42]. Hätte man nur den Gregor, so würde man nicht *ri* sondern *si* schreiben.

auszuführen was bei Chr. kurz ist, und umgekehrt? Hat er die
Namen selbst erfunden? Denn einige auf den ersten Blättern wird
Chr. gewiss nicht erst später nachtragen, wenn auch gleich wohl
den der *Enide*. Oder hat H. gar nicht Chrestiens Erec gehabt, sondern einen der älteren auf die er selbst deutet? Dies erklärte alles,
und will überlegt sein*).

Die ersten Verse verbessern kann ich nicht. Wie sollte das
möglich sein bei solch einer Hds., bei einem Dichter dessen Art
man nicht kennt: denn von Hartmann können die ersten Blätter
nicht sein. Warum haben Sie mir aber noch nie mitgetheilt was
eigentlich das ist was nach Graff, Diut. 3, 371, der Iwain sein
soll**). Zu dieser Lüge (denn Graff muss doch wohl selbst wissen
dass er den Iwein nie gelesen hat) hab ich zwei grosse Fragezeichen gesetzt, die ich aber erst jetzt wieder gefunden habe. Nach
dem Umfange zu urtheilen kann es kaum etwas anders sein als
der Erec: denn ein neues ganz unbekanntes Werk Hartmanns, wer
wird daran glauben? Soviel ist gewiss dass Sie nothwendig eine
Abschrift davon haben müssen. Ich glaube zwar wohl dass Ihr
Wiener Erec, da er offenbar aus einer guten Hds. geflossen ist,
nicht so trostlos sein wird als er auf den ersten Blick scheint:
aber angenehm und zu einiger eignen Befriedigung führend würde
die Arbeit doch wohl durch einen zweiten Codex. Da Sie schon
so glücklich gewesen sind für den einen Text die kk. Censur
zu erhalten, so wird sie ja wohl bei dem zweiten Ihnen auch
nicht entstehn. Was meinen Sie aber wenn Greith bewürkte dass
mein Gregorius wegen V. 193 f.***) in den Index gesetzt würde?

---

*) [Mit dieser ganzen Beurtheilung des Erec ist Haupts Aus-
führung in der Vorrede seiner Ausgabe (Leipz. 1839) bes. S. xiv u. xv
zu vergleichen, der auch die näheren Nachweisungen für die angeführten Wörter giebt.]

**) [Genaueres hierüber Haupt in s. Zeitschr. 2 (1842) S. 187 f.]

***) [Vergl. Lachmann in Haupts Zeitschrift 5. S. 35 und J. Grimm
in der S. 38 Anm. genannten Besprechung des Gregorius von Greith
S. 136.]

Er ist in Rom seines dummfinstern Wesens wegen für einen grossen
Gelehrten gehalten, seiner ultramontanen Gesinnung wegen aber
berüchtigt gewesen, nur bei Mezzofanti beliebt und begünstigt.
(Diesen hat dagegen Ewald durch die Anrede signor abate in den
Tod gekränkt). S. 298 die Idee des Pabstthums und S. 290 die
Anschauung des Mittelalters soll doch wohl freisinnig scheinen:
gegenüber S. 291 steht aber etwas Auserlesenes für uns, wie auch
S. 282. 269. 261 (2365, wo mir aller Verstand ausgeht). 253 (ein
gut Wort Latein). 251 (den Genetiv — wie Posetiv — eines Ad-
verbii). 250 (1969). 245 (die Frauen). iterum p. 232, die Quelle
p. 206, 687. 238 (1624). 237 (1573 die schöne Rechnung). 230
(1381. übrigens versteh ich die Stelle nicht). 229 (1361. 68).
223 (1196 wieder Latein). 221. 216 (talentvoller Junge). 214
(938). 211 (838). 210 (803). 209. 208 (760). 207 (Urfehde).
205 (663). 204 (das schweizerische Liebesverlangen). 197 (Eisen).
195. 194 (der Hausfreund). 190 (250. 265). 184 (118). Sie merken
wohl dass ich diese Zahlen erst hingeschrieben habe, indem ich
jetzt endlich, mein Gewissen zu beschwichtigen, die Noten durch-
gesehn habe ob mir nicht doch etwas Wesentliches entgangen wäre.
Es hat sich nichts mehr gefunden.

Im Erec ist der Gedanke noch zu erkennen, wenn ihn auch
Hartmann wohl nicht erkannt hat. Es werden zwei Ritter einander entgegen gestellt die sich beide verliegen: der eine reisst sich
selbst heraus, der andre muss erst dazu gezwungen werden.

Um (nicht) eins ins andre zu reden (es ist beinah unvermeidlich, da ich noch immer wartond allgemach weiterschreibe,
das Gegenwärtige schon in meinem 46.*) Jahre), so will ich berichten dass ich mir Merkels *Tristia***), noch nicht seinen ver-
kehrten Scharfsinn über den *Ibis*, beschn habe, besonders weil er

---

*) [Lachmanns Geburstag war der 4. März.]

**) [*P. Ovidii Nasonis Tristium libri quinque et Ibis. Ad libros
manuscriptos recensuit . . . R. Merkelius.* Berol. 1837. Ueber Merkel
s. auch unten (1843) 38.]

mir sagte dass Sie seine Annahme von Emendationen vor dem
15. Jahrhundert billigten. Ich bleibe aber bei meiner Antwort, ich
glaube ihm nicht dass Sie so was billigen. Seine schlechtere Classe
zeigt ja durchaus kein *studium emendandi*, sondern nur einen
nach und nach, aber früh, liederlicher geschriebenen Text: es sind
zwei Familien wie Medic. und Vatic. vom Virgil, und obgleich eine
Familie schlechter ist, muss doch jede Lesart besonders beurtheilt
werden. Es ist also z. B. dumm, wenn 1, 1, 2 *quod* gebilligt wird,
welches schlecht wäre, wenn sich auch *hei mihi quod* nachweisen
lässt. Ich finde die ganze Arbeit schwach, und halte den ganzen
Menschen für einen renommierenden eiteln Faselhans.

Zweitens wollte ich Ihnen *gnâden* ('wie im Lateinischen
gratias agere' sagt Greith) dass Sie sich mein Verzeichniss der
Conjecturen, Zweifel usw. zum Gregorius haben wollen gefallen
lassen. Denn das Aufschreiben zwischen Rand und Lippe hat mir
doch zu mancherlei verholfen. Wenn nur p. 33 [1044] das einfältige *gereite**) mir nicht zu spät, erst nach dem Drucke des
7. Bogens, aufgefallen wäre! Die andern Leser, ausser Ihnen,
sollen an dem Gregorius nur Vergnügen haben, ohne mit Quis-
quilien belästigt zu werden. Meiner Eitelkeit diene ich so wohl
nicht, aber vielleicht meinem Stolze.

Dass Jacob Grimm den Schluss verwirft**), werden Sie wohl
auch thöricht finden. *der sîn arbeit* usw. [3817], und die spitzi-
gere Art wie er nicht allein für seine Seligkeit sondern zugleich
für die der Leser beten lässt, *daz er iuch noch gesehe* [3826],
beides kommt mir künstlicher und daher später vor als die ähnlichen Wendungen im armen Heinrich. — Die ganz gleichen
Zeilen hab ich nicht alle wegschaffen können, vielleicht nicht einmahl alle bemerkt: denn ein angefangenes Reimregister ist, wie

---

*) [Vgl. Lachmann in Haupts Zeitschr. a. a. O. S. 44, u. unten 10
S. 41.]

**) [Die V. 3801—3834, die in der Vaticanischen Handschrift
fehlen: s. Götting. gel. Anzeig. 1838 No. 14 u. 15 Bd. 1 S. 139.]

es mir mit allen lexicalischen Arbeiten geht, nicht fertig geworden.
Im Erec hat er wohl würklich noch öfters ganze Zeilen wiederholt,
wenigstens sicher die, *Erec fil de roi Lac.*

12. Merz. Erst heute kann ich Ihnen Exemplare*) schicken:
eins werden Sie wohl gelegentlich an meinen verehrten Herrn
Schwager besorgen. Für Hermann würd ich eins mit schicken,
wenn eine Vorrede dabei wäre. Ich wollte nur ich könnte Ihnen
meine andern zwei zugleich fertig gewordenen Werke schicken,
den Ulpian von 39 Seiten, und Lessing 1 von 39 Bogen. So müssen
Sie mit diesem Cato**) zufrieden sein, und ich mit den hermannischen Schmeicheleien, die ich annehmen kann weil sie ἔργῳ jeden
sorgsamen und bedächtigen Menschen treffen: und ich habe nicht
alles so unüberlegt gemacht wie den Gregorius. Sehr gefreut hat
mich die Billigung des Aufsatzes über den Ödipus. Wenn man so
trocken geschulmeistert wird wie ich damahls von Süvern***), so
glaubt man am Ende selbst man habe Unrecht. Zumahl ich, der
ich mich zwar auf den Angriff verstehe, nicht auf Vertheidigung.
Ritschls Bissigkeit und Hochmuth hat mich geärgert, und das Be-
kenntniss einer so dummen Sünde rührt mich nicht sehr. — Dahl-
manns Anstellung, hör' ich, ist doch noch nicht sicher. Hier, wenn
mein Traum von dieser Nacht einträfe (Hagen war gestorben), sollte
es wohl möglich sein Jacob anzubringen. Er ist aber nur gar zu

---

*) [Vom Gregorius. 'Gregorius eine Erzählung von Hartmann
von Aue. Herausgegeben von Karl Lachmann.' Berlin 1838.]

**) [Vergl. 6 S. 28.]

***) ['Ueber Absicht und Zeit des sophokleischen Oedipus auf
Kolonos' im Rheinischen Museum für Philologie. Bd. 1 (1827): Kleinere Schriften zur class. Philologie S. 18. Süvern in Abhandlungen
der Akademie der Wissenschaften aus dem Jahre 1828. Berlin 1831.
Das übrige über Hermanns 'Schmeicheleien' und Ritschls 'Bissigkeit'
hat sich leider nicht nachweisen lassen und ist der Gedanke an briefliche Mittheilungen Haupts nicht ausgeschlossen. Vermuthlich liegt
aber hier die Wurzel der nicht unbekannten, auch später in diesen
Briefen hervortretenden persönlichen Abneigung Lachmanns gegen
Ritschl.]

eifrig im Aerger. — Nun soll alles eingepackt werden. Gott weiss
was ich Ihnen da alles mag zusammen geschrieben haben. Ich
weiss aber dass Sies mit Liebe aufnehmen.

10.

Gott sei Dank, lieber Freund, dass Sie endlich der Setzer
des Gratius quält: denn Sie sind gewiss zu ordentlich auch noch
dem gegenüber Twâl zu stricken. Streichen sie nun wenigstens
nichts mehr weg. Es ist um den ersten Guss eine schöne Sache:
man verderbt sie sich aber leicht durch schlechte Methode. So
hab ich mich leider erst nach dem Druck meiner Nibelungen über-
zeugt dass man Anmerkungen und Apparat sondern muss, weil man
jene sonst nicht frei und gewandt schreiben kann. Ich lese sie
jetzt nur mit Ekel, und finde nur die ersten 5 Seiten gut, die aber
auch ganz besonders, erst nach abgethaner Plackerei, geschrieben
sind. Komm ich noch je zum Varro, so stehen im Text die ver-
besserten Buchstaben cursiv, unten die florentinischen Lesarten
(nirgend notiert wer verbessert hat), hinten ausgeführte Anmerkungen über die schweren Stellen.

Was klagen Sie doch viel über selbst erkannten Mangel
an Wissen*)! Kann es einem denn anders gehen der immer mehr
auf eigene Hand nach Lust studiert hat? Ich fühle dergleichen
selbst auch allzusehr: aber nach und nach misst man denn auch
die Vortheile welche diese Art doch wieder hat. Es giebt zweierlei Leute, die für bestimmte Stellen sind, und für die Stellen
gemacht werden müssen. Die beiden Grimms sind auch mehr
von dieser Art: und mehr darum hapert es jetzt, als wegen des
politischen Widerstands. Ich habe gestern, im Gegensatz früherer Gerüchte, gehört (auctor ist der Hofpred. Strauss), der Rector
von Königsberg, d. h. der Kronprinz, habe Bericht verlangt über

----

*) [Vgl. den von Ch. Belger M. Haupt als acad. Lehrer S. 25
Anm. angeführten Brief von Haupt an F. Wolf vom 27. Dec. 1838.]

die Ehrenpromotionen, und gesagt er sei so ausgefallen dass er die Gesinnung ganz billige und in der Antwort loben werde*).

Ihre Freude über den Gregorius, und meine darüber dass ich als blindes Huhn auch doch einmahl eine wichtige litterarische Entdeckung**) gemacht habe, die Ihnen entgangen war, hat mir eine frohe Stunde gemacht vor einer ebenfalls frohen am Abend des Geburtstags des Frühlings, Seb. Bachs und Rudorffs, bei dem er gefeiert wurde***). Dass Sie mirs nicht verschweigen, wenn Sie irgend Bescheid von Wien bekommen! Am Gregorius ärgern mich bis jetzt nur zwei Stellen, das widerwärtige *gercite* S. 33, und am Schluss die Zeile die doch kaum anders heissen darf als so, *und ist daz iemen gnesen sol, sô genise ich alsô wol*†).

Wegen des Wörterbuchs hab ich Hirzel meine Meinung gesagt und sie an Jacob geschrieben. Zunächst, um ja die historische Sicherheit fest zu halten, fasse ichs bescheiden als Lexicon einer todten Sprache, und rathe die ersten Ausgaben der Crusca und Robert und Carl Stephanus zum Muster zu nehmen, nur als Grundlage, ja nicht sogleich für alle ungelehrten Wünsche. Etwa in der dritten Ausgabe kann es so gut wie Gesners Thesaurus werden: glücklich wer das noch erlebt. Anfangen kann man sogleich. Strich Arbeiter sind wohl zu finden: einen kann ich empfehlen, meinen Corrector am Lessing, Franz Weiss. Noch weniger als Meusebach bin ich zu brauchen, dem nichts Lexicalisches gelingt. Grimms müssen leiten, aber ihre Arbeit muss erst anfangen wenn die Zettel zu ordnen und zusammen zu kleben sind. So scheint

---

*) [Vergl. Lachmanns Brief an Lobeck v. 1. April 1838, in 'Mittheilungen aus Lobecks Briefwechsel. Herausgeg. v. L. Friedländer (Leipz. 1861)' S. 110, und Friedländers Anmerkung dazu.]

**) [Siehe 9 S. 35 f. über den Erec.]

***) [Der 21. März; u. der Brief vermuthlich nicht lange nachher geschrieben.]

†) [Vergl. 9 S. 38; Gregor. 3801, wo Lachmann *daz ich gelten sol* ediert, u. dazu in Haupts Zeitschrift a. a. O. S. 69 '*genesen* Benecke für *gelten*' anmerkt.]

mirs voritzo (wie Lessing gewöhnlich schrieb), aber *salvo meliori**).

Beidenthalp der berge Nib. 1462 hab ich mich begnügt auf den Odenwald zu beziehen: die Formel mag aber anders wo besser gepasst haben. 'Innerhalb und ausserhalb der Stadt' weiss ich nicht in Einem Satze mittelhochd. auszudrücken: *beidenthalp der bürge* kann das wohl nicht heissen, sondern nur östlich und westlich. Aber *Grati, a te principium, tibi desinet* [Virg. ecl. 8, 11]: du sollst mir hoch willkommen sein. — Die homerische Abhandlung soll bald gedruckt werden: ich bitte aber Hermann ja nicht viel zu erwarten. Ich entscheide nicht einmahl ob seine Untersuchungen richtig sind**).

11.

Berlin 25. Juni 38.

Hochedelgebohrner
  Insonders Hochgeehrtester Herr Magister,
    Wehrthester Gönner!

Wes Brot ich isse, dess Lied ich singe***): ich schreibe daher an Sie wie an Lessing Jöcher 1753, und werde nicht wie Reiske 17 Jahr warten, sondern nur auf das endliche Erscheinen einiger Ihrer unsterblichen bisher verhüllten Werke, bis ich an Sie schreibe†) "Grosser Lessing (denn Ihr blosser Name ist doch wohl mehr als alle Titel werth)". Das Ausbleiben der Werke entschuldigt man zwar mit einiger hie und da verzeihlichen Hypochondrie, aber das gänzliche Ausbleiben der Briefe nicht - sondern nur mit dem Bewustsein der eignen Faulheit.

Der D. Heimbach hat uns ganz unerwartet wieder den Spass die sächsische Höflichkeit in allem Glanze zu sehn erneuert. Er

---

*) [Vergl. Chr. Belger M. Haupt als academ. Lehrer S. 49 Anm.]
**) [*De interpolationibus Homeri* (opp. 5, 52); s. cap. xv der Betrachtungen; vergl. 11 S. 43 u. Anm.]
***) [v. d. Hagen M. S. 2 S. 153 a.]
†) [Lessing xiii S. 167.]

wird aber menschlich, wenn man ihn menschlich anfasst, und hat uns, namentlich Savigny und mir, sehr wohl gefallen, ist aber auch tüchtig gehänselt worden.

Die ungelehrte Abhandlung *) kommt denn hiemit, und ich hoffe dass Sie bei Hermann ein gutes Wort für sie einlegen. Denn etwas Furcht hab ich doch, wenn ich gleich von Ranke mich so wie Lehrs recht gern will verworfen sehen. Warum ich auch die schwachen Gründe nicht verschweige, darf ich Ihnen nicht erst sagen.

Ich habe Karl Reimer nichts davon gesagt, dass, wenn Blume die Breslauer Stelle, die ihm angetragen ist, ausschlägt, vielleicht nicht alle Hoffnungen für Grimm aufzugeben sind: aber freilich der Boden ist unsicher, und ein unvorsichtiger Schritt würde nur schaden. Hr v. Rochow ist für ihn, und bereuet überhaupt den Brief, den er sich hat schreiben lassen ohne dass seine Gesinnung so war. Freilich ist auch das viel für einen Minister, ein Ding das doch eine Erklärung ist so ungeprüft zu unterschreiben **).

Meusebach hat gestern oder vorgestern wollen wieder herein kommen: ob es geschehen ist, weiss ich nicht. Im Drange des Herzens hab ich ihm neulich geschrieben, nicht auf Versöhnung, sondern wie ich in den besten Zeiten mit ihm gesprochen habe. Es kam auch nach drei Wochen Antwort, aber eine in der mir nichts zu Leide und nichts zu Liebe geschah. Indessen, war sie auch weder kalt noch warm, ich bin doch weit entfernt von ihm zu denken was dem Engel der Gemeine zu Laodicea [Apocal. 3, 15] geschrieben wird μέλλω σε ἐξεμέσαι ἀπὸ τοῦ στόματός μου, sondern ich wart der Zeit. Soll ich das aber auch beim Gratius?

---

*) ['Ueber die ersten zehn Bücher der Ilias' (das *fragm. Hom.* der Adresse), in den Abhandl. der Akademie aus d. J. 1837 gedruckt; s. 2 S. 7; 3 S. 13; 7 S. 30; 10 S. 42.]

**) [Vergl. über v. Rochows Erklärung v. Treitschke Deutsche Gesch. 4 S. 664.]

Damit doch das Ceterum diesmahl nicht vergessen werde. Dennoch von Herzen

Ihr

C. L.

Herrn Doctor M. Haupt
Hiebei ein *fragmentum Homericum.*

12*).

Berlin 11. September 1838.

Mein geliebter Freund

Dies ist schon der zweite Brief den ich heute früh an Sie zu schreiben anfange. Der erste war hypochondrisch und verdriesslich: und da mir das Ausklagen, das in der Einsamkeit nöthig war, geholfen hat, warum soll ich Sie damit plagen dass Sie so was lesen müsten? Allerdings bin ich durch Klenzens Tod**) aus den äusseren Lebensfugen gerissen (denn dass ich nicht innerlich fertig würde, so wird mich doch Gott hoffe ich nie verlassen), und nachher unzählige Quälereien, am meisten die innerlichen mit einer zwar sehr begabten aber durchaus verzogenen Frau, haben mich so mürbe gemacht dass ich, obgleich man mir in Gesellschaft nichts anmerkt, doch in der Einsamkeit bis jetzt (denn ich denke, nun soll es aufhören) recht eigentlich untüchtig gewesen bin ausser zu streng aufgegebener und gezwungener Arbeit. Etwas sind Sie denn an meiner Hypochondrie (an dem *rivere nec recte nec suaviter***), welches Sie nicht mit den schlechten Auslegern des Horaz für Ironie nehmen können) auch mit Schuld. Denn recht ist es nicht dass schon vor Wochen der Buchhändler mir den fertigen Gratius†) schickt (so aber les' ich ihn nicht) und seit Wochen ein Heft altd. Blätter im Journalzimmer der Biblio-

---

*) [Abgedr. bei Chr. Belger M. Haupt als acad. Lehrer. S. 23 f.]
**) [14. Juli 1838 gest.]
***) [Epist. 1, 8, 4; vergl. 53 (1844) und besonders (1850) 116.]
†) [*Ovidii Halieutica Gratii et Nemesiani Cynegetica Ex rec. M. H. Accedunt inedita latina et tabula lithographica.* Lips. 1838.]

thek liegt (da aber hab ich nicht gesehen dass eine neue Strophe von Walther*) darin ist). Ich hätte beides doch wohl mit einem freundlichen Worte bekommen können: denn Noth thut mirs wahrhaftig. Oder hätt ich Ihnen gar was zu Leide gethan? Nein, denn das hätten Sie doch gewiss längst vergeben. Also werden Sie wohl auch nur Gott weiss was im Unterleibe gehabt haben, und ich bin nun gefasst es zu ertragen. Denn die Professur**) wird Sie doch nicht gar hochmütig gemacht haben? Auch von der hätt ich wohl können eine feierlichere Anzeige erhalten als durch Weidmanns Ankündigung des Wörterbuchs und einen abgeschmackten Brief von Heimbach.

12. Sept. Hier setzte ich gestern ab und schrieb den lange schuldigen Brief an Hermann, den Sie nun abgeben können: er enthält für Sie nichts geheimes. Darum kann ich das Porto für den Umschlag sparen. Diese kleine selbständige Arbeit***) hat mich denn ordentlich erfrischt, und ich bin nun sehr begierig von Ihnen ein vernünftiges Wort zu hören. J. Grimm ist zwar sehr erbaut von Ihnen, ich aber gar nicht von seiner Verstimmung, in der er gar nicht einsieht wie Regenten erzogen werden und wie wenig man überhaupt von unserm alexandrinischen Zeitalter erwarten darf. Was freilich zu beklagen ist, darum darf man doch nicht den einzelnen schelten. Mein Corrector Franz Weiss wird aus dem Lessing nach seinem Verstande allerlei ausziehen†): er gehört zu den Menschen

---

*) [Altdeutsche Blätter. Zweiter Bd. (1840) S. 131 f.]

**) [In einem Brief an H. Hoffmann vom 4. Aug. 1838 (Chr. Belger M. Haupt als acad. Lehrer S. 339) schreibt Haupt 'Vor einigen Wochen bin ich (durch Hermanns Betrieb und ohne mein Vorwissen) ausserordentlicher Professor geworden, ohne Gehalt natürlich' usw. Dies in Uebereinstimmung mit Lachmanns Brief. Dagegen A. Kirchhoff in der Gedächtnissrede auf M. Haupt (1875) S. 5 er sei 'am 11. September 1841 zum ausserordentl. Professor ernannt' worden; ebenso Scherer in der Allgem. deutschen Biographie. S. unten 29 (1841) u. Anm.]

***) [Ueber die Ilias; s. 11 S. 43 u. Aum.]

†) [Für das geplante deutsche Wörterbuch: s. 10 S. 41 f.]

(wie Hagen, wie Pischon, um nur im Weichbilde von Berlin zu
bleiben, sonst sagte ich wie Massmann) die nichts mit Meisterschaft
d. h. ohne grobe Böcke machen können. Den Logau und den Opitz
will er sich auch nicht gern nehmen lassen. Es schadet ja wenig,
wenn den Opitz mehrere excerpieren. Nur dürfen nicht verschiedene
Ausgaben citiert werden: ich habe bestimmt, die von 1644 (1638).
"Jetzt kein Wort weiter von diesem Paragraphen: wir kommen
unverweilt und ohne weiteres zum folgenden". Diese Redensart
von Dieck will ich Ihnen, als einem noch nicht alten Docenten,
empfehlen, oder auch die von Dissen, "M. H., wir kommen nun
nachgrade allgemach ganz langsam immer weiter ("grade eben"
würde Röstell hinzusetzen) fort zum 16. Capitel". Ich aber komme,
wie Sie sehen, zu Thorheiten, weil ich doch endlich anfangen will
meine Ferien zu geniessen. Wenn Sie es in aller Stille mit wollten,
so würde ich jetzt sogar Logis für Sie haben, da die Frau Klenzen
bis in den Anfang October in Heringsdorf ist und ich allein Herr im
Hause. Mit Ihnen würde ich öfter als jetzt wagen zu Meusebach zu
gehen: er wirft mich auch jetzt nicht aus dem Hause, lädt mich
aber nie ein wieder zu kommen. Nun bis dahin leben Sie wohl,
lassen Sie mich aber bald erfahren warum ich nicht eher etwas von
Ihnen erfahren habe. Unveränderlich (wenn Sie mich auch hypochondrisch machen)

Ihr

C. Lachmann

und wohne "unveränderlich", wie C. M. Füller*) schrieb,
d. h. bis Ostern, in der Luisenstrasse No. 25.

Ist es nicht dumm, wenn einem die Gelehrsamkeit zu spät
kommt? Bei Terent. M. 916 dachte ich ein Federmesser sei ein
gutes Schulbeispiel: aber dass es in dieser Materie es würklich war,
lerne ich erst aus Sextus adv. gramm. 9, 169.

920 hätte ich *zeta* schreiben sollen: ich glaubte nur man
würd es nicht recht verstehen.

---

*) [Vergl. Hertz, Karl Lachmann S. 230.]

13.

Berlin, 25. Nov. 1838.

Mein geliebter Freund,

Ich kann Ihnen unmöglich so tragisch antworten, und vielleicht hab ich es darum so lange verschoben. Eigentlich aber aus Faulheit, und weil mir in jetziger Stimmung alles schwer wird, und namentlich die Collegia mir mehr Noth machen als je. Wenn Sie nur Ihren Freunden glauben wollten dass Reiten u. dergl. ein vortreffliches Mittel gegen allerhand Leiden der Seele ist. Ich habe Karl Reimer gebeten Sie wo möglich ein bischen zu zwingen zu Ihrem Heil.

Der Gratius nebst seinen Anhängen befriedigt mich sehr, und zuweilen komme ich in die schönste Bewunderung. Aber er wäre angenehmer, wenn er nicht überall so scharf beschnitten*) wäre. Bekker selbst würde sich nicht so beschneiden, wenn er sich nicht um sovieles gar nicht bekümmerte. Er hat freilich recht, weil doch noch genug bleibt und dadurch nur grosse Massen werden.

Die Geschichte mit dem zweiten Erec ist übel**). Dafür hat mir Hagen ein neues Gedicht mitgetheilt von Hartmann von Aue, das hinter dem Yben steht. Ein Theil davon kommt in seine Minnesinger***). Da man doch kein Recht darauf hat, habe ich Goldhans Abschrift nur so wie es beiliegt für Sie abgeschrieben, mit vielen augenblicklichen Verbesserungen, den gegebenen Text nur wo mir nicht gleich was einfiel. Auch hab ichs nach der Abschrift nicht wieder gelesen, so dass Ihnen noch eine Ernte bleibt. Wenns nur was Bessers wäre als solch ein ziemlich mattes Jugendgedicht! und noch dazu ohne Ende. Geniessen Sies mit Vergnügen, und schreiben Sie bald

Ihrem

C. Lachmann.

---

*) [Vergl.Wendeler Briefw.Meusebachs mit J.u.W.Grimm S.cxix.]

**) [Siehe 9 S. 36 u. Anm.]

***) [von der Hagen Minnesinger 3, S. 468ᵃ und Haupt Die Lieder und Büchlein und der arme Heinrich von Hartmann von Aue (Leipz. 1842) Vorr. S. vii. Vergl. unten 49 (1844) Anm.]

1839.

14.

Berlin d. 5. Mai 1839.

Mein theuerster Herr Magister

Seit acht Tagen hätt ich Ihnen freilich schreiben und den Erec
zurück schicken können. Dass ich es nicht gethan, kann ich nicht
weiter entschuldigen. Bis dahin habe ich in den Ferien nichts zu-
sammenhängendes gethan als ihn zweimahl gelesen und Noten
daran gespritzt: das französische zu lesen war keine Zeit. Ihre
letzte Seite ist den Teufel nichts werth. Sie haben ein wunder-
schönes Stück Arbeit gemacht: ich zweifle ob ich das Geschick,
gewiss hätte ich nicht die Ausdauer gehabt. Für den ersten Guss
haben Sie wunderviel ins Reine gebracht. Nur haben Sie sich selbst
einigen Aerger bereitet durch die Unvorsichtigkeit mir die Abschrift
zu schicken ehe Sie ein Paar Wochen später das Reine mit unge-
störterem Auge wieder durchgemacht hatten. Denn wenn ich in
Ihre Art eingehe, so seh ich dass Sie vieles nicht gesehn zu haben
verdriessen wird. Aber sein Sie verständig und sagen Sie wie ich
beim Terentianus *nihil omnino quod nobis iterata lectione despe-
randum fuisset*).* Nach dem nächsten Lesen haben Sie wieder
den Vorsprung, und es wird Ihnen von dem was ich nicht gefunden habe nicht viel mehr entgehen. Und dann flugs gedruckt!
Ihre Versetzung nach Breslau, fürcht ich, wird Sie nicht hindern:
denn bis jetzt scheint es, aus Mangel an Fonds wird die Stelle gar
nicht besetzt werden. Unter uns gesagt, so ein vortrefflicher Mensch
auch Ambrosch ist, mit dem Sie aufs beste stehn würden, es ist ein
entsetzliches Leben unter den Parteien in Breslau. Berlin ist dagegen reiner unschuldiger Boden. Ich würde es ernsthaft bedauern,
wenn wir ein Extrem wie Gans jetzt verlieren sollten. Er ist Mittwoch Nachmittag vom Schlage getroffen, hat selten Bewusstsein:
es ist wenig Hoffnung für sein Leben, noch weniger für die Erhal-

---

*) [Praef. p. vii; vergl. Haupt Vorr. zum Erec S. viii.]

tung seiner Geisteskräfte. [Nachtr.] Er ist heute Sonntag früh um
6 Uhr gestorben.

Ich hätte auf manches zu antworten, auch ausser dem Ge-
burtstagsdank: ich will schreiben was mir einfällt. Lucilius schrieb
20 Bücher in Hexametern, vermutlich auch das 21. (wohl eine
kurze Nachschrift, weshalb wir nichts davon wissen): diese 21
Bücher nennt der *auctor ad Herennium* (wo er den Vers *Has
res ad te scriptas Luci misimus Aeli* anführt) *priorem librum*.
Die Götterversammlung im ersten Buche hatte den Anfang *Aethe-
ris et terrae*, der wohl die   Philosophie*) von der Satire aus-
schloss. Das zweite Werk hatte 8 Bücher in andern Metris, das
30. war in Hexametern**). Von deutschen Versen von Walther
und Hiltegund weiss ich nichts***). Dass Sie, wie mir Weisse gesagt hat, ihm glauben das Evangelium des Marcus liege den übrigen
zum Grunde, wird, denk ich, nicht wahr sein. Dann giengen ja
meine wohl ausgedachten *Corpuscula* vor die Hunde: und das
wollte ich doch nicht gern, da sie nichts von Atomen an sich
haben†).

Unvarende zu Walthers Leich [6, 37] hatte ich, und schon
in eine neue Note gebracht. Über *Ein meister las* [122, 24] will
ich noch nachdenken. *Phaselus ille* zum Lucan aus Plautus ange-
führt††) beweist nichts für das Lesen Catulls im 12. Jahrh. Die
'traurigen Rudera' waltherischer Musik hab ich Docen zu Liebe ver-

---

*) [Ein Defect im Papier.]

**) [Vergl. das diese Fragen eingehender aber im Wesentlichen
übereinstimmend behandelnde Prooemium zum Lectionskatalog f. d.
Sommersem. 1849: Klein. Schrift. z. class. Philol. S. 62ff.]

***) [Erst 1839 von Karajan in der Frühlingsgabe für Freunde
älterer Litteratur, dann von Massmann in Haupts Zeitschr. 2 (1842)
S. 216ff. herausgegeben.]

† [Vergl. die aus den Theolog. Studien und Kritiken (1835) in
die Vorr. des 2. Bandes (1850) des *Novum Testamentum* S. xiii-xxv
aufgenommene *disputatio* S. xxi.]

†† [Schol. Lucan. 5, 518 W. (ed. 1831) *Genus navis ut ait Plautus
'phaselus ille quem videtis hospites'.*]

schwiegen, weil sie gestohlen sind, oder verloren. Hagen hat Abschrift. Es sind zerbröckelte Blätter des 14. Jahrhunderts mit Musik gewesen, dabei Text ein Paar Zeilen Walthers*).

Zum guten Gerhard wünsch ich von Herzen Glück.

Schade dass ich Brockhaus nicht kenne. Sonst würd ich mir N. 109 des Convers. Blattes von ihm ausbitten, wie mir Duncker hat zwei Stücke der Litt. Zeitung 1838 schenken müssen 'zu einer Sammlung des Unsinns der über meinen Lessing erscheint.' Ich sehe eine Gelegenheit nahen, bei der ich dann all dies Pack bürsten will.

Wenn Sie Pfingsten kommen, so hab ich leider wenig davon. Von Juli an kann ich Ihnen bequeme Wohnung anbieten: denn ich beziehe eine die mir zu geräumig ist, am Gendarmenmarkt. Kommen Sie dann ja, um zu zeigen dass Sie mir noch gut sind. Von ganzem Herzen Ihr C. L.

Herrn Professor D. Haupt

in

Leipzig

Hiebei ein Paket in Wachsleinwand enth. Bücher, werth zwei Thaler. gez. H. D. Leipzig. Frei.

15**).

Charlottenstrasse 40. 26 Oct. 1839.

Mein geliebter Freund

Am Mittwoch Morgen bin ich von meiner Reise an Rhein und Mosel heimgekehrt, noch ganz in dem Gefühl des Dankes und der Befriedigung, das auf derselben immer stärker geworden war. Nach einem schwer durchgequälten Jahre und nach einer schon mehrere Jahre langen Überhetzung war mir ein gänzliches geistiges Aus-

---

*) [S. Lachmann z. Walther (2. Ausg.) Vorr. S. x f.]

**) [Zum Theil bei Hertz Karl Lachmann S. 242 f., mehr, aber auch nicht vollständig, bei Chr. Belger M. Haupt als acad. Lehrer S. 17 f. abgedruckt, der auch sonst noch einige Stücke aus diesen Briefen vereinzelt mitgetheilt hat.]

ruhen Bedürfniss, und ich habe es glücklich erreicht, über sieben Wochen lang, indem ich planlos und ohne Religionsbisse (Prof. Wolff in Pforta) über versäumte Merkwürdigkeiten nur der Anmut der Gegenden nachreiste und der vielen und tiefen Liebe die ich fast überall fand. Wo ich keine Menschen hatte, bin ich nur durchgeflogen. Wer die Mosel nicht kennt, wird es schwer finden dass man 14 Tage daran zubringen kann: wer sie kennt, und mich, wird es doch noch nicht begreifen, wenn er nicht weiss dass ich so lange mit Böckiug zusammen gewesen bin: und wer wieder von diesem nur gehört hat dass ihn die meisten Menschen seiner Grobheiten wegen fürchten, der begreift es abermahls nicht, wenn er nicht weiss dass sein cholerisches Hereinfahren immer auf sittlichen Anstössen beruht, und dass ich darin mit ihm auf eine mir oft schadende Weise harmoniere, dass wir beide Edles und Liebenswürdiges genug haben um uns so zu gefallen dass wir was zu entschuldigen oder zu tadeln wäre gar nicht bemerken. Sie sehen dass ich die Reise über in meiner engsten Individualität gewesen bin, und es wird wohl die Folge sein dass ich allerlei Leute verachtend mich auf die mir zusagenden Lager mehr beschränken werde. Und dazu helfe mir Gott. Dass ich es Ihnen sage, daraus sehen Sie in welche Schar ich Sie stelle: würde ich Ihnen sonst auch so viel von mir sagen? In Fulda war ich eine Woche mit Philipp Buttmann, dem Prediger, der nun diesen Winter den ersten Band meines grossen N. T., den er fertig gearbeitet, wird drucken lassen*). Mich mit ihm noch enger als bisher zusammen zu leben war mir auch viel mehr werth als der freilich schöne Codex der Vulgata (das ganze N.T.) vom J. 548, und den fatalen Nic. Bauch, wie den eiteln aber nicht uninteressanten jungen Deutschen Franz Dingelstädt, habe ich mir nur eben gefallen lassen.

Hier finde ich nun Bekkern und Meineken, aber auch sonst überall Freundlichkeit und Herzlichkeit (was anders ist, rührt mich

---

*) [Vergl. Hertz Karl Lachmann S. 159 u. die Vorrede zum ersten Bande des N. T. (1842) S. xxvi f.]

iu meiner Freude wenig), und eine Menge Zusendungen, — die
liebste, aber eine mich doch etwas beschämende, von Ihnen. Von
dem mir immer widerwärtiger werdenden Ritschl und von meinem
lieben Simrock erfuhr ich zuerst dass der Erec*) mir dediciert sei:
gesehen hab ich ihn erst hier, durchblättert nur soweit dass der
Goldschnitt gelöst ist: denn wenn ich ein schönes Exemplar habe,
lese ich immer in dem schönen. Ich habe manches Neue bemerkt,
das mir sehr gefällt: *Gringuljeten — geweten* [4713] ist vortrefflich. In einer Stelle [4528] hatte ich gemeint *unze* sollte für *muoze*
gesetzt werden: Sie haben *muoze unz*, welches ich nicht recht
verstehe. In einer andern [9168] meinte ich für *Geselle* sei zu
lesen *Geselle Hartman***). Aber was liegt daran? Die ganze Arbeit haben Sie wunderschön gemacht. Doch hätten Sie sagen sollen
wie viel schöner die **Fabel** im Erec als die etwas dürftige des
Iweins ist: Sie könnens aber bei dem französischen sagen***).

Die 32 lessingischen Briefe — danken Sie Mendelssohn in
meinem Namen für das freundliche Anerbieten, und **lassen** Sie
sie auf Kosten der Verleger, jeden auf ein besondres Blatt (weil ich
chronologisch ordne) abschreiben, und thun Sie mir die Liebe sie
dann zu corrigieren. Ich höre zwar, der 11. Band ist fertig: aber
übereilen Sie sich deswegen nicht: denn ich habe gar keine Pflicht
mich übermässig zu sputen, zumahl da die knauserigen Verleger
das dritte Viertel des Honorars nicht nur nicht mit dem 9. Bande
sondern überhaupt noch gar nicht gezahlt haben. — Von den Stücken
die Sie mir früher [7 S. 29] nachwiesen, fehlt mir

> der Br. an Theophilus L., im Neuen lausitz. Magazin 1834
> S. 232
> das Gedicht in den Sächs. Provinzialblättern 1804 S. 7:

------

*) [Erec Eine Erzählung von Hartmann von Aue Herausg. v. M.
H. 1839. (Vorr. 16 Aug. 1839)].

**) [Vergl. Haupt in seiner Zeitschrift 3 (1843) S. 269 u. 272.]

***) [Den Haupt nach Vorr. S. xiv (vgl. 4 S. 14) selbst herauszu-
geben beabsichtigte: was später aus bestimmten Gründen unterblieb;
s. zweite Ausg. S. 326.]

es wäre sehr schön, wenn ich beide für den 12. Band bekommen könnte.

Aber Gott befohlen, liebster Freund, und guten Winter, und guten Gerhard. Ich muss jetzt auslaufen, um zu erfahren ob Nicolovius, was mir sehr weh thun würde, nicht etwa diese Nacht gestorben ist. Er hat vorgestern Abend einen Gehirnschlag bekommen und ist gestern Abend noch ohne Besinnung gewesen. [Nachtr.] Es ist die Nacht besser geworden, er ist nicht eigentlich gelähmt: man hat noch etwas Hoffnung. [Auf dem Rand.] Die Misverständnisse mit Grimms sind auf zwei Durchreisen, ich hoffe ganz, geebnet*). Albrecht hab ich heute früh erst Glück wünschen können: er bleibt noch Sonntag hier.

16.

Charlottenstr. 40, 12 Nov. 39.

Lieber Freund,

Mein gleich nach meiner Rückkunft an Sie erlassnes Geschwätz werden Sie erhalten haben. Ich will auch ganz und gar nicht etwa treiben zur Vollendung der Abschrift der 32 Briefe, sondern nur bitten dass Sie sie dann an mich schicken mögen. Denn obgleich der elfte Band fertig ist, hab ich den Verlegern doch das Manuscript zum 12. verweigert bis sie ihre Verpflichtungen werden erfüllt haben. Wenn Sie nun wegen einer neuen Ausgabe nichts Annehmliches fest machen wollen, so werde ich ihnen erklären dass die 32 Briefe nicht in ihre Ausgabe kommen sollen. Nach 5 oder 6 Jahren wird die jetzige Usance der Buchhändler nicht mehr im Gange sein, und dann werde ich in jedem Verlage neben der so genannten echten eine bessere liefern können. Neben der echten, d. h. neben dem Nachdrucke den dann die vossische Buchhandlung von meiner jetzigen besorgen wird: denn dass sie das wollen, dazu lässt sich jetzt alles an. Vergriffen wird die jetzige dann sicher sein: denn 3000 sind gedruckt, und sie geben selbst 1500 Subscri-

---

*) [Doch siehe 17 S. 56.]

benten an. Die   haben endlich meine Geduld erschöpft. Lieber
Freund, lachen Sie über meine Wut: aber suchen Sie mich nicht
zu beschwichtigen: denn es geht von selbst über, und man muss
mir mein cholerisches Temperament einmahl zugeben. Sein Sie
frisch und munter im neuen Halbenjahre. Von ganzem Herzen
Ihr
C. Lachmann.

17.

B. den 18 Dec. 39.
Mein liebster Freund,
Eben um 7 Uhr Abends komm ich nach Haus von Link, wo
ich unter Larven die einzige fühlende Brust war, das heisst, unter
lauter meist sehr angenehmen Naturforschern, Hrn v. Buch an der
Spitze. Wenn der Brief, den ich im Dunkeln liegen sehe, nur nichts
Unangenehmes bringt. Und als es Licht ward, war es Ihrer. Dass
ich Ihnen und Mendelssohn und Kleen noch nicht gedankt, ist eine
Sünde die Ihr in das grosse Register schreiben müst*): aber verloren geht nichts zwischen hier und Leipzig. Karajans Sachen**)
fand ich vor und habe sie in der guten Absicht sie anzuschn und
ihm zu danken weggestellt: aber was soll denn ein Mensch machen,
wenn er nicht sich in lauter Briefen zerreissen will? Das aber hätte
ich freilich längst schreiben sollen, dass wir den nöthigen Band des
Lausitz.Magazins [s. S. 52] hier haben, und dass ausserdem denselben
Brief an Theophilus Lessing (s. Band v, S. 50. 51 — dieses Nach-
schlagens werthe Citat kostet mich 4 Minuten) Falkenstein in einer
'ungedruckten' Abschrift mir geschickt hat. Ich danke also schönstens für alles Nachspüren. Der Brief an Murr [XII S. 214 ff.] war
gedruckt, und zwar unmittelbar aus dem Mspt. Die Haken, in die
Murr eingeschlossen was nicht mitgedruckt werden sollte, hat Ihr
Abschreiber, wie es auch andres Vieh oft macht, als lessingisch mit

*) [Siehe Lachmanns Anm. zum Lessing XII S. 2.]
**) [Ich denke die Anmerkungen zum Ulrich von Lichtenstein,
über dessen Druck siehe 22 S. 68 u. 25 S. 72.]

abgeschrieben. Eine Hauptfreude hat mir der 22mahl corrigierte Fehler 'Hochzu(ver)ehrender Herr Vater' gemacht, und einmahl habe ich frischweg aus Conjectur (mein jetziger Stiefelputzer sagt 'Herr Reimer hat eine Conjectur zu erhalten gewünscht') geschrieben 'meine werthesten Eltern' wo uncorrigiert stand 'verehrtesten' — der Brief war aber nicht von Ihnen collationiert. Vorgestern ist meine Klage gegen die vossische Buchhandlung*) beim Stadtgericht eingereicht, in puncto Nachdrucks, weil sie Nathan und andres ohne neues Honorar besonders abgedruckt, d. h. eine nicht materielle Sache, eine geistige Arbeit, anders als zu dem durch den Contract bestimmten Zwecke, einer Ausgabe der sämtlichen Werke in etwa 12 Bänden, gebraucht hat. Wie der Erfolg sein mag, die Frage ist theoretisch interessanter als um *quod interest*, und ich publiciert auf jeden Fall die Sentenz und meine Briefe an die vossische Buchhandlung und das darin enthaltene Sündenregister. Die Buchhändler meinen, ich hätte theoretisch Unrecht: über das Sittliche sei kein Zweifel. Sie gestehn also die Elendigkeit der Gesetze. Biener, der hier seine Wintersaison hält, meinte es werde schwer sein: Savigny wünscht ein Judicat für die künftige Gesetzgebung. Meine Stimmung ist dabei sehr ruhig: höchstens regt mich das juristische Interesse an, gegen meine Advocaten die Partei der Buchhändler zu nehmen. Dabei thu ich doch einiges. Haasens Reisig**) interessierte mich, bis ich ihn auf der Hälfte satt hatte und in die Agrimensoren gerieth: ich liess die fertigen drei Werke binden, *Hyginus antiquior* (bei Blume Pseudo-Hyginus), *Hyginus de agris constit., Saeculus Flaccus,* und bin nun mit dem vierten Hefte *Frontinus cum Agenniis* (d. h. *de qualit., de controv., de limitib., Agennii commentum, Agennii liber de controversiis, liber Simplicius*) beinah fertig. Denn im neuen

---

*) [Über diese Klage, deren Anlässe und Ausgang siehe Hertz Karl Lachmann S. 170 ff. und Lachmanns Klein. Schriften z. deutsch. Philol. S. 560 ff. Vergl. unten 18 S. 57; 25 S. 72; 30 S. 88.]

**) [K. Reisig's Vorlesungen über lat. Sprachwissenschaft. Mit Anm. v. Fr. Haase. Leipz. 1839.]

Jahre muss der Gaius*) daran, und der Druck der beiderlei Nibelungen**) wird auch anfangen. Es ist prächtig zu arbeiten, wenn
man freies Geistes und gesund ist und sich unter lauter Leuten
befindet die mit einem freundlich sind. Ich bin in meinem ganzen
verständigen Leben noch nicht so glücklich und dankbar gegen
Gott gewesen. Ein kleiner Misston ist freilich das Verhältniss mit
J. Grimm, das den Briefwechsel unterbrochen hat: warum ist er so
kindisch und bleibt auf des Kindes Klatschereien dabei dass ich
ihm durch meine Reden in Savignys Meinung geschadet habe? Denn
das war das letzte was bei unsrer Unterredung heraus kam. So
lange er dabei bleibt, ist es aus mit uns: denn ich muss reine Verhältnisse haben und leide kein Dingen in der sittlichen Beurtheilung. In des andern Individualität mich fügen will ich gern und
kann es auch***).

Das Porto lasse ich zwar die Verleger nicht zahlen, aber die
Beilage der lessingischen Briefe ist mir doch lieb, samt der Vorrede,
die ich gar nicht misslungen finde, sondern sehr hübsch und warm.
Werthers Freuden und die niederrheinischen Bruchstücke†) schicke
ich Ihnen morgen (ich dachte Sie hätten sie längst) in mehreren
Exemplaren durch Reimers. Müllers Recension††) ist ein schwacher
Versuch die bornierten Göttinger Ansichten zu halten. Dass er
Fortsetzungen und Lieder nicht unterscheiden kann, ist zu dumm.
Den gleichgültigen Schreib- oder Gedankenfehler 'Achäer' für
'Troer' konnte er verbessern ohne ihn aufzumutzen. Lass fahren
dahin! — Ich wünsche Ihnen angenehmes Zittau!! und mir auf die
Ferien Ihr Gedicht des 12/14 Jahrhunderts†††). Gute Nacht.

---

*) [Siehe 7, S. 30.]

**) [Die der 'Zwanzig alten Lieder von den Nibelungen' (s. S. 62
Anm.) und die zweite Ausgabe der 1826 zuerst erschienenen.]

***) [Vergl. 15 S. 53; u. s. Chr. Belger M. Haupt als academischer
Lehrer S. 27 ff. u. unten 22 S. 67.]

†) [Siehe zu 6 S. 24 u. zu 2 S. 6 u. 7.]

††) [Götting. gel. Anzeig. St. 188. 1839 u. K. O. Müller's Kleine
deutsche Schriften 1. Bd. S. 460 ff. 466.]

†††) [Ich denke das Gedicht vom Guten Gerhard, dessen Bearbei-

1840.

18.

Sonnabend 21 Merz 1840.

Lieber Getreuer und werthester Herr Magister,

Ich komme eben vom Gevatterstehen bei Rudorffs lang erzieltem ersten Söhnlein, und finde Ihre Gabe, für die Sie Mendelssohn meinen schönen Dank schon ausrichten werden. Die beiden Briefe, von deren einem XII, 159 schon ein Stückchen steht, werden in den XIII Bd. aufgenommen, wenn dessen Erscheinen nicht etwa die Verleger hindern, indem sie die ihnen vor 4 Tagen zugeschickte Note verwerfen,

Die Briefe von Heyne Gleim und Karl Lessing sind in gegenwärtiger Ausgabe nicht sorgfältig genug behandelt, weil die Verleger vom 29. Bande nur einen Nachdruck mit der falschen Jahrzahl 94 und vom 30. nur einen Abdruck von 1817 in die Druckerei geben konnten, der Herausgeber aber sich nicht verpflichtet hielt hier, wie bei den lessingischen Schriften und Briefen meist, die alten Drucke mit den neuen buchstäblich zu vergleichen.

Ich habe die Note gemacht, und die Mühe gespart, weil die Verleger in der Klagbeantwortung (denn der Process ist im Gange) gesagt haben, ich sei nicht mehr als Drucker oder Setzer, und die vermeintlichen Verbesserungen werden keine sein*). — Solche Entwürfe, wie von Tellheim, hatte ich bei Dutzenden aus Breslau, und die vergebliche Abschrift thut mir leid. Offenbar bekommt Mendelssohn grade die Papiere die Karl Lessing für sich behalten hat und die daher unter den breslauischen fehlen.

Wollte Gott, ich wäre diese bestellte Arbeit vom Halse los, und den Gaius**) desgleichen (so angenehm er sonst ist) weil ich

---

tung Haupt (s. 14 S. 50) schon 5. Mai 1839 in Angriff genommen hatte, und die vorhin erwähnte 'Vorrede' ist die zu dieser Ausgabe geschriebene, vom 15. December 1839 datierte. Siehe 18 S. 58.]

*) [S. zu 17 S. 55.]

**) [Die kleine Ausgabe; s. 7 S. 30 u. 17 S. 56.]

ihn Marcus auf Ostern versprochen habe und doch erst morgen mit
dem dritten Buche fertig werde. In meinem Leben arbeite ich nicht
wieder auf Zeit.

Ich habe gestern geschlossen: wann Sie? und wann ziehen Sie
zu Lindemann? Ich habe noch immer ungeheure Lust nach Leipzig
zu kommen: aber Leipzig ohne Pelz*) gibt es nicht: also richtet
sich meine Reise nach Pelzens Anwesenheit: folglich muss ich darüber Nachricht haben. Wenn ich so hypochondrisch wäre wie Sie,
so würde ich fortfahren, Da nun in Pelzens Briefe davon nicht die
Rede ist, so will er mich gar nicht haben. Aber ich bin durch aller
Leute Liebe so verwöhnt dass ich so was gar nicht voraussetze,
sondern höchstens dass Sie mich nicht können haben wollen, und
ich bitte daher jedenfalls (damit ich doch das schändliche Wort**)
auch einmahl schreibe) um Bescheid.

Bewundern thu ich am guten Gerhard***) nur Ihre Arbeit, nicht
die Poesie, ob es gleich eine erträgliche lesbare Erzählung ist. Wenn
er aber in die Schilderung der Empfindungen kommt, geht seine
gottfriedische Nachahmung mit ihm durch. Ich wäre übrigens der
Meinung, dass noch etwas strenger die legitimen Formen durchzu-
führen wären, zB. nie oder fast nie *din* und *ein* im Accus. fem.,
sondern *dîne, eine*. Einzelnes, wenn ich endlich den Schluss werde
gelesen haben.

Es freut mich sehr dass weder Ihr noch Hermanns Name unter
den Albisten des Hrn D. Haltaus†) vorkommt. Savigny und ich
haben ihm abgeschrieben; er, wie ich meine, sehr spitzig; ich, wie
er meint, grob. Hoffentlich lässt er unsere Briefe drucken, zum

---

*) [Siehe zu 1 S. 4 Anm.

**) [Vergl. Hertz Karl Lachmann S. 212 f. u. S. xxxiii f.]

***) [Der gute Gerhard Eine Erzählung von Rudolf von Ems
Herausg. v. M. Haupt (Leipzig 1840) mit der Widmung an J. Grimm
zum 4. Januar 1840. — Mit Lachmanns Urtheil über den Dichter
vergl. Haupt's Vorr. S. xii.]

†) [In dem von Haltaus zur 4. Säcularfeier der Buchdruckerkunst
ins Werk gesetzten 'Album deutscher Schriftsteller.' Leipz. 1840.]

Beweis dass ein gemeinsames Nationales Unternehmen zum Besten seines Beutels doch zu Stande kommt.

Ich weiss nicht warum ich das Geschreibe bis heute, Mittwoch den 25. habe liegen lassen. Wenn ein freundliches oder liebevolles Wort darin steht, so ist es nicht verrostet.

Herrn Professor D. Haupt
(g. P. d. B. (Less. ii, 576)
in
Leipzig.

19.

Lieber Freund,

— 'Nein, so früh', sagen Sie, 'hab ichs nicht gemeint: schon jetzt die Anmeldung!' Nur Geduld: dieser Dialog ist nicht der erste, sondern ein anderer geht vorher. Ich sass gestern Abend am Thee-llissus der Frau Twesten auf ihren wenig moosschwellenden Stühlen neben der Frau Reimer, und sagte ohne sonderliche Absicht 'Ich will diese Ferien ein bischen nach Leipzig wischen.' Wann wollen Sie hin? 'Nun, gegen Ostern.' Etwa morgen über acht Tage, den Montag? Denn da möchte ich gern hin. Ich warte zwar noch die Entscheidung der Kinder ab: die wird den Donnerstag kommen: ob sie mich jetzt oder in der Messe haben wollen. Wenns morgen über acht Tage wäre, so könnten wir dann mit der Bleck (die dabei sass) vielleicht bis Bitterfeld reisen, weil sie nach Merseburg will.

Soll ich nun auch noch beschreiben wie ich mich auf meine Reisegesellschaft gefreut habe? Ich will lieber sagen dass sie noch stärker wird: denn Rudorff will auch, und zwar recht gern grade zu der Zeit, seinen Freund Puchta besuchen.

Also in Ihren und Weidmannischen Händen ruht vieler Leute Schicksal. Ich komme aber, wenns Ihnen lieber ist, auch recht gern in der Marterwoche. Also beschliessen Sie. Jetzt eben ist Albrechts Trauung, bei Hossbach im Hause: ich werde unterdess in aller Stille ein gutes Stück Rindfleisch und Erbsen essen.

B. den 30 Merz 40 zwischen 2 und 3.

20.

Berlin 11 Sept. 40.

Der alte Reimer ist, wie Sie wissen, verreist, und da tanzen
denn die Mäuse auf den Tischen herum. Georg hat, nachdem der
erste Bogen der Nibelungen 1500 Mahl abgezogen war, bemerkt
dass so gut als gar kein Rand da ist und daher den Bogen auf grösse-
res Papier zu drucken befohlen. So kommts dass ich schon zwei
Bogen corrigirt und Sie noch keinen erhalten haben. Er erfolgt
aber demnächst mit einigen Beilagen, und dann können Sie, mein
lieber Apollonius Sophista*), Ihre Arbeit anfangen, auf die ich ungeheuer begierig bin. Um doch etwas geringes dazu beitragen zu
können, lese ich beim Corrigieren Zeunens Übersetzung und schreibe
Erklärungen die ich aus seinen Fehlern nehme (es ist wohl keine
Strophe ohne Fehler) in ein Exemplar der Hagenschen γλῶσσαι**),
und ich denke zwischen Ihre Arbeit hie und da solche Erläuterungen
zu setzen die für vernünftige Leute gar nicht nöthig wären. Sie
haben doch gelesen wie Zeune im Hamburgischen Correspondenten
n. 196 und Hagen (ich denke er ists) in den Brockhausischen Unter-
haltungsblättern n. 257. 258 den guten Simrock***) auswamsen,
indem sie eigentlich den Esel meinen. Der eine nennts Entweihung,
der andre frevelhaft: die Worte Schwere Beweisführung, Vermu-

---

*) [Der ein Λεξικόν zur Ilias und Odyssee verfasst hat. Dass
Haupt ein Wörterbuch zu den Nibelungen, wohl an Stelle des von
Wilhelm Wackernagel lange versprochenen (s. 3 S. 11 f. u. 4 S. 16
Anm.) aber nie geleisteten, geplant hat (denn ausgeführt ist auch
dieses nicht worden) finde ich sonst nicht erwähnt: wie sehr die
Arbeit Haupt beschäftigt und Lachmann interessiert hat, zeigen die
Briefe 21 S. 66; 22 S. 69; 27 S. 82; 28 S. 83; 35 S. 96; 36 S. 99; 41
S. 112; 43 (1843); (1844) 46.]

**) [Diese 'Randnoten zu von der Hagens Glossarium', deren
Zweck erst jetzt bekannt wird, sind in den Kleineren Schriften zur
deutschen Philologie (1876) S. 271 ff. zuerst von Müllenhoff edirt
worden. Vergl. auch (1844) 46.]

***) [Zwanzig Lieder von den Nibelungen. Nach Lachmanns An-
deutungen wiederhergestellt von K. Simrock. Bonn 1840.]

thung, und Ehrlich, die in den Anmerkungen S. 3 oben stehn*),
übergehen sie natürlich mit Stillschweigen.

Mein Apparat zu Hartmanns Liedern — denn es ist prächtig
dass Sie Ernst machen — erfolgt hiebei in Abschrift. Sollte ich
noch mehr haben, so werden Sie das aus Hagens Angaben (die ich
gar nicht nachgesehn habe, und man muss auch an zehn Orten
suchen) und aus seinen Registern schon abnehmen: es soll sogleich
kommen, wenn Sie winken. Am liebsten bring ich es Ihnen selbst
mit nach Leipzig, am 27., aber unter der Bedingung dass Sie gleich
mit nach Gotha reisen, wohin ich nun gar noch von Fr. Becker eingeladen bin. Ich höre ja, Hermann hats Perthes zugesagt: es wäre
köstlich, wenn der alte Herr mit uns reiste. Dann ist noch Zeit genug von Ihrem Ächzen und Krächzen zu sprechen, wenn Sie eben
auf eine Weile heraus sind und sich frisch und heiter halten mit

Ihrem

C. L.

Oder muss ich schon den 26. in Leipzig sein? Becker hat
gegen den 28. eingeladen. Ich weiss natürlich von den Leipziger
Posten nichts, und möchte doch auch dem Druckerfest (25. 26)
nicht gern ganz aus dem Wege gehn.

Beilage zu 20.

Lachmann an Gottfried Hermann.

Berlin d. 11 September 1840.

Mein hochverehrter Freund,

Ich höre dass Sie aus Ihrem Bade frisch und vergnügt zurück
gekehrt sind, und höre von anderer Seite dass Sie auf Perthes Einladung Sich nicht geweigert haben zu Michaelis nach Gotha zu kom-

---

*) [Ich setze die Worte aus Lachmanns Anmerkungen zu den
Nibelungen vollständig hierher: 'Einer so schweren Beweisfüh-
rung muss sich unterziehen wer meiner Vermutung auf mehrere
Dichter die andere Vermutung, das ganze sei nur eines einzigen
Werk, ehrlich entgegenstellen will.']

men. Wie wäre es denn nun, wenn ich Sie in Leipzig zur Reise
dahin abholte? Sie, und unsern Haupt, den Sie bewegen müssen
seinen Eltern ein Paar Tage zu entziehen, die er nützlicher in ver-
gnügter Gesellschaft zubringt. Ich hoffe von hier Parthey noch
mit zu nehmen: denn Meincke ist leider zu der Zeit nicht mobil zu
machen.

Ich will wünschen dass Ihnen meine kleinen Folio-Nibelun-
gen*) beim würklichen Sehen nicht mögen misfallen haben. Übrigens verantworten Sie es wie Sie können, dass ich auf Ihr Zureden
würklich den letzten Monat eine zum Ausruhen bestimmte freie Zeit
auf den übrigen Theil der Ilias verwendet habe und seit vier Tagen
fertig bin, — mit der Arbeit: denn formiert ist noch nichts. Dass
aus der ganzen Ilias mehr nicht als 17 Lieder herausgekommen sind
(noch dazu $\Sigma \cdot X$ eins, Ψ eins, Ω Fortsetzung), nimmt mich selbst
Wunder. In den Augen der Rechtgläubigen werde ich ein Greuel
sein. Müllers Tod**), mir doppelt schmerzlich weil ich ihm in den
Tagen zürnte als die Nachricht kam, wird meine Erwähnung seiner
oft spottenden Recension milde machen: übergehen kann ich sie
nicht, weil mir auch sonst schon 'Entweihung' und 'Frevel'***) an
den Kopf geworfen wird, und weil man den Leuten doch eintränken
muss dass die Nachricht vom Sammeln des Pisistratus die Annahme eines Ganzen eben so sehr zur Hypothese macht, wenn auch
allenfalls Pisistratus selbst schon an das eine Ganze, oder die zwei
Ganzen, geglaubt haben sollte.

Wenn Ihre schöne Abhandlung über die Wiederholungen, die
mich auf vieles erst merken gelehrt hat, in den Opusculis†) wie-

---

*) [Zwanzig alte Lieder von den Nibelungen herausgegeben von
K. L. Zur vierhundertjährigen Jubelfeier der Erfindung der Buchdruckerkunst gedruckt bei R. L. Decker. Berlin 1840 fol.]

**) [Gest. 1. Aug. 1840.]

***) [Vergl. 20 S. 60, und Lachmanns Betrachtungen Cap. xvi z. E.]

†) [*De iteratis apud Homerum* ed. a. 1840; in den erst 1877 von
Hermanns Enkel Theodor Fritzsche besorgten achten Band der Opuscula S. 11—19 aufgenommen.]

der gedruckt wird, so schreiben Sie wohl S. 13 als Vers ἄμφω εἰν
ἑνὶ σώματ' ἐόντες : denn Hesiodus braucht σῶμα für δέμας, und er
parodiert hier absichtlich das von gemeinen menschlichen Brüdern
geltende εἰν ἑνὶ δίφρῳ ἐόντας. S. 6 setzen Sie statt meines Namens
Aristarch (s. Lehrs S. 357 unten), auf den auch das Übrige, so
sehr es mich auch gefreut hat, besser passt. Ich habe Cap. v (S. 10)
die dreifache Wiederholung unerträglich gefunden. Was halten Sie
aber von B 164. 180. 189? Der dritte Vers scheint mir zu beweisen
(vergl. 199) dass die beiden ersten unecht sind. In Ω ist freilich
ein Vers drei Mahl wiederholt, 147. 176. 196: aber zwischen B
und Ω ist auch ein himmelweiter Unterschied. Könnte statt der
vielen unnützen Ausgaben, zu denen ich die von Spitzner vor allen
rechne, nicht einmahl eine besorgt werden, in der zu jedem Verse
die ganzen oder halben Wiederholungen*) aus der ganzen Ilias und
Odyssee angezeigt würden (etwa, wenn ein Vers mehr als fünf Mahl
vorkommt, durch Verweisung)? Man kann gar nicht voraus sagen
wie viel daraus zu lernen wäre: und doch könnte es ein blosser
litterarischer Knecht, die man förmlich anstellen sollte, damit sie
sich nicht alberner Weise ihres Standes schämten.

Noch hab ich eins auf dem Herzen, und ich glaube ich kann
es wohl getrost sagen. Zu Ostern waren Sie so gütig mir Ihre neuen
Phönissen zu versprechen. Wenn sie nun allein ausgeblieben wären,
so würde ich schicklich schweigen: aber da ich auch Ihre Rede**)
nicht erhalten habe, die Sie doch wohl schon der Anfechtungen
wegen nicht zurück halten, so wäre doch möglich dass eine Tücke
des Schicksals dahinter steckte.

Aber was mir jetzt besonders am Herzen liegt, ist dass Sie

---

*) [Was erst Immanuel Bekker, kein 'litterarischer Knecht son-
dern ein König, in seiner zweiten Ausgabe der Ilias und Odyssee
Bonn 1858 ausgeführt hat.]

**) Vermuthlich die am 25. Juni 1840 gehaltene *Oratio in quartis
festis secularibus artis typographicae* (ed. Lipsiae 1840), wiederholt im
8. Bd. der Opuscula S. 442 ff. Hermanns Phoenissen waren gleichfalls
1840 erschienen.]

mit nach Gotha reisen, und wenn ich jetzt in Leipzig wäre, würde
ich die Ihrigen bitten Ihnen auch zuzureden. Jetzt kann ich Sie
nur bitten mich ihnen recht herzlich zu empfehlen und ihnen mein
Gesuch nicht ganz zu verschweigen. Von ganzem Herzen

der Ihrige
C. Lachmann.

21.

Berlin d. 12 Nov 1840.

Item dass so alte und namhafte Dichter Briefe und Büchlein
gedichtet haben, war nach den späten Stücken im Anfang des Lieder-
saals nicht sehr wahrscheinlich, wenn auch Markgraf Heinrich von
Istrien den Ulrich von Lichtenstein zwischen 1215 und 1219 lehrte
an pricven tihten süeziu wort 9, 17, und wenn auch ein alter
Brief zum Eingang des Parzivals S. 3 nachgewiesen war*), den
Sie sich für Ihre neue Zeitschrift**) verschaffen müssen. Indess ist
das neue Stück ein so echter Hartmann als irgend ein andres und
zwar aus gleicher Zeit mit dem Gregorius: denn Hagens Anordnung der Werke, nach den Äusserungen über Glück und Unglück,
ist vollkommen albern***). Ich habe das Büchlein, das Sie sehr
schön emendiert haben, einmahl obenhin und zweimahl ordentlich
gelesen: die Zusätze zu Ihrem Zettel bringen aber nicht viel das
Ihnen entgangen wäre. Im armen Heinrich werden Sie nach Wackernagel noch mehr auszuglätten haben. Ich habe [nicht?] lange daran
gelesen, und sehr gestört. Als ich am 14. Oct. von Gotha Göttingen
Cassel Magdeburg heim kam und nach der Huldigung†) in voller
Ruhe die homerische Abhandlung††) zu schreiben gedachte, fand

---

*) [Vergl. Haupt in der Vorrede zu den Liedern und Büchlein
von Hartmann von Aue S. VIII.]

**) [Zeitschrift für deutsches Alterthum, deren erster Band 1841
(Vorrede 14. Merz 1841) erschien.]

***) [Vergl. Haupt a. a. O. S. VII f. u. über die Zeit ebend. S. XVIII.]

†) [Am 7. Juni 1840 war K. Friedrich Wilhelm III. gestorben.]

††) [Siehe Beil. zu 20 S. 62.]

ich Besuch vor, freilich an sich sehr angenehmen: Böcking hatte sich
bei mir einquartiert, und blieb bis zum 25. Dann seit dem 3. Nov.
wiederum Besuch, der noch dauert, der jüngste Göschen, Arzt in
Magdeburg, der das Physicats-Examen gemacht hat. Dazu nun die
Feierlichkeiten, und das alles nach einer Reise, wo ich immer die
höchste Ruhe und Fleiss liebe: ich weiss gar nicht recht wo mir
der Kopf steht, und die am 1. Novemb. würklich angefangene homerische Abhandlung wird nun in diesem Jahre vielleicht gar nicht
mehr gemacht. Gepperts naseweises Buch (ich meine so, nach der
Vorrede) wird mich so wenig fördern als Sie das einfältige Zeug
von Lörs*): aber leider kommt jener nicht erst nachher, denn dann
würde ich ihn gar nicht lesen. Zwar wer weiss was ich auch so
thue oder lasse? Heute bei dem scheusslichen Wetter ist mir aber
alles lästig, z. B. auch dass die Verleger auf den 13. Band vom
Lessing nicht "und letzten" und nicht meinen Namen, sondern
dafür "Supplementband" gesetzt haben. Ich habe ihnen meine
Exemplare als unvollständig zurückgeschickt, und in der Zeitung
erklärt ich sei an der Unordnung nicht Schuld: nun aber bekomme
ich weder Exemplare noch Antwort**). An Ihre Zeitschrift habe
ich wohl gedacht, und war auf das nicht ungeschickte Gedicht
Konrads von Himelsfurte gerathen *von Marjen hinevart.* Nun
aber sehe ich dass aus unserer Handschrift jetzt noch ein Blatt
mehr ausgeschnitten ist als da Hagen den Grundriss schrieb
(S. 274 f.): und die lassbergische Handschrift (zu Eggen Ausfahrt
Vorred. N. III, und Hagen M. S. 4, 867 f.) müste man auch ha-

---

*) [Geppert Über den Ursprung der Homerischen Gesänge. Leipz.
1840, der in der Vorr. S. IV ohne ihn zu nennen Lachmanns Kritik
abfällig beurtheilt, die in dem Bemühen die vorliegenden Gesänge in
möglichst viele 'Parzelen' zu 'zerstücken' aus 'unerheblichen' Anlässen
in 'völligen Atomismus ausarte.' Worauf Lachmann C. XXIII seiner Betrachtungen Bezug nimmt. Von Loers ist vermuthlich die Edition der
Tristia des Ovid (Trier 1839) verstanden.]

**) [Vergl. Hertz Karl Lachmann S. 168 und S. XXIII in Lachmanns
Selbstrecension des Lessing.]

ben*). Auch ist mir wohl Ihr treffliches Geschenk Salman und Mo-
rolt durch den Kopf gefahren**). Aber wozu kommt denn ein arm-
seliger Mensch, der oft ganze Tage mit Correcturen hinbringt, obgleich der Gaius***) noch nicht einmahl angefangen ist? Eins hätte
ich wohl noch über das Nibelungenglossar zu sagen†). Da schon
im Text die Unterscheidung des Unechten in Eingeklammertes und
Cursives etwas willkürlich ist, da auch einige ganze Lieder eben so
stark den Einfluss der gelehrten Poesie zeigen als manche Zusätze,
so wäre ich im Glossar gegen die Bezeichnung des Echten und Unechten. Aber dafür liesse sich wohl jetzt im Anfange der Arbeit
noch sorgen, dass man ohne sehr grosse Mühe für den kleinen Druck
der zwanzig Lieder††) das ausscheiden könnte was ein Wörterbuch
zu diesen ausmachen würde, damit den Hilfeschreiern das Maul zu
stopfen wäre.

Es ist sehr schön dass Lindemanns warmer Busen Sie so erquickt hat dass Sie Ihre Selbstpensionierung aufgegeben haben. Es
wird sich ja schon eine Hilfe zeigen. Hab ich doch jetzt auch Grund
(welchen darf ich nicht sagen, und Sie müssen auch nur sagen man
behaupte jetzt in Berlin mit Grund) zu glauben dass Grimms hieher
kommen werden. Wollen Sie darauf ein Glas Wein trinken, so thun
Sies allein und stossen Sie mit sich selbst an. Ich thu es heute
Mittag ebenso, weil ich erst seit gestern Abend mehr weiss als in

---

*) [Das von Lachmann bezeichnete Gedicht ist erst viel später
und nicht von ihm sondern von Franz Pfeiffer (Stuttgart im Dec. 1849)
in Haupts Zeitschr. 8. Bd. (1851) S. 156—200 unter der Aufschrift
'Mariae Himmelfahrt von Konrad von Heimesfurt' ediert worden:
siehe dort über die hier erwähnten beiden Handschriften, den Defect
in der Berliner, S. 156 und über den Namen des Dichters S. 158.]

**) [Von Lachmann schon 1833 in der Abhandlung 'über Singen
und Sagen' (Klein. Schrift. z. deutsch. Philol. S. 476 f.) eingehend
besprochen; aber die beabsichtigte Bearbeitung unterblieb.]

***) [Siehe 18 S. 57.]

†) [Siehe zu 20 S. 60.]

††) [Entsprechend der S. 62 erwähnten Folioausgabe der Zwanzig
alten Lieder; ist aber m. W. unausgeführt geblieben.]

den Zeitungen steht. Gott verzeihe mir dass ich Ihnen das nicht habe verschweigen können: Savigny hab ichs verschwiegen — aber vielleicht er auch mir.

Wenn Sie aus beiliegendem Zettelchen mehr machen können als eine unbedeutende Berichtigung Ihrer Vorrede zum guten Gerhard, so ist es Ihrer Zeitschrift*) gern gegönnt. Was Grimms verheissen haben, habe ich ja noch gar nicht erfahren. Meusebach wohnt abwechselnd in einem kleinen Logis in der Karlsstrasse, und in Baumgartenbrück: die Bücher sind in einem dritten Hause in Kisten eingemietet.

Hirzels Auftrag habe ich noch nicht ausrichten können, in der Zerstreuung (so übersetzt Augusti im Br. Jacobi 1, 1 schreibt an die Brüder in der Z.), er ist aber unvergessen.

22.

Berlin 21 Nov. 1840.

Indem ich gegen 6 Uhr aus der Gesetzlosen**) kam, fand ich Ihren lieben Brief von gestern, und nun sollen Sie mahl eine ordentliche Antwort bekommen, Punkt für Punkt. Eichhorns Schreiben an Grimms ist nach den Zeitungen vom 8. Er sagte mir am 11. was er geschrieben habe***). Am 12.-13. kam Nachricht von Göttingen in Privatbriefen, dass sie annehmen wollten. Am 16., dünkt mich, erfuhr ich dass Jacob kommen und bei Meusebach wohnen wollte; worauf ich ihm schrieb ob ers in der Charlottenstrasse 40 nicht vielleicht comfortabler fände. Darauf habe ich keine Antwort bis jetzt. Hieher scheinen sie nur an die Arnim geschrieben zu haben. Von Geheimniss ist weiter nicht die Rede gewesen, ausser dass man freilich nicht erzählt es sei ein Antrag gemacht worden, ehe man weiss ob er angenommen wird. — —

*) [Berichtigungen zu seiner Ausgabe des guten Gerhard von Rudolf von Ems, wovon 'das wichtigste Mittheilungen Lachmanns und Wackernagels' sind, bringt Haupt in s. Zeitschr. 1 (1841) S. 199 ff., aber welche Stelle der Vorrede gemeint sei, ist mir unklar.]

**) [Vergl. Hertz Karl Lachmann S. 214 ff.]

***) [Siehe 21 S. 66.]

Ich will mich durch den Burschen nicht unterbrechen lassen, der
eben die zweite Correctur vom 17. und die erste vom 18. Bogen
des Frauendienstes*) bringt, und hinzusetzen dass Jos. Scaliger
wohl mit Recht sagt dass nous autres pédans über Politik nicht
urtheilen können, und dass ich mir wünsche von mir möge immer
gesagt werden was Ion von Sophokles sagte, er urtheile über Staats-
sachen ως των ιδιωτων τις Αθηναιων**).

Sein Sie doch mit Ihren Vorlesungen zufrieden. Sie habens
besser als ich. Ich muss Gott danken (während ichs thue, kommt
eben die erste Correctur des 7. Bogens der Nibelungen: heute früh
ist der 14. des NT. corrigiert) wenn nach Jahren einer und der andere kommt und erkennt mit Dank dass er diesen oder jenen nütz-
lichen Stoss erhalten hat: auf dem Flecke seh ich wenig wo ich
etwas gethan hätte.

Viel Glück zur Gudrun***). Mit Zeit und Ruhe lässt sich viel
mehr machen als ich sonst geglaubt habe. Übrigens hätten Sie über
die Nibelungen so gut als ich jetzt lesen können, da noch 60 Ex.
unverkauft sind. Hahns Gedichte des 12 u. 13 Jahrhunderts (ein
hübscher Titel!) hab ich noch nicht. Basse sollte sie mir wohl
schicken, wenn auch Hahn vielleicht böse ist dass ich mich für
seinen schlechten Stricker†) nicht bedankt habe. Wenn sie kommen,
will ich versuchen einem so albernen Titurel vorzubeugen.

Auf Simrocks Parzival bin ich neugieriger als dass ich viel
davon erwarte. Zum Heidelberger armen Heinrich wird Ihnen die
hiesige Abschrift genügen††). Sollte Hagen wegen seiner Samm-

---

*) [Vergl. 25 S. 72.]

**) [Vergl. Hertz Karl Lachmann S. 248.]

***) [Zur Vorlesung über die Gudrun, die Haupt im Winter-
Semester 1840/41 statt der Nibelungen gewählt hatte, wegen des vermeintlichen Mangels an Exemplaren der letzteren.]

†) [Gedichte des XII u. XIII Jahrh. Herausg. v. K. A. Hahn 1840;
Kleinere Gedichte von dem Stricker. Herausg. v. K. A. Hahn 1839:
beide als Theile der 'Bibliothek der gesammten deutschen National-
Literatur' bei Basse Quedlinb. u. Leipz. erschienen.]

††) [Vergl. 23 S. 69 u. Anm.]

lung von Erzählungen nicht zugeben dass sie Ihnen gesandt wird,
so lassen Sie mich sorgen.

Ich hoffe dass Sie bei dem Wörterbuch zu den Nibelungen*)
voraussetzen dass alles so werden soll wie Sie wollen. Ich thue
nur Vorschläge, und verlange nur dass mehr als bei Benecke zu
einzelnen Stellen eine Übersetzung oder Umschreibung gegeben
wird. Gegen einzelne Citate bei noch nicht genügend Erklärtem
hätte ich auch gar nichts.

Das Capitel über die Saturnischen Verse habe ich bei Leutsch
gelesen**). Es sind allerdings curiose Dinge drin. Zum 21. December***) herüber zu kommen — wer weiss was ich thue? Zunächst danke ich schönstens für den Vorschlag.

1841.

23.

Berlin d. 8. Jan. 1841.

Gott zum Gruss im neuen Jahr. Wenn ich nicht wuste dass
Sie in Zittau im Arm der Liebe ruhten (wie Heimbach), so hatten
Sie die beifolgende Collation des Heidelberger armen Heinrichs
schon längst†). Was ich etwa versäumt habe zu ändern, können
nur Läppereien sein, die sich auch täglich nachsehen lassen, obgleich Hagen die Abschrift für sein barbarisch beniemtes Gesamtabenteuer im Hause hat.

Da die von Schlegel mir verehrten Fragmente der Nibelungen
doch nicht in meiner Ausgabe einen schicklichen Platz haben, so
frage ich ob Sie sie für Ihre Zeitschrift brauchen können, und

---

*) [Siehe zu 20 S. 60.]

**) [S. die Briefe 26 u. 27 nebst Beilage zu diesem.]

***) [Am 19. December 1840 (d. 21. ist verschrieben: Lachmanns
Brief ist vom 21. Nov.) beging Gottfried Hermann sein fünfzigjähriges
Doctorjubiläum. S. Köchly Gottfried Hermann S. 95 u. 255 und vergl.
die Briefe 23. 24.]

†) [Vergl. Hartmanns kleine Gedichte von Haupt Vorr. S. ix.]

schicke auch sie selbst mit, wenn Sie etwa beim Druck, wie ichs
würde gethan haben, meine etwaigen Versehen danach corrigieren
wollen. Sie werden sie mir wohl nachher gelegentlich zustellen.
Die Einleitung muss ich freilich aber so meiner Vorrede beifügen,
mit dem Zusatz wo die Fragmente gedruckt seien: aber ich komme
an den Druck der Vorrede auch erst Mitte Merz*). Die Worte *im
Novemb. geschrieben* lassen Sie weg oder stilisieren sie nach der
Art die Sie haben wollen. Einen Nachtheil hat es indess, wenn
Sie die Fragmente aufnehmen: dann müste wohl Schlegel ein Exemplar Ihres Heftes bekommen, und nicht bloss meiner Ausgabe, was
für den alten Narrn doch genug wäre. Sie sehen, so weit geht
meine Dankbarkeit nicht dass ich mein Urtheil über ihn ändern
sollte, oder etwa bei neuen Auflagen die in zwei Vorreden**) ihm
gestifteten Denkmähler. Übrigens versteht sichs ja wohl dass wenn
Sie die Fragmente nicht brauchen können oder wollen, Sie sie
mir gegen den Merz zurückschicken.

So mildthätig wie Kirchner könnten Sie aber wohl gegen mich
sein, und mir Ihre Ode***) schicken, und Meineken auch; damit
wir nicht in der Welt herum sagen, auf Hermann sei nur eine ple-
beje Ode gemacht.

Leben Sie wohl im neuen Jahr, und wehren Sie Sich die
Muggen ab.

Herrn M. Pelz †).

---

*) [Siehe den vom 4. Merz 1841 datierten Zusatz zu der Vorrede
(S. XII) der 1841 erschienenen zweiten Ausgabe der Nibelungen und den
von Lachmann besorgten Abdruck in Haupts Zeitschr. 1 (1841) S. 111 ff.]

**) [Der zum Wolfram (1833) an mehren Stellen (S. XXIV. XXVIII.
XXX) und im Eingang der Anmerkungen zu den Nibelungen (1836)
S. 1 ohne Schlegels Namen in der nicht zarten Abfertigung der
Schlegelschen Hypothese von Heinrich von Ofterdingen.]

***) [Zu G. Hermanns oben 22 S. 69 erwähntem Jubiläum gedichtet,
von Köchly Gottfried Hermann (1874), der das Fest beschreibt S. 95 ff.
u. 255 ff., so wenig erwähnt als die zu gleichem Zweck verfasste von
Kirchner. Vergl. auch folg. Brief S. 71.]

†) [S. 1 S. 4 Anm.]

24.

Lieber Freund,

Sonnabend fieng ich an dem C. F. Hermann für seine plumpe Abhandlung*) und einen steifstelligen aber freundlich gemeinten Brief zu danken. Im Schreiben legten sich aber die Sachen so aus einander, dass ich dachte es würde besser eine Recension daraus gemacht, die denn auch in ein Paar Stunden fertig war. Hier ist sie. Lesen und verändern Sie, und falls Sie sie nicht zu unterdrücken für gut finden (denn Sie sollen allein entscheiden), so schicken Sie sie an Jahn, und bitten dass wenigstens nicht schlimmere Druckfehler kommen als neulich in einer Recension von Lehrs 'bekannte Herren' statt Heroen. Auf der letzten Seite lassen Sie drucken '*Ist sie ernsthaft gemeint, so spricht die funfzehnte,*' wenn Sie das dazwischen stehende nicht ganz selbst zu verantworten bereit sind.

Sehen Sie? so bin ich: wenn ich was will, kann ich schreiben, sonst nehm ich Gedichte von zwei Generationen, eins immer schöner als das andre, die romantischsten Leiche und was weiss ich sonst alles, stillschweigend in Empfang, und sage nur 'Nur mehr solcher Schriften' (wie einst Schmalz)**), zumahl väterlicher Gedichte***), und von dem auf Hermann ein Exemplar für Meineke, der es sehr goutiert hat. Wegen *praeoptare* wissen wir nicht mehr als Forcellini sagt, setzen aber bei Ihnen eine tiefere Kenntniss voraus.

Eben kommt ein Brief von Jacob Grimm. Sie wollten am 14 abreisen, Donnerstag oder schon Mittwoch ankommen. Ich soll es zwar niemand sagen, aber in Leipzig wirds nichts schaden.

---

*) [C. F. Hermann *disputatio de distributione personarum* etc. zu Gottfr. Hermanns Jubiläum am 20. (so) December 1840. Über Lachmann's Recension vergl. 25 S. 73.]

**) [Vergl. Schleiermacher Verm. Schrift. 1. S. 645 u. 689.]

***) [Über Gedichte, lateinische und deutsche, von Haupts Vater, auch eines zu G. Hermanns Jubiläum s. Chr. Belger M. Haupt als academischer Lehrer S. 5 u. 7 Anm.]

Ich erwarte sehnsüchtig Ihr erstes Heft*). Gott befohlen.
Berlin 16 Merz 41.

Ihr

C. L.

25.

B. 24 Merz 1841.

Nun, mein lieber Freund, weil Sie doch brennen, da kommt
Wasser. Das Blättchen, aus dem ich meinen Vortrag über den
Pindarus Thebanus**) gehalten habe, stellen Sie mir gelegentlich
wieder zu: vielleicht mache ich ihn für das Rheinische Museum
zurecht. Für Ihr zweites Heft habe ich ungedruckte ah. Glossen***),
von denen ich aber noch niemand ausser Pinder etwas gesagt habe.
Sie sind aber noch abzuschreiben, und sie lesen sich schwer. Schöne
Ferienarbeit, nebst Beantwortung des unsinnigen Sachverständigen-
Gutachtens in meiner Rechtssache†) (kostete mich, nebst der Berathung mit Juristen, gestern den ganzen Tag), die Vorrede zum
Gaius, die Anmerkungen zum Lichtenstein††), auch noch zu corrigieren der letzte 24. Bogen von den Nibelungen. Dazu vom Montag an Besuch vom Subconr. Ahrens aus Ilfeld, der an seiner Hand
will von Dieffenbach *phlebotomiam subcutaneam* vornehmen lassen,
und den ich eingeladen weil ich mich in Gotha in ihn verliebt habe.
Mit Grimms muss dann auch verkehrt werden (Sie werden nicht
meinen, es werde mir sauer, sondern nur, es kostet auch Zeit):
wenn nur die Frau nicht so elend wäre und Jacob leidet auch noch

---

*) [Der Zeitschrift für deutsches Alterthum.]

**) [In der Classensitzung der Akademie der Wissenschaften am
4. Januar 1841. Vergl. zum Iwein 2. Ausg. S. 527 und unten 27
S. 82.]

***) [Die aber weder im zweiten Heft von Haupts Zeitschrift, noch
überhaupt m. W. von Lachmann ediert sind. S. unten 28 S. 84 und
45 S. 123 u. Anm.]

†) [Siehe zu 17 S. 55.]

††) [Siehe zu 18 S. 57 u. 22 S. 68.]

an der Brust. Wie es ihnen hier gefallen wird, ist schwer zu sagen: nur habe ich bisher keine der früheren Härten gehört.

Ich hatte ganz ernsthaft gemeint Sie sollten meinen Anti-Hermann*) corrigieren, weil er mir nicht lange genug gelegen hatte, und weil ich die Bedeutung von ἄλη etwas bedenklich fand, auch allerdings eine Unterbrechung der Verhandlung zu machen mehr der Chor ein Recht hat als eine Magd. Sie haben nun entschieden, und so mag es gut sein. Ein Paar Exemplare bekomm ich wohl nicht? Denn dass ich oder andre die meist miserable Jahnische Zeitschrift halten soll, ist doch nicht zu verlangen.

Dass Ihnen das zweite Vierteljahr des Wintersemesters zu lang wird, wundert mich nicht: es geht mir fast jedes Mahl so: und ich bin daher auch so gütig dies Mahl Ihrer Hypochondrie keine Vorwürfe zu machen. Übrigens ist von Ihnen und von Lehrs neulich im Ministerium die Rede gewesen: ich weiss aber nicht, und frage auch nicht, in welcher Beziehung. Ich erzähl es Ihnen auch nur, weil es einem doch lieb ist wenn an ihn gedacht wird.

Die Druckfehler die ich proprio Marte in die Nibelungen gebracht habe, will ich auch proprio Marte anzeigen ohne mir Ihr Almosen dazu auszubitten. Es sind mir die ich selbst bemerkt habe schon zu viel.

Ich habe nicht vergessen dass ich vor Zittau noch einen Brief von Ihnen bekomme. Lieber wollt ich Sie kämen mit Hirzel.

26.

Berlin d. 5. Aprill 1841.

Lieber Herr Magister,

ich muss Ihnen nun gleich im ersten Feuer für die vor wenig Stunden angekommenen Gaben danken, ehe Sie noch das unglückliche Leipzig vereinsamen. Zuerst dank ich für das Reelle, das bedeutende Honorar von 3 *Rthlr.*: an das übrige komm ich mit der Zeit,

---

*) [In den n. Jahrb. f. Philol. u. Pädag. Bd. 31, 4. 1841 S. 456 —460: Klein. Schriften z. class. Philol. S. 37—41.]

während mein Gast sich nach dem *pterygion* umthut. Es ist der Subconrector Ahrens aus Ilfeld, der sich von Dieffenbach wegen des Schreibekrampfes hat eine *tenotomia* (so) *subcutanea* über sich ergebn lassen, wie es scheint, mit gutem Erfolg. Ich habe an Schneidewin ungefähr folgendes geschrieben*).

Pterygion, noch dazu als Masculinum, ist nichts. Es muss heissen *perihodoe*, welches sich aber das erste Mahl bei der schlechten Lesekunst Müllers nicht rein herausbringen lässt. Die echten Saturnii wollten nicht reine Füsse ergeben: die des Lävius haben den Vorzug (*eoque nomine aptior est*), sagt der Excerptor, dass von ihnen *nihil praecipitur*, dass sie gar keine Regel haben, man sie also nur in übliche Füsse zu theilen braucht und diese zu zählen. *et solent esse perihodoe eorum* (oder *pedum*) *senum denum* etc. Natürlich haben sie auch andre Fusszahl: aber diese Zahlen müssen auf das ausgehobene Beispiel passen, auf die zwei *perihodoe Phoenicis Laevi, id est primae odes erotopegnion.* Nun aufgeschaut.

Venus amoris altrix, genetrix cupiditatis,
> *inque, diem plenum hilarulum praepandere cresti opitulae tuae ac ministrae?*

Inque, sage, ist des Lävius würdig: doch kann es Müller auch wohl verlesen haben. Ich werde das Schema in 16 zwei- und dreisilbige Füsse theilen.

⏑⏑⏑, –⏑, –⏑, ⏑⏑–, ⏑⏑⏑, –⏑, ⏑⏑⏑, ––, ⏑⏑⏑, ––, –⏑⏑, –⏑⏑, ⏑–, ⏑–, ⏑–, –

In der zweiten περιοδος hat der Grammatiker (ich denke Cäsius Bassus, in dessen Abhandlung vom echten Saturn. Verse bei Atilius Fort. dieselbe Art von Gelehrsamkeit herrscht) *gravis* angenommen, da *gravi'* bessern Rhythmus giebt.

---

*) [Die folgende Erörterung über das Capitel des Charisius stimmt in wesentlichen Punkten mit der Beilage zu 27 überein, die sorgfältiger ausgeführt ist, während jene zuletzt in ein Brouillon auszulaufen scheint. Der Brief 26 sollte also wohl durch 27 nebst Beilage ersetzt werden. Nichts desto weniger schien es gerathen, beides neben einander zum Abdruck zu bringen.]

*Tametsi ne utiquam quid foret, ex pauida graui' dura je-
ra aspera, quae famulas potui
dominio accipere superbo.*

υϊ, ϊϋϋ, - ϊ, ϋϋ_, ϋϋ_, ϋϊ, _ϋϋ, _ϋϋ, _ϋϋ, _ ϋϋ, ϋ-, ϋϋϋ, ϋ-, -

Fünfzehn Füsse für den Grammatiker. Für uns ist der gleiche Ausgang schon vor der trochäischen Reihe auffallend. Die Frau beschreibt die Raserei der Liebe, wie sie, obgleich kein Grund war,
hart geworden sei und die Mägde *dominio superbo*, d. h. so ziemlich *verberibus*, empfangen habe. Aber ja nicht *dominium* schon
in der späteren juristischen Bedeutung, sondern nur mit Anspielung
auf *domina*, in der alten, *epulis accipere superbis*. Dies scheint
mir, soviel wir davon wissen, so lävianisch als möglich. Der Accent
áccipére schien mir zuerst bedenklich: aber er ist es nicht bei einem
Dichter der auf griechische Rhythmen ausgeht. Von dem Übrigen
hab ich an Schneidewin nur geschrieben dass das folgende *Ū* doch
wohl *Uel* bedeuten müsse, und nicht *aut*. Sie hätten Hermannen
billig sagen sollen dass der Haken nach αποθεωσι; bedeutet *eius*. In
den Keronischen Glossen steht p. 271 *Tot. idē. fomanike. Ꝑdem.
theffelpin. numeri. zala.*) Übrigens hab ich von dem Tragischen
und dem Schlusse nichts heraus gebracht. Die hermannischen einfachen Rhythmen können weder im Lävius noch im Accius richtig sein: denn 1.) war doch Cäsius Bassus nicht völlig dumm, so
dass er iambische Trimeter oder Anapästen nicht erkannt hätte.
2.) Bei Lävius kann ich keine freien römischen iambischen Verse
annehmen, *O Vénus amoris ultrix genetrix cupiditatis*. Denn
seine dimetri sind immer rein. Und wie hätte auch dergleichen
einem Dichter geziemt, der offenbar die polymetrische Poesie der
dorischen Lyriker einführen wollte?**) 3.) In den Versen des
Lävius müssen sich durchaus die 16 und 15 Füsse nach Art der

---

*) Die tironische Note bei Gruter p. xiv (wer kann den Kopp
haben?) ist ähnlich.

**) Bei ihm kann auch *tametsi* nicht die gewöhnliche Quantität
wie bei den Komikern haben.

römischen Metriker heraus scandieren lassen, und das geht bei den
hermannischen Versen nicht.

ασυν. Ευριπιδ. τεσσαρεσκαιδεκασυλλ. Heph. p. 94 G. Εως ηνιχ
    ιππστας

 — Αρχιλοχ. Heph. p. 83 Ερασμονιδη [von Haupt mit Bleistift
    beigefügt *Censorin. de Saturn.*]
 — Κρατινειον Heph. p. 96
    Soph. El. 1428. Trachin. 966 Phil. 202.

Beilage zu 27.

Dass das Stück über die saturnischen Verse würklich von
Charisius*) selbst abgeschrieben ist, will ich gern glauben: das
heisst aber nicht mehr als dass es schlecht abgekürzt sein wird.
Es ist aus der Art der Gelehrsamkeit leicht abzunehmen dass die
Quelle nur Cäsius Bassus sein kann, aus dem die römischen Metriker
alles Gute haben. Eben darum ist aber unmöglich dass die Verse
des Lävius so gleich gemessen waren wie Hermann will, oder die
des Accius gar iambische Trimeter und Anapästen: denn dergleichen
muss Cäsius Bassus gekannt haben.

Seine Lehre vom wahren saturnischen Verse findet sich bei
Atilius Fortunatianus p. 2679, bei Marius Victorinus p. 2586, und

---

*) [Es ist das von Schneidewin in dem Göttinger Rectoratspro-
gramm 1841 herausgegebene: *Flavii Sosipatri Charisii de versu Saturnio
commentariolus ex codice Neapolitano nunc primum editus.* Lachmanns
Ausführung, sowie was er hier und in Br. 26 an Schneidewin geschrieben zu haben angiebt, ist m. W. ungedruckt geblieben. Haupt
in den *Observat. crit.* (1841), die später ediert sind (s. unten 29 S. 86),
als diese Briefe Lachmanns geschrieben, bemerkt S. 43 (opp. 1 S. 116)
*ne dicam de evulgato nuper, sed nondum emendato neque recte lecto Charisii
capite, quod in simili Caesii Bassi errore versatur;* auch H. Keil erwähnt ihrer nicht, weder im Philolog. 3 (1848) S. 90ff., wo er die
handschriftliche Lesung feststellt und das Capitel eingehend behandelt, auch auf andere Behandlungen (s. Zeitschr. f. d. Alterthumswiss.
1841 n. 45) verweist, noch in der Ausgabe des Charisius (1857)
S. 287 fg.]

kurz bei Terentianus 2497. Die verglichenen griechischen Metra sind die drei ασυναρτητα, das Euripideische, das erste des Archilochus, und das Kratinische, bei Hephästion p. 94. 83. 96 Gaisf.

$$\cup \underline{\angle}\cup\_\cup\_\cup\_, \angle\cup\_\cup\_\cup$$
$$\overline{\cup}\underline{\angle}\cup\cup\_\cup\cup\_\cup, \angle\cup\_\cup\_\cup$$
$$\angle\cup\cup\_\_\_\cup\cup\_, \angle\cup\_\cup\_\cup\_$$

Diese drei Verse sieht er als Variationen eines einzigen an, welche die römischen Dichter unter einander gemischt hätten. Also der Hauptbegriff der saturnischen Verse ist ihm dass sie ασυναρτητοι sind, dass sie aus Theilen bestehen die nicht mit Einem Fusse und dessen gewöhnlichen Veränderungen können gemessen werden. Die sechs Hebungen, sieht man wohl, waren ihm klar, und wenn er bloss auf die factische Erscheinung sah, wird er gegen die Ansicht nichts einzuwenden gehabt haben die p. 2588 dem *Thacomestus* zugeschrieben ist, dessen verderbter Name bei dem älteren Marius Victorinus nicht den Lehrer des Priscian *Theoctistus* bedeuten kann. Die Meinung war, er habe sechs Hebungen, die Füsse seien aber sehr schwankend, Spondeus Iambus Pyrrhichius Pariambus Dactylus Trochäus Anapäst. Der Pariambus wird hier nicht der Bacchius sein, wie bei Diomedes p. 475, sondern statt *pyrrhichium* muss *tribrachum* gelesen werden. Dies habe ich von Ahrens.

Nun kommt die neue Gattung von Asynarteten mit unbestimmter Zahl von Füssen. *sunt item Saturnii quinum denum et senum denum pedum.* Sie bestehen aber auch aus ungleichen (*ametron*) und unregelmässig wechselnden (*novum*) Füssen. *in quibus similiter novum genus pedum est et ipsum ametron.* Hier giebt es auch noch nicht einmahl die schwankende Regel der saturnischen Verse. *de quibus nihil praecipitur.* Wenn sich Cäsius Bassus so ausgedrückt hat, so hat er doch (denn er ist gar nicht kurz) gewiss noch viel hinzu gesetzt: daher ist der Mangel des Subjects in dem folgenden excerpierten Satze nicht zu verwundern. *eoque nomine apertius quidem est* (oder auch *apertior*). In den eigentlichen saturnischen Versen weiss man wohl wie der Rhythmus sein muss, und die Noth ist nur die Füsse heraus zu

bringen: hier sind gesetzlose Verbindungen von sicher zu messen-
den Füssen. Hier misst man sechzehn mit Sicherheit, dort sieben
mit Zweifel. Im Folgenden lohnt es nicht sich mit dem *pterygion*
zu plagen: weder ein Theil eines Gedichtes noch eine Art von Versen
kann so heissen. Ich habe mich daher bald entschlossen *perihodoe*
zu lesen. Das *p* und *pr* auf dem Rande bezeichnet wohl auch einen
Zweifel über das vielleicht sogar griechisch geschriebene Wort.
Der erste Satz hat auf jeden Fall einen deutlichen Sinn, mag man,
wie Ahrens will, *pterygiorum* als aus der folgenden Zeile herauf
gezogen streichen, *et solent esse summi senum denum, sequentes
quinum denum*, oder, wie ich an Schneidewin geschrieben habe,
noch einfügen *perihodoe* (oder *perihodoe eorum*) *pedum*, wo es
dann aber *summae* heissen müste. Ich stimme daher Ahrens bei.
Summi versus für die zu oberst auf der Seite stehenden Verse hat
Bassus leicht geschrieben, schwerlich ein späterer Grammatiker.
Auf die Sache ist gewiss nur insofern Werth zu legen als die 16
und 15 Füsse in den Versen des Lävius herauskommen müssen:
denn auf die des Accius bezieht sich die Zahl nicht, wo es ja nur
heisst *de quibus aeque nihil sane praecipitur*. Und dass etwa
dieser Wechsel in dem ganzen Phönix des Lävius durchgeführt
sein sollte, daran ist gar nicht zu denken: wie sollte Bassus den
verlegenen Dichter durchscandiert haben? Das folgende muss wohl
ein Paar Silben mehr haben als bisher ergänzt sind, *quales sunt
perihodoe Phoenicis Levi, id est primae* (oder auch *septimae*
oder *decimae*) *odes erotopaegnion*.

Die erste Periodos (denn sie sind durch Absatz und grossen
Anfang getrennt) hat nur Schneidewin unrichtig gelesen. Müller
muss aber in dem *inq̄* gefehlt haben. Hermann hat zwar *in quae*,
ich glaube als Ausruf 'auf welche Freuden hast du mir diesen Tag
vorbreiten wollen!' Aber das blosse *quae* scheint mir zu kahl.
Ich habe an Schneidewin geschrieben *inque*: allein dies geradezu
für *dic*, ohne *oratio directa*, ist nicht lateinisch. Jetzt glaube ich,
Müller wird links oben am *i* den kleinen Haken, der *a* bedeutet, für
einen nichts bedeutenden Strich gehalten haben. Nach dem was

wir von Lǟvius wissen, kann er ein den Liebesgenuss erwartendes Weib wohl sagen lassen

> *Venus, amoris altrix, genetrix, cupiditatis, ain?*
> *quae diem plenum hilarulum praepandere cre-*
> *sti opitulae tuae ac ministrae.*

Die Rhythmen sind klar,

◡◡ ◡‒◡‒, ‒◡◡‒, ◡◡ ◡‒◡◡‒, ‒◡‒‒◡◡ ◡‒‒◡◡‒, ◡◡ ◡‒◡‒◡‒‒

Und wenn man das nach römischer Weise in die üblichsten zwei- und dreisilbigen Füsse zerlegt, so sind es sechzehn.

◡◡◡, ‒◡, ‒‒, ◡◡‒, ◡◡◡, ‒◡◡, ‒‒, ◡‒, ‒◡◡, ◡‒, ‒‒, ◡◡‒, ◡◡◡, ‒◡, ‒◡, ‒‒

Gegen Hermanns einfache Iamben und Choriamben ist dass der Grammatiker sie, trotz der Auflösungen, nothwendig hätte erkennen müssen. Einen Dactylus in der vierten Stelle des iambischen Verses

> *O Vénus amoris áltrix genetrix cúpiditatis*

hat sich Lävius sicher nicht erlaubt, da er ja offenbar durch seine *polymetra* die dorische Lyrik einführen wollte: auch sind seine Dimeter nach griechischem Gesetz gebaut. Eben darum ist es auch nothwendig in der zweiten Periodos *tametsi* streng und nicht nach der Weise der Komiker zu messen. Übrigens ändre ich auch hier nichts, ausser *famultas* in *famulas*.

> *Tametsi ne utiquam quid foret, ex pavida gravi' dura fe-*
> *ra aspera, quae famulas potui*
> *dominio accipere superbo.*

Das System ist schon vor dem trochäischen Schlusse dem ersten gleich. *áccipére* hat in griechischen Rhythmen kein Bēdenken.

◡‒‒◡◡‒, ‒◡◡‒◡◡‒◡◡‒◡◡‒◡◡‒◡◡‒, ◡◡ ◡‒◡◡ ◡‒‒

Der Grammatiker fand 15 Füsse, indem er *gravis* nicht abkürzte.

◡‒, ‒◡◡, ‒‒, ◡◡‒, ◡◡‒, ◡‒, ‒◡◡, ‒◡◡, ‒◡◡, ‒◡, ◡◡‒, ◡◡◡, ◡‒, ‒

Die Frau beschreibt die Gewalt der Liebe, durch welche sie, die sonst Zaghafte, ohne Grund hart und grausam gegen die Mägde geworden sei. *Dominium* in der späteren juristischen Bedeutung ist bei Varro falsche Lesart: und ich bin nicht so verwegen sie hier dem Lävius unterzuschieben, obgleich er bei dem Ausdruck ohne

Zweifel auch an den Gegensatz von *domina* und *famula* gedacht hat. *Dominium* heisst *epulae, dominio accipere* also *epulis accipere:* und dass die *epulae* hier wenig Besseres als *verbera* sind, liegt nur in der Sache und in dem auch noch zweideutigen Epitheton *superbus.* Hier wenigstens hoffe ich dem intricaten Geiste des seligen Lävius recht auf die Spur gekommen zu sein. Aber nun ist auch die Freude vorbei: denn in dem Folgenden wage und erkenne ich nichts mehr. Wenn sich nicht Niebuhrs Abschrift wieder findet oder Heyse einmahl einen Ausflug nach Neapel macht, so ist für jetzt keine Hoffnung etwas Erspriessliches zu erlangen. Der nächste Buchstab scheint mir *Ū* sein zu sollen, also *Vel*, nicht *Aut*. Die ersten zwei Trimeter, die Hermann aus den Epigonen herausbringt, ich gestehe es, sehen ganz hübsch aus: aber ich kann nicht helfen, es soll nur Ein Vers sein, und wie sollte ein Grammatiker, der die alten Tragiker noch selbst las, zwei Trimeter nicht erkannt haben? Es muss wohl ein Vers aus einem *canticum* sein, und nicht aus einerlei Füssen bestehend. Das *Vel hic alius* will ich schon für recht halten, obgleich Müller *del* geschrieben hat: oder der grosse Künstler von dem *Arographum* ist? In der zweiten Stelle wäre die Ankündigung einer andern Person in Anapästen freilich das was man am ersten erwartet: sie hätte aber auch wieder den Grammatiker nicht überrascht. Also muss es wohl ein Stück von einem chorischen Gesange sein, wie z. B. in Sophokles Elektra 1428, Trachin. 966, Philokt. 202.

> *Sed iam Amphilochum huc vadere cerno et*
> *nobis datur bona pausa loquendi,*

wenn nicht auch noch das folgende Unlesbare dazu gehört: denn Hermanns *temere tamen Saturnius est dictus* ist mir, nach dem Zusammenhange der ganzen Lehre so wenig glaublich als sein darauf vorspielendes *idque (ametron) nomine aptiore quidem est,* worin auch der Ausdruck zu unverständlich ist. Der Chor freut sich dass Amphilochos ihn von einem angstvollen Gesange befreit. Am Schlusse seh ich nur eine Kleinigkeit, dass der Haken nach απο-βεωσις bedeutet *eius.* In dem Keronischen Glossarium steht p. 271

Tot. idē. ſomanike. Ðdem. theſſelpin. numeri. zala. (*Totidem, eiusdem numeri.*) Auch die tironische Note ist ähnlich, bei Gruter p. XIV: denn den Kopp hab ich nicht. (Ich wollte aber bei dieser Gelegenheit fragen was Endlichers Priscian für ein Buch wäre. Doch ich werd es ja wohl auf der Bibliothek erfahren. Ich sehe meine Dummheit ein: das Buch ist ja ein alter Bekannter.)

Von Ahrens kann ich noch zweierlei anführen, was ich verwerfe. Er will z. B. lesen *en quem diem*, indem er beide Perioden zusammen nimt und die zweite wie Hermann versteht. Ich glaube nicht dass *q̄* hier *quem* oder *quam* bedeuten kann.

Das woraus Hermann Z. 12 *oracli* macht, will er *uincli* lesen. Es kann sein, hilft aber fürs erste nicht.

Dass mein *ain* nicht sehr überzeugend ist, gebe ich zu: es kann nicht, weil wir den Zusammenhang nicht haben. *Tu quae* habe ich nicht gewollt, weil ich diese Rhythmen scheute, *cupiditatis tu quae diem* ⏑ ⏑ ‒, ⏑ ‒, ⏑ ⏑ ‒ Man müste denn *cupiditati'* lesen, ⏑ ⏑ ‒ ⏑, ⏑ ⏑ ‒ ‒ ⏑ ⏑ ‒ ⏑, ⏑ ‒ .... welches aber auch nicht viel taugt, wegen der widerstreitenden Interpunction.

27.

Berlin 12 Aprill 1841.

Liebster Herr Magister,

Vorstehende Beilage ist schon vor 8 Tagen geschrieben. Ich habe aber seitdem viel Störungen gehabt. Mein Gast, der Subconrector Ahrens aus Ilfeld, bleibt mir etwas lange, weil er um eines vermutlich durch seine und unsre Sünden verschuldeten Schreibekrampfs willen von Dieffenbach zum zweiten Mahl, weil das erste nicht gut genug war, mit einer *tenotomia subcutanea* bedient worden ist. In den letzten Tagen habe ich die saure Vorrede zum Bonner Gaius*) schreiben müssen. So bin ich noch nicht dazu gekommen für die neueste Sendung zu danken, nicht einmahl für die reelle Unterstützung meiner bedrängten Umstände**). Selbst in

---

*) [Siehe zu 13 S. 57; 25 S. 72; 28 S. 84 Anm.]

**) [Doch siehe 26 S. 73.]

Ihrer Zeitschrift bin ich noch nicht bis an Sie gelangt: warum haben
Sie sich auch so bescheiden zurückgezogen?

. Was den Rath der Götter betrifft, so hat mir Schulze*) gesagt (da es nur Geschwätz ist, kann ichs wieder erzählen) man
wolle Sie nach Halle vocieren für antike und germanische Philologie. Wenn das wahr ist, so denke ich, Sie werdens wenigstens
nicht unbesehen ausschlagen. Sie haben wahrscheinlich an Greifs-
wald gedacht: ich weiss aber nicht ob es wahr ist dass Geppert
dorthin soll gesetzt werden.

Auf die verzettelten Nibelungen**) (ich hoffe ja dass Sie den
Zeug nun ganz haben) bin ich freilich sehr begierig. Zu meinem
Ärger seh ich neulich das mir ganz unbekannte Serapeum, und
darin zum Verzweifeln ein Würzburger Nibelungenfragment***).
Hoffmann ist hier, kommt aber nicht zu mir. Das 'werthlose Blatt
Papier't) hat ihn geärgert, er scheints aber richtig verstanden zu
haben: denn er macht nicht Miene es irgend jemand zu zeigen,
z. B. nicht Grimms.

Benecke schreibt, er erfahre von Ihnen nichts, was ihn besorgt mache. Ob das auf seine Lexiconsprobe††) gehn soll, weiss
ich nicht.

Über das *praeoptat*†††) würde ich mich nicht sehr ärgern. Es
ist doch so gebraucht wie es das einzige Mahl wo es vorkommt
gebraucht ist, und bis zu einer Regel werden uns wohl die übrigen
Beispiele nicht führen.

Das gedruckte Blatt über den *Pindarus Thebanus* [s. 25 S. 72]
wollen Sie also nicht haben? denn Sie habens zurückgeschickt. Sie

---

*) [Vergl. 25 S. 73.]

**) [Für das Wörterbuch zu den Nibelungen; siehe zu 20 S. 60.]

***) [Serapeum 2. Jahrgang (1841) S. 50.]

†) [Siehe Lachmanns Vorrede zu den Nibelungen (2. Ausg.) S. IX
über die Handschrift *i*.]

††) [Vermuthlich die im 1. Bd. von Haupts Zeitschr. (1841) 'Über
ein mittelhochdeutsches Wörterbuch' S. 39—56 gedruckte.]

†††) [Vergl. 24 S. 71.]

sollen aber, obgleich es am meisten für Bibliothekare gedruckt ist, damit sie auf alte Handschriften passen.

Für *zunge* Dativ citiert mein Reimwörterbuch MS 2, 166ᵇ. Maria 43. 82. 127. 153. Warum soll es also in Margareten Marter [Z. 178] nicht stehn? die ich übrigens bis jetzt nur aus der Ferne bewundere*).

Von C. F. Hermann ist schon wieder ein neues Programm**) gekommen, ein gräulich steriles ohne alle Dialektik, für den schönen Satz dass das xenophontische Symposion als eine Verbesserung des platonischen gemeint sei, — weil Plato doch nicht werde den Zweck gehabt haben einen Verbannten zu widerlegen.

. Empfehlen Sie mich Ihren Eltern recht schön, und kommen Sie heiter und gesund wieder nach Leipzig. Von ganzem Herzen
Ihr
C. Lachmann.
14 Aprill.

28.

B. Pfingsten 1841.

Ich kann mein Pfingstfest kaum besser anfangen als wenn ich Ihnen zu der endlichen geringen Anerkennung***) Glück wünsche. Sie haben lange genug geduldig gewartet, so dass man dies Mahl wohl hoffen kann das Bessere werde nachfolgen.

Wegen des Wörterbuchs †) meinen guten Rath zu geben habe ich nicht geeilt, weil es nicht nöthig ist. Sie müssens natürlich so machen wie Sies am liebsten machen, weil Sies dann auch am besten machen. Wie könnte ich auch solch ein Narr sein und die grössre Vollständigkeit verschmähen, wenn Sie sie bieten? Sollte sie Ihnen

---

*) [Von Haupt im 1. Bd. seiner Zeitschrift 'Die Marter der heiligen Margareta' S. 151—193 herausgegeben.]

**) [*Ind. lection. aestiv. Marpurg. a.* 1841.]

***) [Wohl eine Gehaltszuerkennung, denn die Ernennung zum ao. Prof. war früher, aber ohne Gehalt erfolgt: vergl. 12 S. 45 Anm.]

†) [Zu den Nibelungen; s. zu 20 S. 60.]

6*

aber noch wieder leid werden, so sollen Sie auch dann Recht haben.
Nur ein Vorschlag ist der: könnte man nicht die Klage-Artikel wie
Noten unter den Text der nibelungischen oder auch unter jeden
einzelnen Nibelungischen in Notenschrift setzen? Wenigstens scheint
mirs bedenklich die Exempel aus beiden zu vermischen.

Meine Ferien hab ich schändlich verloren, so arg dass ich nicht
einmahl nach Potsdam gekommen bin. Ich hatte den Ahrens, weil
ich ihn leiden kann und um ihm etwas zu sparen, zu mir eingeladen und etwa auf 14 Tage gerechnet. In der vierten Woche ward
mir der Besuch langweilig, in der fünften und sechsten beschwerlich. Nach seiner Abreise, bei der sich nicht fand dass die subcu-
tane Schneiderei was geholfen hatte, kamen die Folgen des Über-
masses: ich habe fast 14 Tage einen Rheumatismus im linken Hinter-
fusse gehabt, eine Zeit lang mit sehr heftigen Schmerzen. So hab
ich denn nur eben das Nöthige zu Ulrich von Lichtenstein*) und
eine Vorrede zum Gaius**) schreiben können, und die schwere Vorrede zum N. T. (der Schwierigkeit wegen fürs erste deutsch!) vor-
bereiten können, bin aber an die verdammten Glossen***) noch gar
nicht gekommen. Zwei Tage habe ich wenden müssen an die Anordnung zweier neuer abgekürzter Ausgaben vom Lessing: die eine
soll in einem Bande sein, die kürzeste in 10-12 Schillerbänden.
Die Briefe auszulesen steht mir noch bevor. Gedruckt sollen beide
wo möglich am Ende Juli sein. Übrigens kostet der Lessing Cottas
nur 10000 *Rthlr.*: denn andere gegenseitige Geschäfte seien nicht
in einer Summe zu bestimmen, sagte Herr Roth.

Es freut mich zu wissen dass Sie den französischen Flore†)
haben, den ich übrigens schon gelesen habe. Er ist interpoliert
und abgekürzt. Ich denke an den Flecke nicht eher als bis Sie mir

---

*) [Ulrich von Lichtenstein. Mit Anmerkungen von Theodor von
Karajan. Herausg. von K. L., der 'dem Freiherrn Karl Hartwig Gregor
von Meusebach am sechsten Iunius 1841' dargebracht wurde.]

**) [Vergl. 27 S. 81 und 29 S. 86 Anm.]

***) [Vergl. zu 25 S. 72.]

†) [Siehe zu 4 S. 14 und vergl. 29 S. 87.]

die ersten Verse emendiert haben: ich komme nicht durch; auch nicht 'mit Zuhülfenahme' (so schreibt Karajan) der andern Handschrift, aus der der Anfang im Grundriss steht.

Ich lasse Hermann schön danken für das Programm über Philoktet*). Aber es geht ihm wie Bentley im Alter, er verliert alles Mass im Conjecturieren. ἐxεῖ für ἔχει [v. 22] ist wohl das einzige Plausible. Wegen Varro *de L. L.* VI p. 266 Sp. weiss ich nur dass es heissen muss *quam comoediam alii [Plauti alii Aquilii] esse dicunt***). Bei Gellius 3, 3 ist das erste *Aquilii* ohne Variante: in den Worten des Accius scheint *M. actii titi.* überliefert zu sein, so dass für *titi* ein Cognomen zu suchen wäre***). Soll es im Mercator 1, 1, 10 für *Eadem Latine Mercator mattici* heissen *Marci Atti erit?* und sind die zwei Verse echt? Bei Varro *de L. L.* VIII p. 419 *Omnia fere nostra omnia* (l. *nomina*) *libera [uiri]lia et muliebria multitudinis, cum recto casu fiunt, dissimilia, cum* (l. *cum*) *dan[di, eadem sun]t. dissimilia, ut mares Terentici, femina ē* (l. *feminae*) *Terentiae. eadem* (die Hdschr. *ea^{dem}* aber von derselben Hand) *in dandi, uirēis* (L *uireis:* denn das *ei* hat erst der Flor. Schreiber getilgt — oft deutlich) *Terenticis et mulieribus Terentieis. dissimile* (so die Hdschr.) *Plautus et Plautius, et comune uthuius* (l. *Ortulus* oder sonst ein Komödienname) *Plauti et marci* (l. *M. Acci*). So hat die Handschrift, nicht *Marci Plauti.* Der letzte Satz ist darum kürzer und nicht an die Ausführung angeknüpft, weil er Varro erst später eingefallen und nachgetragen ist. Einen Komiker *Atilius* citiert Varro VII p. 367 und in einem Nachtrage p. 384f., Cicero ad Att. XIV, 20, 3, Vulcatius Sedigitus: und Varro könnte wohl wie Vulcatius vortheil-

---

*) [*Retractationes adnotatorum ad Sophoclis Philoctetam.* ed. a. 1841, wiederholt im 8. Bd. der Opuscula S. 185.]

**) Nein. Ich habe bei Gellius nicht beachtet dass Varro *iam occupatam alio nomine vindicavit Plauto.* Also ist richtig für *alii* ein Name gesetzt, und zwar glaub ich *Atili.*

***) [Vergl. hierzu Lachm. in dem Prooem. zum Lectionskatal. f. d. Wintersem. 1849/50. Klein. Schrift. z. class. Philol. S. 71.]

hafter von ihm geurtheilt haben als Cicero, oder eben die *Boeotia*
nicht so hart gefunden als andere Stücke des Atilius. Am Ende
ist bei Varro *Atili* das wahrscheinlichste, und bei Gellius *Atilii*
und *M. Atilii*. Bei Cicero finde ich ganz unanstössig *Non scite
hoc enim Atilius poeta durissimus?*

Ich freue mich auf den väterlichen Spass, und auf die Excerpte
aus Tibullius*), deren ja nachgerade so viele werden dass man eine
akademische Abhandlung daraus machen könnte.

29.

B. 12 Sept. 41.

Lieber Herrr Nichtdesignatus, ich hatte würklich den Genie-
streich vor, Freitag mit der Eröffnung der Eisenbahn nach Leipzig
zu segeln und Ihnen gestern zu opponieren**). Aber es war mir zu
genial, da ich doch wills Gott nächsten Mittwoch in Leipzig eintreffen
werde, mit Bekker und seinem Sohn, auf dem Wege nach Bonn.

Den kleinen Gaius haben Sie nicht bekommen, weil der filzige
Evangelist Marcus, den Sie doch ja nicht für den Urevangelisten
halten mögen***), mir nur 6 Ex. geschickt hat, und weil Tacitus
sagt Wir Franzosen (Lessing v, 36) *muneribus acceptis non obli-
gamur, vinclum inter hospites comitas*†). Die Mahnung durch

---

*) [S. zu 5 S. 22 und 45 S. 123.]

**) [Am 11. Sept. 1841 war nicht die Ernennung zum a. o. Pro-
fessor erfolgt (s. zu 12 S. 45) sondern fand nur die übliche Habili-
tation oder Inauguration als ao. Prof. statt, nach deren Erledigung
Haupt aufhörte ein designatus zu sein: zu diesem Zweck hatte er die
Observationes criticae (Lips. 1841) geschrieben (vergl. S. 8 Opp. 1, 80 *a
publico colloquio, cui haec scribo*), gegen welche Lachmanns Opposition
sich richten wollte und in diesem Briefe richtet. Vergl. auch 45 S. 123.]

***) [Vergl. 14 S. 49. — Der kleine Gaius, *opus Goeschenii morte
interruptum absolvit C. L.*, erschien 1841, Vorr. v. 12. April 1841. S.
oben 7 S. 30, 18 S. 57 u. zu 27 S. 81.]

†) [Nach Tacitus Germania 21 *gaudent muneribus, sed nec data
imputant nec acceptis obligantur: vinclum inter hospites comitas*, letzteres so nach Lachmanns Verbesserung, die später Haupt aufnahm:
s. zu (1848) 79; u. zu Lucr. 4, 1202.]

den Uhlandischen Flore versteh ich wohl, aber sie verdreusst mich*).
Das Heft**) hab ich noch nicht angesehn. Aber hier ist meine
Opposition gegen die Dissert. S. 37 *A?* bei Tibull heisst nur,
Heinsius hat zu dem *At* Murets keine Variante angemerkt. Übrigens
hab ich zu *ac* und *atque* zum Gaius eine Anmerkung, nämlich dass
er *ac* für *und* nur Einmahl setzt usw. [p. 167 zu II 188 n. 7].
S. 45 muss ein Druckfehler***) sein im Verse des Lucilius, wie Sie
ihn lesen wollen. Ein Deponens *lanjucor* wäre das bequemste. Gehört die *Gretea* [s. S. 23. 25] ins zehnte Buch? S. 50 An *it*
glaub ich nicht. Die *fama* der Frau ist, *eam turpiorem vivere et*
(d. i. *ipsa*) *saecli luxuria*. Übrigens glaub ich jetzt dass mit dem
Distichon die Elegie schliessen muss†). S. 55 ὅτ' ist noch zu
beweisen: es ist schlimmer als τοῖ' ἄττα. ἢ δυοῖν φρεσὶν νοεῖ?
S. 70 *pulcris* kann ich nicht glauben, aber *crebris* liegt auch nicht
nah genug††). Für das Viele das man daraus lernt will ich aber
recht schön gedankt haben und nur um baldige *vitam Catulli*†††)
bitten. Die Untersuchung über die Stellung von *et* und καί ist sehr
schön und bewundernswerth: aber ich hätte sie, ich, nimmer mehr
gemacht, weil sie im Ganzen wenig festes Resultat giebt. Freilich
ist es schön mit den Zeitgrenzen: und es ist auch etwas zu wissen
wer häufig oder selten die neuere Weise befolgt. Den Pindarus Thebanus haben Sie mit Recht ausgelassen, weil man keinen Text hat.

Adieu auf ein Paar Tage. Mittwoch übrigens, oder Donnerstag, ist so sicher noch nicht.

---

*) [Vergl. 28 S. 84 f.]

**) [Von Haupts Zeitschrift (1. Bd. 1841): s. folgend. Brief S. 88 f.]

***) [Den auch der Herausgeber der *Opuscula* Haupts zwar be-
merkt aber nicht hat beseitigen können: s. dessen Anm. 1 S. 118.]

†) [Vergl. (1845) 61.]

††) [*Crebris* hat Haupt in seinen Text des Catull aufgenommen.]

†††) [Welche Haupt in den Observ. crit. p. 24 (Opp. 1, S. 97) verspricht, *rectius expositurus esse mihi videor in alio libello, in quo de vita
et carminibus Catulli disseram.*]

30.

Berlin 27 Nov. 41.

Liebster Herr Magister,

Wenn ich Ihnen nun etwa aus Neid noch nicht zu Ihrer'Veränderung'*) Glück gewünscht hätte? So könnten Sie das wohl übel nehmen, aber Ihre Braut würde doch schwerlich so grausam sein. Ich hätte also einen vorehelichen Zwist veranlasst, der sich am besten schlichten wird, wenn Sie nach meinem Rath und Wunsch recht bald zur Beilegung aller Feindseligkeiten schreiten ohne Beiten und Streiten.

In der jetzigen Heiterkeit macht Ihnen vielleicht mein gedruckter Process**) einigen Spass, und das sollte mir lieb sein. An folgende Herren und Frauen müssen Sie schon mir zu Lieb Exemplare 'überreichen.'

Hr. Prof. Haupt. Dessen
würklicher und
Wahnschwiegervater. *Concubine, nuces da.*
Die löbliche Weidemann'jsche Buchhandlung
Puchta
Marezoll
Hr Dr Schellwitz.

———— 7

Hirzel schickt mir einen Nachdruck, für den ich danke. Das zürcherische Volk muss würklich sehr gebildet sein, wenn ihm die Erziehung des Menschengeschlechtes taugt.

Dass ich die *warnunge***) noch nicht gelesen habe, werden

---

*) [Der Verlobung mit Gottfried Hermanns Tochter Louise.]

**) [Die mit den erforderlichen Beilagen ausgestattete Schrift 'Ausgaben classischer Werke darf jeder nachdrucken. Eine Warnung für Herausgeber von K. L.' Berlin (10. Nov.) 1841: abgedruckt in d. Klein. Schriften z. deutsch. Philol. S. 558—576.]

***) [Von Haupt in seiner Zeitschr. 1. Bd. (1841) S. 438—537 herausgegeben. Auf diesen Band der Zeitschr. beziehen sich auch die weiteren Bemerkungen Lachmanns.]

Sie wohl verzeihen.　　　Schmeller hätte S. 411 wohl anmerken können dass eine viel bessere Übersetzung des Capitels der *Gesta Rom.* in Bodmers Boner S. 255 steht. Kellers *Gesta* hab ich noch nicht gesehn.　　　S. 431 ist falsch getheilt. *der sol sin | - bi dem win!. den lantfride | - do mitte - wil ich erzellen.*　　　S. 432 ist noch so ein Fehler, den ich nicht heben kann.　　　S. 577 *azzardo* steht nicht in der Crusca und ist gewiss nur aus dem Französischen.

Massmann wird wahrscheinlich wieder kommen und hier bleiben. Ist ihm und dem Turnen gut. Wenn er nur nicht zuviel Altweibersommer mitbringt. Statt es gelten zu lassen dass des Pfeiffers Person dem Karajan mit oder ohne Grund nicht gefällt, zeigt er dem P. einen Brief von K. und lässt ihn eine förmliche Recension darüber schreiben, gegen die meine über den Sachverständigenverein zart ist, selbst mit dem weggelassenen Schlusse, der so lautete.

Wieviel bleibt nun von dem ganzen Gutachten vom 19. Febr. übrig, das einem Philologen oder einem Juristen oder einem Buchhändler Ehre macht? Sie können Sichs beischreiben. Klenze konnte nicht gut fragmentierte Inschriften sehen ohne gleich ein bischen zu ergänzen.

Haben Sie schon einmahl vor vier Zuhörern gelesen? Das thu ich jetzt den Parzival. Es ist mir aber doch fast zu mühsam, und ich muss mich mit meiner Tugend trösten.

Wem Sie mich empfehlen sollen, brauch ich nicht zu sagen: ob Sies aber thun, ist Ihre Sache.

1842.

31.

Mein lieber Freund,

Um nicht durch Überraschungen etwas zu irren, will ich Ihnen hiermit kund thun, dass ich morgen Mittwoch um halb drei Uhr in Leipzig ankomme. Dass ich mich so zum Polterabend*) einlade

---

*) [Die Hochzeit fand am 7. April 1842 statt.]

ohne gebeten zu sein, ist unvermeidlich: Sie können mich aber weg-
weisen. Schönste Grüsse, und tausend Dank.

L.

32.

Liebster Herr Magister,

Mit dem schönsten Grusse an Sie und die Frau Magisterin
schicke ich dankbarst den kleinen Hartmann*) wieder. Ich habe
so schnell gelesen als möglich, unter den letzten Geburtswehen des
Gaius**) und den ersten des Iweins: der zweite Bogen von diesem
ist gesetzt und corrigiert; so dass ich doch zu Beneckens Jubileum
am 3. August dem alten Mann wenigstens die Probe schicken
kann***).

Müllers armer Heinrich ist recht schlecht: über Wackernagel†)
wundre ich mich aber auch täglich im Collegium. Nicht einmahl
[326] *si suoze,* nicht einmahl [446] *wan ich müeste haben eine
magt* usw.

Die Abhandlung über Homer††) fordert nicht sonderliches Aufpassen, sondern nur dass man den halben Homer würklich dabei
lese. Das heisst freilich so viel als dass sie für niemand geschrieben ist.

Gott befohlen.

15 Juli 42.

------

*) [Die Lieder und Büchlein nebst dem A. Heinrich von Hartmann
von Aue, welche Haupt zu Bonecke's Jubiläum, 3. Aug. 1842, vorbereitete, dem denn auch die ersten Bogen (s. Vorr. S. xix) nebst
Widmung überreicht werden konnten.]

**) [Die grosse Gaiusausgabe, die Lachmann nach Göschens Tode
(s. 7 S. 30) neu herauszugeben übernommen hatte: *C. L. ad schedas
Goeschenii Hollwegii Blumii recognovit.* Berol. 1842 (Vorr. 25. Juni).]

***) [Vergl. Lachmann S. 362 dieser zweiten Ausgabe des Iwein.]

†) [Von Wilhelm Müller (Göttingen 1842) herausgegeben: von
Wackernagel im Lesebuch. Vergl. Haupt Vorr. S. x.]

††) [Die unter dem Titel 'Fernere Betrachtungen über die Ilias'
im J. 1841 gelesen und in den Abhandlungen der Akademie i. J.
1843 gedruckt worden.]

Erlauben Sie mir die Hahnische Frage zu thun, Haben Sie ein Reimregister über Hartmanns Werke gemacht? Ich möchte gern wissen ob nicht etwa gar die Form *zerunne* im 2. Büchlein 17 immer zu befolgen wäre. Ferner ob *bewegen* oder *erwegen* für *begeben* - [übergeschr.] Lied 6ᵇ [S. 19, 21] *sô muez ich mich ir bewegen*, den Freunden entsagen? Greg. 2499. Er. 2845 - nur im Iwein 5160, wo am Ende stehn muss *wan sî hete sich des bewegen de sî sich missetrôste daz sî* etc. [Nachtr.] Nun nun, nur gemach. Wortstellung und Vers sind gut wenn es heisst *und hete sichs libes bewegn.*

Der Ton 5 — 10 C [S. 6, 7 — 8, 28] bildet, sechs Strophen, 1) wahrscheinlich zwei volle Lieder. A hat 4 Strophen. Die erste und zweite, C 6.9, sind offenbar die älteren, in denen er ihre Liebe aufgiebt. Die letzte, C 8, enthält den Widerruf. Es ist also die Frage, Gehört die Dritte, C 10, zum ersten oder zu dem späteren Liede? und Wohin gehören C 5.7?

2) Die andre Annahme wäre, Es ist ein Lied von 5 Strophen, zu dem nachher der Widerruf C 8 hinzu gesetzt worden ist.

In beiden Fällen ist mit der Ordnung von C, mit der B ganz übereinstimmt, nichts anzufangen.

Gegen die Annahme, dass, wenn es 2 Lieder sind, C 10 zum Widerruf gehöre, würde sein dass 10 *ichn gert es nihtes mê wan muese ich ir als ê ze frowen jehen* nicht passen würde zu 8 *dur die wil ich mit fruiden sîn* und *von ir ich niemer komen wil.* Und überhaupt weiss ich die 2 Lieder nicht einzurichten.

Bei der andern Annahme ist alles gut.

  Erstes Lied. C 6. 9. 7. 5. 10. Widerruf C 8

    A 7. 8.   9   10

A kommt also wie gewöhnlich zu ihren Ehren*).

Muss es nicht im armen Heinrich [273] heissen *die wirs geherret wâren, und sî die niht verbâren.* Und was machen Sie

---

*) [Lachmanns Anordnung befolgt Haupt in seiner Ausgabe der kleineren Gedichte Hartmanns; s. Vorr. S. vi.]

mit dem Verse [289] *Swaz im ze lidne geschach durch in:* denn so gehts doch nicht. vgl. Greg. 2908. *gähne?*

33.

Ich antworte so schnell als es der gehetzte Iwein erlaubt, und der Gaius den ich in seinen letzten Momenten nicht verlassen darf*). Vor allem den schönsten Glückwunsch zum 81. Geburtstage und zu dem Ruf nach Marburg.

án Kundich [1. Büchl. 1186] ist sehr schön.

Erriute dich der bôsheit [1. Büchl. 809].

1471 1 B. 'aus vergleichung mit Iw.' ist nicht richtig. Ich wusste längst dass *het ich úf geleit* heisse Ich dachte, dass also die Negationen falsch waren; denn die Bezeichnung *niht sô wol als* [war] unrichtig, weil man nicht *wert* zu werden *gert,* sondern *der grüeze.* Ich hatte verbessert *sô volwert* (wie die erste Correctur beweist), als mich von diesem Abweg das 1. Büchl. zurück brachte, wo *vil lihte* ganz genügt hätte, wenn nicht beiderseit etwas verderblicheres zu suchen gewesen wäre**).

1544. Den Lohn *beherten úz unz an daz zil* scheint mir unbedenklich. Mit einem dinge *beherten,* also neutral *tweln* wäre erst zu beweisen.

1762 ff. *verre úz zeinlande* (Insel) muss ich vergessen haben aufzuschreiben. *dá* müste wohl *dan* heissen, von wo. Aber weder dies behaupt ich, noch weiss ich für *ich sawainde* Rath. Und was ist *tiefe sê* für ein Numerus? *sam ich stande über tiefe,* als ob ich über ein Meer trete, ist sehr armselig***).

Im 2. B. glaubte ich Abschnitte von 30 ~~Abschnitten~~ ^Versen^ (Stäudlin fing einmahl eine Stunde an 'Hochgeehrteste Abschnitte', statt Wir

---

*) [Siehe zu 32 S. 90.]

**) [Vergl. Lachmann zum Iwein (2. Ausg.) Z. 1190 S. 413 f.]

***) [Vergl. 34 S. 94.]

sind beim ... Abschnitt der Griesbachischen Synopse stehn geblieben) zu finden, wenn man die *tornada* abrechnete*). Ihre Rechnung ist mir neu: ich kann daher nicht darüber urtheilen. Warum
wäre das erste B. nicht vollständig?

Arm. Heinr. 274. Lässt sich in *verbáren* das Subject *herren* verstehn, wenn man nicht schreibt *und sî* (*eos*) *die* (*ii*)?

915. Ja, *nune mag ez dehein rát sín*. Aber nicht die schweizerische Form *dekein*.

1038. Zweimahl *ouch* soll doch wohl vorkommen. Wo nicht, so
setzen Sie *von der et daz gemüete*. Und was ist gegen *doch* zu
sagen?

Wer kann 33 etwas sicheres machen? *dekeine(n) wis der tugent*?
Warum schreibt denn W. nicht 326 *sus wonte sî suoze*?**)

Zu [584] *wan dun quæme in nie leider loch* habe ich notiert Klage
823 *bî nie deheinem tage* C. Marner 91 d *swer dar in komt, der
ist in leides hol geschoben*. Ich weiss aber nichts.   *Sálerne*

[446] *wan [daz] ich müese haben eine magt*   Wie ist Hiobs
[423] *swie ich niemen liep sî danne dir*   Name [128. 138 f.]
[647] *dû gihst dû wellest dîn leben*   zu schreiben? *Jácobe*
[1046] *ze liebe wart ir ungemach* scheint   hat Konrad. *Jobe?*
    mir noch das beste.

Der Vers [1366] *wie liep im triuwe und bermde ist* scheint mir
zu voll. Mir gefällt *wie liep im erbermde ist*.

[82]   *sîn hôch muot wart verkéret*
[718] ?*schœne, sterke, [noch] hôher muot*
[756] *nú verswig wir abe der nôt*
[724] ?*unser stæte bibende als ein loup*
[992] *manc mislich(iu?) beswærde. Mane* einsilbig Lied 2, 5
       Hagen.
[1266] *nein meister gesprecht mich ê.*
[678 f.] *des ich nách iuwerm gebote iemer sol vil gerne stán*

---

*) [Lachmanns Zählung billigt Haupt Vorr. S. vIII.]
**) [Vergl. 32 S. 90.]

Diesen Brief bitte ich ja der Frau Magisterin mitzutheilen: er wird ihr sehr interessant sein.

U. A. w. g.

Benecke ist 1792 an der Bibliothek angestellt, Doctor geworden viel später: ich glaube 1807, lieber Meusel.

34.

a. Haupt an Lachmann.

L. 3. august 1842.

mit nothgeschrei. *)

zwin]gt mich die verwünschte stelle **)

m]ein frummen mir vil sere schadet
da lebe ich sam ich sawainde
ober tieffe see die man hat
verre aus ze lande.

kann es nicht am ende doch *swande* heissen ***)? *swemmen* in der bedeutung über das wasser setzen hat der Suchenwirt einmahl transitiv, und dreimahl intransitiv; s. Primissers glossae.

Min frume mir vil sére schát.
já lebe ich sam ich swande
über tiefen sê dan man hût
verre úz zeinlande.

ich weiss dass ich Sie stark behellige, aber hoffe doch auf baldiges ja oder nein.

Ihr getreuer H.

Auf der Rückseite desselben Blattes

b. Lachmann an Haupt.

Swamde wollen wir Hagen lassen, wenigstens *swimmande* gemacht hätte. Nach

---

*) [Oben links ein Stück des Papiers abgerissen.]

**) [1. Büchl. 1761 ff. vergl. 33 S. 92.]

***) [Von Haupt in s. Zeitschr. 3 (1843) S. 274 von Neuem vertheidigt und eingehender begründet.]

Suchenwirts Präteritum *swemt*? Bei *swande* kon
nur an Frässe denken, selbst wenn *swemmen* den
Serpande und *helfande* werden wohl nicht helfen.
ist ein Vorschlag, den ich aber nicht verantworte.

> *jâ lebe ich sam mich swande*
> *der tiefe sê*

Aber es wäre erst zu suchen ob das *swenden* heissen kann.

Ich danke herzlich für 3 Bogen Hartmann und ein Heft Zeitschrift[*]), weiss aber S. 373 den Vers *der geschepfde ze lône*
nicht zu messen, und habe S. 382 grossen Anstoss an den zweisilbigen Wörtern die in der Cäsur des Nibelungen-Verses einsilbig
sein sollen. *Willekómen Wáté* scheint mir nicht tadelhaft.

Den schönsten Gruss an die Frau Magisterin.

4. August.

1843.

35.

Dem Herrn Magister meinen schönsten Dank für alle Freundlichkeit. Ihr Urtheil über Jahns Persius[**]) ist, fürchte ich nach
der ersten Probe die ich gesehn, nicht unrichtig. Es thut mir leid
da er persönlich so sehr liebenswürdig ist. — Über den Eraclius
kommen noch ein Paar Anmerkungen. Ich stelle ihn im Dialekt zum
Alexander, in Zeit und Kunstform zu Karlmeinet und Athis. Über
den Bischof mache ich mich etwas lustig, der hat lesen hören
Nolo mortem peccatoris, Daz kit als ichz vernemen kan usw. [***])
Die ganzen Anmerkungen richten meine Moralität zu Grunde. Ich

---

[*]) [Zweiter Band (1842), in dessen Nachträgen S. 572 unten
von Lachmanns Bemerkungen Gebrauch gemacht ist.]

[**]) [Vergl. 37 S. 102.]

[***]) [S. Lachmanns Anmerkungen zum Iwein (2. Ausg.) S. 495
und die Note. Über den Eraclius und Massmanns Ausgabe desselben
(Quedlinb. u. Leipz. 1842) vergl. ebenda S. 505; u. siehe folgenden
Brief S. 98 f.]

hätte es gewiss sonst nie zu einer so gründlichen Verachtung Massmanns Hahns und des halb verrückten Roth gebracht. Leider muss
ich sagen, in W. Grimms Anmerkungen pflegt auch weniger zu
stehn als ich gedacht habe. Der Hahn ist ja accurat wie Wellauer:
ochsendumm, allbekanntes mit zwei Beispielchen belegen, alle Ka-
nones mit zwei Beispielchen triumphierend in die Flucht schlagen.
Ettmüllern*) hab ich nur gekostet, aber er widerstand mir. —
Im Register zu den Altd. Blättern finde ich [nicht?] nachgetragen
Heinrich vom Türlin 148 ff.**) Doch gestehe ich mich des Inhalts
aus diesem wüsten Gedichte nicht zu erinnern. Haben Sie bemerkt
dass nach Massmann Veldeke etwas später als Zatzighofen gedichtet hat? Ist denn Neugarts *Cod. dipl. Alem.* ein so seltenes Buch
dass niemand im Register *Zazinchora* nachschlägt? Auch Hagen
macht ihn immer zu einem Baier***). — Auf dem gestern corri-
gierten fünften Bogen†) bekommen Sie einen kleinen Nackenstreich,
weil Sie die drei falschen Reime im Erec nicht mit einander verglichen haben. Es ist zwar nichts gesagt, aber es wird Sie ärgern:
und doch hätte ich Ihnen die Freude gern gegönnt die mir das
Finden gemacht hat. — Im Wörterbuch zu den Nibelungen††) säbe
ich gern stillschweigend folgendes vorausgesetzt. 300,2 *möhte*
419,2 *müsse*   797,4 *niemer* im Text, Verbess. *niemer mêre*
1091,2 vulg. *immer*   1501,2 *zebrast*,   1529,3 *nimmer*
    1737,3 *helde*   1983,2 *der*   287,4 *nimer* und *râtes*.
Sie finden oder haben gewiss mehr der Art: ich bitte aber um Anzeige, damit wirs haben wenn ich in meinem 64. Jahre zur dritten
Ausgabe komme.

L. 4. Merz 43.

---

*) [Vermuthlich die 1843 (Quedlinb. u. Leipz. bei Basse) erschie-
nene Ausgabe Heinrichs von Meissen des Frauenlobes Leiche, Sprüche
usw.]

**) [Vergl. Haupt in s. Zeitschrift 3 (1843) S. 384.]

***) [Vergl. Lachmann z. Iwein (2. Ausg.) S. 505 Anm. und unten
(1845) 60.]

†) [Des Iwein 2. Ausg., wenn ich nicht irre S. 401 f.]

††) [Siehe zu 20 S. 60.]

36.

Berlin, Quasimodogeniti 1843.

Lieber Herr Magister,

Ich wollte Ihnen gern noch in Zittau selbst abzuliefernde Grüsse an Eltern und Frau zusenden: nun werden doch die Zittauer vielleicht dem Briefe nur Cigarren und etwas vermutlichen Inhalt anriechen, und er wird Ihnen nach Leipzig nachgeschickt. Aber das kommt von unserem wilden Treiben in den Osterferien mit der Schar von Fremden. Was mich am nächsten berührte, war erstlich Lücke, der anderthalb Wochen bei mir gewohnt hat (wenn man mit seinem Wirte so ziemlich alle Tage zu Mittag und zu Abend ausgebeten sein Wohnen nennen kann), dann K. F. Hermann und Forchhammer, endlich Bergk der am 26. die Ida Meineke heiratet und sie am 27. heimführt. Zum Glück sind sie mir alle angenehm, den ewig sitzenden Weisse ausgenommen, auch Hermann, ob er gleich bei der Palilienfeier mit einer stockernsthaften trivialen Rede in den Spass hinein tapste. Er kann recht dienen einem Respect bei-zubringen vor dem graden Gegensatz aller Genialität. In so fern ist er meiner Moralität weit nützlicher als die Zusätze mit denen ich leider noch immer meine Anmerkungen zum Iwein nur buntscheckig mache und mich durch allerhand Grobheiten für den Ärger und die lange Weile räche die mir die schändlichen Ausgaben machen*). Was werd ich davon haben? Dass die Vossische Zeitung, wie neu-lich in N. 92 (ich habe das Blatt ausgeschnitten) sagen wird, statt vorzeitlicher Studien, die mit dem Fortschritt der Gegenwart nicht zusammen hängen, solle man den Durchbruch eines politischen Bewustseins in seinen Geburtswehen unterstützen durch moderne Publicistik. Dass der gute Hahn alles was ich als Regel hinstelle durch ein Paar Beispielchen bestätigen oder widerlegen wird**), ohne jemahls zwei Untersuchungen zu verbinden: alles übrige, was

---

*) [Vergl. 35 S. 95 f.]
**) [S. 35 S. 96.]

angedeutet oder angefangen ist, wird er sich aus geistiger Trägheit vom Leibe halten; selbst wenn ich in der Vorrede sagen sollte (was ich einigermassen im Willen habe), ich hoffte das Herausgeben erschwert zu haben*). Frommann**) scheint mir allerdings unter den Bassianern der einzige vernünftige Mensch zu sein: aber albern ist es dass er die echtfranzösische Poesie seines schlechten Poeten nicht interpungiert hat. Leyser ist vielleicht auch besser: aber seine Predigten schienen mir nach einigen Proben zu wenig angenehm. Lisch traue ich nichts zu, habe aber seinen Heinrich von Krolewitz auch nicht gelesen***).

Eine Anmerkung von Grässe hat mich sehr erfreut, die ungefähr so lautet. 'Die Ritter suchten so viel als möglich übernatürliche Ereignisse zu bestehen, welche sie *aventure* nannten, welches Wort schon im J. 377 n. Chr. vorkommt. s. Lachmann zu den Nib. S. 12.' Allerdings ist dieses celtische Wort daselbst 'aus J 377' angeführt. Bei einem Gebet in Diutisca 2, 289, in welchem *ich suntarin* vorkommt, zweifelt er ob es von Wernher von Tegernsee oder von Wernher vom Niederrhein sei. Haben Sie einen besondern Grund gehabt so einen Menschen im Serapeum†) zu belehren?

Massmann hat die Recension zehnfach verdient, die Sie zu

---

*) [Vorr. zum Iwein (2. Ausg.) S. viii 'wir haben beide genug gethan, wenn unsre Sorgfalt dem willig Lernenden hilft und den Auslegern oder Herausgebern anderer Schriften ihre Arbeit erschwert.' S. Haupt Vorr. zum Engelhard (1844) S. vii.]

**) [Dessen Herbort von Fritzlar 1837, der doch auch hier gemeint sein wird (und er gehört wenigstens mit zu der von Basse Quedlinburg und Leipzig veranstalteten 'Bibliothek der deutschen National-Literatur'), Lachmann zum Iwein 2. Ausg. S. 527 Anm. anerkennend nennt.]

***) [Welche beide auch zu den Bassianern gehörten, deren ersterer deutsche Predigten des 13. und 14. Jahrh. 1838, der andere Heinrichs von Krolewiz Vater Unser 1839 in diesem Verlag herausgegeben hat.]

†) [4. Jahrg. (1843) S. 80.]

seinem Besten in die Zeitschrift*) eingeschwärzt haben. Er wird
Ihnen auch wohl S. 180 nicht vorwerfen was Sie als doppelten
Druckfehler in den Addendis so bessern können, 4833 *Si héten
sich alle zerslagen*. Das Vorhergehende zeigt dass der falsche
Accent würklich ein Schreib- oder Druckfehler ist: Er wird nur die
falsche Ziffer merken. Seine verdrehte Eitelkeit ist doch würklich
schlimmer als des verstorbenen oder seligen Ziemanns Diebstähle**).
Dieses sein Lesebuch habe ich jetzt beim Buchbinder, um zu untersuchen ob man danach Litteraturgeschichte lesen kann: denn
den theuren Wackernagel kann man Studenten nicht zumuten, und
das von Hahn***), das mit Jacobsschen Sätzen anfängt und mit
dem Weinschwelg endigt, ist Narrenarbeit. Ich liesse meine Aus-
wahl†), mit althochdeutschem Anfange, wieder drucken, wenn nicht
viel Arbeit dazu gehörte und wenn ich alles was Wackernagel hat
vermeiden könnte. Indess will ich mich nächsten Winter darauf
besinnen, falls Sie dazu rathen. Diesen Sommer werde ich ja mit
dem entzettelten Nibelungenwörterbuche††) zu thun haben. Sie
sehen dass ich durch die Anmerkungen in die Stechmethode hinein-
gekommen bin, kurz dass meine Moralität von allen Seiten leidet.
Wenn an den Anmerkungen so lange gedruckt würde als Sie an
dem Wörterbuch arbeiten, so wäre ich zum Galgen reif wie der
selige Ziemann nach Wackernagel.

Wie Sie Leipzig noch mit gutem und sicherm Bescheid über
Hermanns Besserung verlassen haben (das berichtet Karl Friedrich),
so wird Ihre und Ihrer lieben Frauen Anwesenheit in Zittau die angefangene Genesung fördern. Also Glück zum neuen Semester, wenn
auch bei jetziger Zeit von vielen Seiten mehr Herbes zum Verschlucken

---

*) [3. Band (1843) 'Zum Eraclius' S. 158—182.]

**) [Über Ziemann vgl. Chr. Belger M. Haupt als acad. Lehrer
S. 327 f.]

***) [Vergl. 37 S. 102.]

†) [Auswahl aus den Hochdeutschen Dichtern des dreizehnten
Jahrhunderts. Berlin 1820.]

††) [Siehe zu 20 S. 60.]

gereicht wird als man mit genauer Angabe des Grades der Bitter-
keit darf drucken lassen.

Von ganzem Herzen

Ihr

C. Lachmann.

37.

Berlin 4. Juli 1843.

Seit Wochen schon, mein lieber Freund, will ich Ihnen schreiben und den vielleicht jetzt unnöthigen Grieshaber*) (ein Geschenk
von Hahn) schicken als Umschlag und Einschwärzer eines kleinen
Manuscripts für die Zeitschrift**), das gehörig fortgesetzt eine sehr
nothwendige Ergänzung der schaudbaren Arbeit Hagens werden
kann. Irrthümer verbessern Sie: besonders bitte ich die Noten zu
prüfen. Man kann Ihnen schon solche Arbeiten zumuten, da sie,
ohne den Geist zu sehr anzustrengen, doch zusammen halten. Es
wäre freilich besser wenn ich das nach Zittau bestimmte Exemplar
des Iweins hätte hinschicken können. Auch von Benecke war in
einer rührend alterschwachen Bestimmung über zu vertheilende
Exemplare dies nicht vergessen, und zwar sollte es, nebst einem
für Sie, von ihm allein kommen.

Warum ich von der Strophe ı 20 ıı (Grundriss S. 509) *Rît
od gît ein man gevangen und gebunden* gern eine Abschrift
haben mochte, wissen Sie nun schon, weil ichs Ihnen doch nicht
zu lange verbergen wollte***). Wilhelm Grimm zum Ruland gegen
Massmann†) (der uns nicht besucht; mich ohne Zweifel weil ich

---

*) [Ältere Sprachdenkmale relig. Inhalts (1842); s. Iwein (2. Ausg.)
S. 549 u. 526.]

**) [3. Band (1843) 'Strophenanfänge der alten Liedersammlungen
Aa Dd Hh R (Heidelb. HSS. 357. 350)' S. 308—344 und Fortsetzungen
von Lachmann und von Haupt.]

***) [Lachmann hat sie zum Walther 27,17 S. 152, dem sie nicht
gehört, mit Hülfe von Haupts Abschrift in verbesserter Gestalt abdrucken lassen.]

†) ['Der Epilog zum Rolandslied' von W. Grimm in Haupts Zeitschr. 3 (1843) S. 281—285; s. bes. S. 285.]

Sie gereizt haben muss*): denn der Iwein ist eben erst ausgegeben)
ist angelangt mit auf Mehr spannenden Beiblättern. Den *von Ab-
solône* bitte ich aber nicht auszustreichen, sondern zu emendieren.
Rudolf wird in dem spätern Werk nicht einen Dichter weniger genannt haben, und Jacobs Vermutung ist halsbrechend**). Ob er
mit einem nur zu alten thurgäuischen Vornamen *Bône* (s. Neugart
und Goldast) geheissen hat oder ein Edler *von Arbône* gewesen ist,
weiss ich zwar nicht, aber ein Thurgäuer wohl sicher. Hagens Litteraturgeschichte aus zusammen geschleppten Schenkungsurkunden
amüsiert und ärgert mich mehr je weiter ich sie kennen lerne. Dass
Leutold von Seven ohne weiters zu Leutold von Hagenau wird, dass
Gottfried von Strassburg als ein Verrückter diesen niemand ver-
ständlichen Namen statt des bekanntern gewählt hat, dass Leutold von
Seven 1143 gedichtet hat***), ist doch so dass es Massmann nicht
toller erfinden könnte. Schade dass ich IV S. 355ᵇ (auch S. 730-42.
807ᵃ steht nichts) die gräulich unterschlagenen 23 Strophen (vergl.
Diutisca 1, 113) nicht bemerkt habe†), als ich am Iwein war. Dort

---

*) [Siehe 36 S. 98 f.]

**) [Siehe Haupt Vorr. zu Hartm. Lied. S. xɪf. und Zeitschr. 3
(1843) S. 275.]

***) [Über Leutold von Seven oder L. von Hagenau s. v. d. Hagen
im ɪv. Bd. der Minnesinger (der 'Geschichte der Dichter und ihrer
Werke') S. 487—492 (vgl. 561ᵃ u. 757ᵇ): 911ᵃ wird ebend. die Zeit
von 'Seven (Hagenau)' auf 1147—1182 angesetzt, was Lachmann auch
zum Walther 82, 24 S. 199 tadelt. Aber das über Gottfried von
Strassburg bemerkte, wofern nicht ein Missverständniss vorliegt, ist
in der langen Auseinandersetzung über diesen nicht zu finden.]

†) [In Lachmanns Citaten ist ein Versehen oder eine Ungenauig-
keit. Graff (Diutisca 1,113) in der Beschreibung des 'Weingartner
Minnesänger-Codex' bemerkt 'auf S. 240 fängt ein Lehrgedicht an,
das 25 Strophen enthält und bis S. 251 geht', und theilt dann die
erste und die letzte Strophe von diesen 25 mit: welche beide von
der Hagen M. S. ɪɪɪ S. 355 b n. 3 u. 4 unter 'Frauenlob' aufgenommen
mit Bezeichnung der Hdschr. der sie entlehnt sind, aber ohne hier
oder ɪv S. 730—742 unter 'Frauenlob' oder ɪɪɪ S. 807 in den 'Lesarten' der übergangenen 23 Strophen zu gedenken. Wenn Lachmann

hab ich meiner Natur freien Lauf gelassen: jetzt*) muss ich mässig und anständig erscheinen, und thue daher meistens als ob ich Hagens *wunderlichez wunder* oder *kunder* gar nicht gesehn hätte. Dennoch steht in den neuen Anmerkungen hier und da etwas Litteraturgeschichte, und S. 126 kommt ein Zahlenregister, *Zeitordnung einiger lieder*.

Heute ist die Hochzeit des Sohnes von Eichhorn und der Tochter von Schelling. Ich habe dabei meine Gedanken, aber nur in Beziehung auf beider Persönlichkeit. — — Sie sehen, dass es Fritzsche, der Giessener, nicht allein ist der mein 'starkes Selbstgefühl' zu demütigen sucht. K. F. Hermann hat mirs zuerst abgemerkt, aber dem allein nehm ichs nicht übel. Dass ich weder Tischendorf noch dem nur blätternd gelesenen Kirchenzeitungler je mit einem Worte dienen werde, trauen Sie mir wohl zu. Aber Hermann weisen Sie doch die Darmstädter Kirchenzeitung: es wird ihn belustigen wie ich belehrt werde dass Philem. 9 τοιοῦτος ὡς für τοιοῦτος οἷος kann gesagt werden und der Sinn ist 'ein solcher wie ein alter Paulus.'

Der Persius von Jahn**) ist erst vorgestern angekommen und kaum angelesen. Aber Sie müssen gut corrigiert haben: denn ich finde ihn bis jetzt so schlimm nicht, sondern nur verdammt langweilig. Wer kann aber auch sagen wie Scaliger vom Persius '*non pulchra habet, sed in eum pulcherrima possumus scribere*'?

Haben Sie wohl gelesen dass das Brockhausische Unterhaltungsblatt***) Hahns Lesebuch sehr lobt, weil er wie Jacobs mit einzelnen Sätzen anfange, und zugleich vor meinen jetzigen Ni-

---

dies rechtzeitig bemerkt hätte, würde wohl der Tadel über v. d. Hagens Minnesinger in der Note zum Iwein 2. Ausg. S. 527 f. einen schärferen Ausdruck gefunden haben.]

*) [Im Walther.]

**) [S. oben 35 S. 95. Die Widmung an Lachmann trägt das Datum 24. März 1843.]

***) [Blätter f. literar. Unterhaltung 25. Juni 1843 n. 176 S. 703 f. in einer Besprechung der 'Übungen z. mittelhochd. Gramm. Mit Anm. und Glossar von K. A. Hahn'. Frankf. 1843. S. oben 36 S. 99.]

belungen 'warnt', weil sie den Genuss des 'Kunstganzen' stören.
Köchly*) ist aber auch ein echter Deutscher: er schliesst damit,
etwas Älteres im Homer aufzusuchen als ich thue, sei thöricht, kanns
aber doch nicht lassen alles aus dem ersten Eie zu produciren.

Meinem Geschwätze von gestern Abend kann ich heute Mittwoch
früh nur die schönsten Grüsse für Frau und Schwäher hinzufügen.

38.

   Lieber Freund,

ich hatte neulich den Engelhart nicht erwähnt aus Vergesslichkeit,
aber gefreut hab ich mich herzlich darüber. Nur machen Sie Anmerkungen, damit die dummen Jungen etwas davon merken. Sie
könnten die Verskunst wohl ganz abhandeln: Hahn würde die
'musterhaften' Verse dann erst mit Wollust durchklappern, und die
*sillaben an dem vinger mezzen***). Das zum Silvester***) war
zu einseitig: das habe ich gesehn, obgleich ich nur ein Paar Tage
geklappert habe, also gewiss nur wenig weiss. Das zweite Blatt
kommt so spät wieder, weil Hagen die Abschrift der K. Bibliothek,
wie alle deutschen Hdschr. die irgend jemand brauchen kann, im
Hause hatte und auf die Mahnung um 'sofortige' Rückgabe sie doch
noch von Sonnabend bis Freitag behielt. Dann aber waren alle
möglichen Störungen, Königsberger Besuche, Sitzungen, Disserta-
tionen und Prämienarbeiten zu lesen, Cäsarius von Heisterbach†)
zu lesen, der 6. Bogen zu corrigieren, der 8. in die Druckerei zu
schicken; so dass ich heute Sonntag *in doloribus* (nämlich in
rheumatischen Schmerzen, die Podagra zu werden streben) erst mit
dem Text das Beigeschriebene reformieren konnte. Für das Gedicht
an Meissen danke ich sehr: es ist durchaus schön, und giebt auch

---

*) [In der Zeitschrift f. d. Alterthumswissenschaft 1843 n. 1. 2.
3. 13. 14. 15 'Homer und das griechische Epos' Decemb. 1842: abgedruckt in Köchly's Philologischen Schriften. 2. Bd. (1882) S. 1—40.]

**) [Vergl. 1 S. 3.]

***) [In Haupts Zeitschrift 2 (1842) S. 371 ff.]

†) [Zum Walther, der eben gedruckt wird, S. 131. 134. 195 erwähnt.]

nicht den Anstoss wie der Gruss an die Heraklisken, zu dem man
freilich Hermanns Meinung wissen muss dass wir nach Luthers
Lehre *virtute et probitate* selig werden*). Wie ihn Ihr Schwager
hat laut herlesen können, begreif ich nicht. Eichhorn hat nur scher-
zend darüber gesprochen, nicht böse. Statt des Grieshabers schicke
ich den Schreiber**) zurück. Zu S. 263 wissen Sie vielleicht was
bessers als die aus meinem Exemplar übertragenen Fragezeichen.
Was von den *Waltherianis* neu war, ist nachgetragen: aber ich
bitte um Nachricht, wo Ihre Recension von Simrock steht***). Hab
ich sie vergessen oder nie gelesen?

Mit dem alten Benecke muss es schlimm stehn. Er hat mir
denselben Brief mit allen Aufträgen zum zweiten Mahl geschrieben
ohne alle Erwähnung des ersten. Von Uhland habe ich aus den
Zeitungen erfahren. Da er nun einmahl aus Wunderlichkeit nicht
herüber kommen wollte, so wär ich auf einen Wink gekommen,
und gewiss Bekker auch. Der R. Merkel†) ist in Magdeburg viel
besser geworden: ich hab ihn im Herbst gesehn. Sommer ist glücklich über seine Aufnahme bei Ihnen.

Der Text vom Walther ist langweilig, und nach zwei Fehlern
des Setzers, nicht meinen, von denen Sie den schlimmeren aus
Schonung verschwiegen haben, mir ganz ekelhaft geworden. Das
bischen Stolz, dass nichts zu ändern war, giebt keinen Trost. Die
Anmerkungen sind dann freilich angenehmer, aber es ist denn auch
wieder viel zu bedenken. Wissen Sie denn dass Sie unter den
Liedern Hartmanns eine Strophe haben, die doch etwas weniges
wahrscheinlicher Walther gehört? Aber der Henker vergleiche auch

---

*) [G. Hermanns Gruss zur dritten Säcularfeier der schola Afrana
und zur dritten Säcularfeier von Pforte (Opp. VIII S. 474 u. 476),
welcher letztere mit den Worten schliesst *virtus et labor formarunt
Herculem. Heraclidae sint o antiqua Porta qui tuis ex armamentariis
scutati hastatique prodeant.*]

**) [H. Schreibers Taschenbuch f. Geschichte u. Alterthum von
Süddeutschland (1840): s. Lachmann Vorr. z. Walth. S. IX.]

***) [Vergl. 39 S. 107.]

†) [Vergl. 9 S. 37 f.]

alle Töne aller Dichter! Sie können leicht denken dass auch etwas Geschichte der Poesie vorkommt. Zum Beispiel dass Reinmar ungefähr 1205 gestorben ist*). Wollen Sie mir helfen, so sagen Sie mir wo *tageliet* der Wächter, Sache und Wort, früher vorkommen (die Liederdichter abgerechnet) als bei Herbort 1295. 4179, in der Krone, Türl. Wilhelm s. 65ᵇ *(blies die waht)*. Oder geben Sie mir Namen von Liederdichtern vor 1170**).

Lobecks Anwesenheit hat mich sehr gefreut. Sie haben ihn wohl kaum gesehn? Hier war er heiter und durchaus liebenswürdig, ich glaube weil der Tag der Abreise fest bestimmt war.

Grüssen Sie Ihre liebe Frau recht herzlich, und danken Sie Hermann in meinem Namen. Dass Ihre Mutter bei Ihnen ist, und hoffentlich bleibt, ist gewiss für alle gut***). Von ganzem Herzen

Ihr

C. L.

Sonntag 23 Juli 43.

39.

Berlin 9 Aug. 43.

Lieber Freund,

Können Sie mir nicht helfen dass ich folgende dumme Anmerkungen†) durch gute ersetze?

106,4. wir kennen nur das eine lob s. 12,5. 7. Verweisung auf s. 12,3, wo gesagt ist dass W. hier die böhmische Krone meinen werde, die Otto IV auf dem Reichstage zu Nürnberg, Pfingsten 1212, dem Schwestersohn des Meissners Wratislaw zusprechen liess. 11. wie konnte Walther dem markgrafen nützen? und wann?

Wenn ich mehr vom Meissner wüste, so könnte bei Z. 11 mehr als eine blosse Frage stehn. — Ferner entscheiden Sie ob folgende Anmerkung nicht zu stark ist.

---

*) [Zum Walther 82, 24 S. 198. 199.]

**) [Vgl. zum Walther 89, 20 S. 204. 205.]

***) [Haupts Vater war in diesem Jahr gestorben.]

†) [Zum Walther zweit. Ausg., wo sie unverändert zu finden sind.]

Bei 111,32. ich glaube nicht dass Reimar die provenza-
lischen oder die französischen verse nachahmt, welche
Diez über die poesie der troubadours s. 253 f. anführt: aber
form und art der älteren lieder, zumahl Hausens Veldecks
und Reimars, mit den welschen zu vergleichen wäre für
die geschichte unserer poesie höchst wichtig. die bei den
Deutschen seltenen körner (wie s. 119, 23. 32) sind ohne
zweifel von den Welschen entlehnt: woher aber stammen
pausen (wie s. 66, 25) und schlagreime (wie s. 47, 16)?
und wer hat jede dieser künste zuerst gebraucht? unsre
historiker werfen so einfache fragen gar nicht auf, geschweige dass sie sie beantworten sollten: ihnen ist nicht
einmahl das plötzliche erscheinen zwei- und dreifüssiger
verse ein eräugniss, ja selbst die daktylen nicht. wird die
geschichte der andern künste eben so unfleissig behandelt?*) oder ist das muster das Diez in der geschichte einer
fremden poesie aufgestellt, bei unserer keiner nacheiferung
werth?

Ich streiche davon was Sie befehlen, recht gern auch alles.
Aber es kränkt mich in die Seele, dass Koberstein des Historikers
Aufgabe ins Abschreiben setzt, und Gervinus in hochmütigen
Vogelflug.

Hier will ich meinen schönsten Gruss hinschreiben, damit er
sich nicht unter dem umstehenden Geschwätz verliere.

Es ist mir denn doch lieb dass Karajan Montag früh nach
Rügen gereist ist: denn ob er mir gleich wohlgefällt, so ist es doch
zu viel, Sonnabend Abend und den ganzen Sonntag mit einem
Menschen zu verkehren, und Montag wieder zehntehalb Stunden an
das sophistische Marionettenspiel Medea zu wenden, zumahl wenn
man schon alle Hände voll zu thun hat. Ich freue mich insofern
auf das nächste Jahr, als ich, wenn der König meine Wahl zum

---

*) [Hier fehlt (wohl nur zufällig) der im Druck vorhandene Satz
'ist das auffinden der thatsachen nicht des historikers geschäft?']

Rector bestätigt, werde ganz und gar geistig ausruhen müssen, weil die ganze Zeit mit Rectoratsgeschäften und Hoffesten hingehen wird, so dass kaum für die Vorlesungen Raum bleibt. Den Walther seh ich als mein Testament an, und da ich es ordentlich *per æs & libram* errichten will, so sollen Sie nach dem Umstehenden der *libripens* sein. Ich habe daran gedacht, ob ich den Lassbergære zum *familiae emptor* machen soll[*]).

Zundanke [81, 20] ist nicht mein Verdienst, sondern steht in C. Die waltherische Strophe beim Auer haben Sie nicht gefunden. Hartmanns *Swâ frouwe sendet lieben man* [S. 12, 9 II.] kann mit *Herzeliebes frouwelin* [Walth. 49, 25] nicht zusammen gehören: aber es mögen wohl (ich habe nicht gesucht) anderswo noch Strophen in diesem einfachen Tone sein. Ihre Recension Simrocks brauchen Sie nicht so zu verachten: sie ist in ihrer Jugendlichkeit sehr hübsch, und sie wird in der Vorrede citiert[**]).

Zum Engelhard hab ich auch dies mahl wieder wenig gewust. Warum wenden Sie sich nicht an Massmann? Ich fürchte nur, sein Deutsch ist nun ganz hin: neulich bei dem Vertrage von Verdun hat er sich die Kuppe von einem Finger abgeschnitten an einem Glase das er einem erhitzten 'zu thierisch trinkenden' Knaben vom Munde geschlagen hat. Jetzt kann er also nicht *die sillaben an dem vinger* messen[***]), sondern er überlässt es Hagen, der mit der von Ihnen nicht gefundenen Strophe ein seiner würdiges Kunststück gemacht hat.

40.

Am 19. August, am Tage nach dem Brande des Opernhauses, zugleich am Tage des Schlusses meiner Vorlesungen, wollte ich

---

[*]) [Doch s. 40 S. 109.]

[**]) [Beides, Simrocks Übersetzung nebst seinen und Wackernagels Anmerkungen (1833) und Haupts Anzeige ihres Buches in der Leipziger Litteraturzeitung (1833 n. 108) erwähnt Lachmann in der Vorrede zur zweiten Ausgabe des Walther S. vi.]

[***]) [Vergl. oben 1 S. 3.]

hier die Fragen meiner Dummheit zum ersten Bogen des Engelhard vermerken, damit Sie sähen worüber ich Belehrung in den
Anmerkungen begehre.

Z. 16 kann ich nicht scandieren: *sêr* geht nicht. *gar* ist vielleicht auch für den Sinn besser.

21. *sie* scheint nur Druckfehler. Desgleichen 95.

42. Ist *tac* soviel als *hiute, hiutentac?*

43. Ist *werden man* statt *werden* zu rechtfertigen?

65. Was *klâr* bei K. heisst, wünschte ich zu lernen. 66 ist
hübsch gemacht.

92. Warum *manigem* und im Reim [134] *liutselic?*

113. 115. Über *triuwelichen sin* und *innecliche wârheit*
bitte um Belehrung.

163. Der Hiatus nach *sîne* ist kaum bei andern Dichtern erträglich.

162 ist *daz* zugesetzt, 170 nicht.   160. Steht *noch* an
der rechten Stelle? Gienge *nâch den triuwen?*   [163] Bei einem
andern Dichter schriebe man *und erkenne sîne unstæten art. Und
kenne* wäre wohl nicht falsch.

179. Bei *sîme* bin ich auf Feinheiten gefasst, die ich bei K.
nicht bemerkt habe.

180. 181 versteh ich nicht. *ich wæne daz ich sûme mich
selben an den dingen, daz* (dies *daz* ist schlecht) *ich künne
bringen den valschen üzer sîme site: zwâre ich wæne niht (daz
ich daz) hie mite (künne) daz ich von hôher triuwe sage, wan
der —* Neuer Versuch *an den dingen. daz ich künne bringen
den valschen üzer sîme site, zwâre ich wænes niht hie mite
daz ich —*

206. Nicht *sælic bilde?*

242. Das Komma nach *schîn* scheint mir unrichtig: denn *sus*
kann sich zwar vorwärts und zurück beziehen, aber es wird nie
heissen *sus-daz.*

247. *ein tugentrîcher* wäre natürlicher. Ist das andre etwa
sehr beliebt bei K.?

260 sollte ich nicht nennen: denn es ärgert Sie nur, wie auch dass Z. 327 *viel* gesetzt ist.

266. *herzen muot? edeles* wäre natürlich.

284. *gefüegez* versteh ich nicht: *geringez?*   329. *kleine,*

348. *ân dich.* Also so kürzt K.? Es könnte sonst *in sich* heissen, wie nachher *in sînen munt* [428].

373. Nicht *friuntlôsen?*

382. *iurm* werden Sie freilich nachweisen: sonst streiche ichs. Hahns Anmerkung über *urliuge* ist dumm.

430. *ern* wird die Anmerkung lehren.

Freitag, am Tage nach dem Stralauer Fischzuge, den ich aber nicht mitgemacht habe, sondern nur den dazu erforderlichen Regen. Vorgestern ist das Fragenblatt nach Möglichkeit beschrieben: leider ist nicht viel dabei heraus gekommen. Jetzt soll es fort, da eben der folgende Bogen ankommt und mahnt: gelesen wird er morgen.

Der 11. Bogen vom W. ist in der Correctur. Der Lassbergære ist mir doch nicht recht*): warum hat der alte Narr so viel Jahre gezögert und den Weingartner Codex**) unterdrückt? Ich kehre zu meiner ersten Wahl zurück: es liegt ja nichts daran, wenn Uhland auf einmahl zu Walther und zu Konrad***) Gevatter stehn muss. Nur weiss ich nicht, wenn ich setze 'Dem letzten Liedsinger und dem ersten Liedkenner L. U. gewidmet', so liegt mir halb Deutschland *mit arge ûf dem rükke* [Engelh. 3849]: ich bin nicht so stolz dass ich soviel Aufmerksamkeit erwarte: aber es kann

---

*) [Vergl. 39 S. 107]

**) [Vergl. 41 S. 112 u. Lachmanns Bemerkung in der 1. Ausgabe des Walther S. v. Sein Verdruss über die Zögerung hat in der Vorrede zur zweiten Ausgabe S. xiv Ausdruck gefunden: womit denn die beabsichtigte Widmung sich nicht reimen wollte. S. auch von der Hagens Vorbericht zu d. MS. 1 S. xvi u. Lachmann z. Iwein 2. Ausg. S. 527f. u. 550 Anm.]

***) [Denn auch Haupt hat Jan. 1844 seinen Engelhard L. U. 'als Zeichen iuniger Verehrung' gewidmet.]

Skandal geben, da passen wir lieben Deutschen auf alles: und lass
ich die Epitheta weg, so wirds fade. Es wäre schön, wenn Sie mir
ein halb Dutzend Vorschläge machten, damit ich loosen könnte*).

Guten Abend. Wie sehr ich Ihren Engelhard bewundre, soll
ich doch wohl nicht erst sagen? Ich habe überall das Gefühl dass
ich das nicht machen könnte.

Ich habe doch noch den Bogen durchgejagt.

442. Über *mîn eim* erwarte ich eine lange Belehrung.

460. *wan daz? ander danne* — aber *dehein ander wan,*
denke ich.

578. *es?* nämlich *sînes heiles.* Ich vermisse den Genitiv.

605 versteh ich nicht, zumahl so interpungiert.

652. *sînem wîbe* oder *der küneginne.*

716. *rêdř antwurt? süeze antwurt* oder *alsus gap. antwürt* Silvester 3411. 3655.

728. ein Druckfehler.

750. *Tenisch lesen und schrîben?*

764. Also nicht *mûn unde.* Allerdings sind alle Beispiele die
ich habe langsilbige, das kürzeste *hôf. vil unde* Schwanr. 39 ist
also bedenklich.

775. Also nicht *von dem wuohs.* 868 nicht *in dem*

804. 815. *b ein ander.* Bitte um Noten!

914. *und?*   915. *erkorn* für *bekorn* ist mir nicht geläufig.

Schwerlich findet sich mehr beim zweiten Lesen. Guten
Abend. übernachts.

41.

Engelh. 968 versteh ich die Correctur mit Bleistift nicht.

972 und 1903. Ist die *schulde* sonst erweislich? ich dächte
melde.

---

*) [Gesetzt hat Lachmann in der Widmung der 1843 (Vorr.
10. Juli 1843) edierten zweiten Ausgabe des Walther 'L. U. zum
Dank für deutsche Gesinnung Poesie und Forschung gewidmet'.]

1059. *liep gewinnen* ist mir nicht geläufig, in anderm Sinne wäre *gerner* zu lesen: verwarf das der Drucker?

1089. *wies ir* ist die gewöhnliche Schreibart. Die andre wird wohl ihren Grund haben.

1153. Ich weiss nicht warum mir *dar umbe* anstössig scheint, *hier umbe* aber nicht.

1156. *ir schœne, ir tugent,*

1253. Der Dativ ist also geduldet.

1336. *ûf daz?* oder *durch daz?*

1337. Nicht *künden?* oder ist *bóteschájt* nicht richtig?

1341. *elliu tiuschiu?*

1347 fehlt Punkt, der dafür 1722 gesetzt ist.

1453. *eigenliche* versteh ich nicht. *endeliche? innecliche?*

1481. Eh ich *gespurt* annehme, glaube ich an *gebürt.* Den Reim kenne ich nur aus dem Troj. Kriege. *spurt': buhurt* hat allerdings Ottokar 79ᵇ, sonst aber keiner meines Wissens. Für *antwürt gegenwürt gebürt* hab ich freilich auch keinen beweisenden Reim.

1617. *barn* neutrum von Christo?

1636 bestätigt sich zwar 1710: aber ich will gestehen dass ichs zuerst wider den Sinn verstanden habe. Darf man dem Irrthum nicht durch die Schreibung *dannen* vorbeugen?

1670. *wizen* mit Accusativ werden Sie beweisen können ([übergeschr. viell. von Haupts Hand] ein Beispiel bei Wackernagel in der Kaiserchronik): ich dachte *den wise liute sin*

1700. *dâ hin gedigen* scheint mir natürlicher.

1742. Von *trûre* hab ich kein Beispiel ausser Türheimers Wilh. 146ᵇ *der pfliget der grôzen trûre. unser freude hât der schûre verslagen immer mêre* auf immer. (Denn *schûre* für *schûr* setzt er auch 181ᵇ *durch got niht mêre trûre* (imperativ). *der heidenschaft kumt schûre an dir, swenn ich dich bringe z Orense, ist mîn gedinge.* und 218ᶜ *dar umbe ich nimmer trûre. dirre strît der ist ein schûre an freuden ze beider sît.*) *triure* habe ich nur aus Gottfried.

1814. *diz* gefiele mir besser.

1818 ist nicht zu verstehn, wenn man nicht *noch* für *und* liest.

1855. Das Epitheton scheint mir wunderlich. *diu liutsælige?*

1895. *merken ûf* kommt hier schon zum zweiten Mahl. Ich kenne es freilich nicht. In dem Wörterbuch zu den Nibelungen*) wird es wohl auch nicht vorkommen? Es ist übrigens neulich bei 'Eichler aus England bestellt. [Nachtr.] So schändlich wie ich hier nehme ich nicht an dass Konrad irgendwo geschrieben hat.

1462. Hier freu ich mich auf die Anmerkung.

1558. *ungefriunten* oder mit *d* wie bei Walther S. 38, 10? *gefriundet* soll nach Ziemann S. 120ᵃ sogar eine andre Bedeutung haben. Woher nimmt der so was?

1624. In der Note werde ich lernen wie es sich mit *sin'* verhält.

1632. *wie er begie daz er* ist eine kühne Construction. *ez dort an vie* wäre einfach. Oder könnte für *dort* stehen *sich?* Ich weiss aber mit *sich begên* nicht recht Bescheid.

1865. *nimmer* versteh ich nicht, wohl *ninder.*

Hierunter wird wieder nicht viel taugliches sein. es soll aber auch nur meine steigende Bewunderung zeigen. Schenken Sie mir die Würzburger Kostbarkeiten? oder woher kommen sie? Sie zwei Mahl mit der Post zu schicken wäre Sünde. Haben Sie das Schweinezeug in der Germania**) gelesen über den Eingang zum Parzival? hat in der deutschen Gesellschaft solche Bewunderung erregt dass mirs Köpke eh ich es hatte angepriesen hat. Dass ein Mensch nicht einmahl weiss was *des blinden troum* bedeutet, ist doch zu arg. Den Weingarter Codex***) hat hier noch niemand, ich

---

*) [S. zu 20 S. 60; die Bestellung ging wohl das von Wackernagel vor Jahren angekündigte an.]

**) [In der Germania od. d. N. Jahrbuch der Berl. Gesellsch. f. deutsche Sprache u. Alterthumskunde Herausg. durch v. d. Hagen Bd. 5 (1843) S. 222—246, in einem Aufsatz von Kläden 'Über den Eingang zu Eschenbachs Parzival'. Siehe bes. S. 233 und vgl. Lachm. Klein. Schr. z. deutsch. Philol. S. 490 u. z. Walther 122,24.]

***) [Den von Franz Pfeiffer in der Bibliothek des litterarischen Vereins (Stuttgart 1843) besorgten vollständigen und genauen Abdruck dieser Liederhandschrift.]

werde aber eins von Reimers zehn Exemplaren erhalten. Von Pfeiffer bekomme ich freilich nichts: denn wie könnte Massmann verschweigen dass ich Pfeiffers Brief an ihn über Karajan*) Alt-weiberschwatz genannt habe? Beinah aber hätt ich Lust Ihnen einige Blätter zu schicken, die ein Anfang der längst gewünschten (nämlich von mir) Liedersammlung des 12. Jahrh.**) sind. Meinen Tscherningischen Titel dazu, 'Des Minnesangs Frühling', werden Sie wieder nicht gelten lassen, obgleich ich doch nichts damit will als dass man citieren kann 'Frühling', wie der dritte Theil, wenn es je dazu kommt, 'Walthers Schule' heissen soll. Ich hoffe noch immer dass der König mich nicht bestätigen wird: dann soll dieser Winter mein Frühling werden. Zwar, wenn ichs Ihnen jetzt schickte, käm es so zu früh wie damahls Ihr Erec***).

Heute ist der 12. Bogen vom Walther corrigiert, auf dem wie auf dem elften nichts neues steht. Wenn der 13. fertig ist, am oder gegen den 12. Sept. zieh ich nach Göttingen auf eine Woche: wo ich die zweite zubringe, weiss ich noch nicht.

Frau und Schwiegervater sind wohl wieder da? so dass man sie grüssen kann.

Diemer hat mir nebst einem dumm burschikosen Brief nur ein Paar Strophen (ich verlangte freilich nicht mehr) vom Etzen Liede geschickt†): es sind gewöhnliche Reimpaare, und zwar 3, wie es scheint, ob zuweilen 6 kann ich noch nicht recht sehn. Gottlob also *anno* 1065 nichts gegen meine Lehre. Er verspricht ein Frag-

---

*) [Siehe 30 S. 89.]

**) [Die von Lachmann früh geplant (s. Walther 2. Ausg. Vorr. S. xiv), jetzt wie die folgenden Briefe 42 S. 115; 52 S. 136; 53 S. 138; 55, 142; 56, 143 zeigen, eifrig gepflegt, doch erst nach seinem Tode von Haupt abgeschlossen und unter dem von Lachmann nach Andr. Tscherning's Deutscher Gedichte Frühling (Breslau 1642) geformten Titel herausgegeben worden (Leipzig 1857).]

***) [Siehe 14 S. 48.]

†) [Von Diemer selbst erst 1849 Deutsche Gedichte des xi. u. xii. Jh. S. 319 ff. (vgl. S. xlviii f.) herausgegeben.]

ment eines Leichs aus dem 12. Jh. zu schicken, und will nach Steiermark, um zu suchen ob er irgend einen gebahnten Gothen oder 1000jährigen Heiden finde.

3. September 43.

42.

1962. *sus wart?*

1985. *gewar. daz im — ware, — daz;* [1989.] steht *began* öfter ausserm Reim?

1990 scheint mir kein Deutsch: ich denke *daz im wart baz (im werden baz)* müste es heissen. Ferner versteh ich nicht *alzehant:* soll es zu *würde baz* gehören? und *dar umbe* sollte wohl heissen *dá von.*

> *wan si gegen im küme saz*
> *sô balde und alsô dicke,*
> *ir spilende ougen blicke*
> *enflügen úf in alzehant,*
> *der umbe si der pine empfant*
> *diu in von siner freude schiet.*

2166 steht Dativ für Nominativ.

2167 *und ir muotes* sollt ich denken.

2269 *dem friunde?*

2385 *den kumberlichen smerzen,*
der mir lit úfem herzen
und schiere ein ende nemen sol.

2429. Warum *rilich?* Ist es Z. 2444 Adjectiv?

2482. Dies kommt ganz so im Frauendienst vor.

2512. jeder eins? oder beide zusammen eins? im letzten Fall *hie.*

2560. 'eine Ähnlichkeit hab ich darin selbst beigewauhnt in Leipzig.'? ich versteh es nicht.

2575. *sô*

2643. Warum nicht *ie der man?*

2647 scandieren.

2666. Ist die Interpunction richtig?   2685. *vil* zu streichen? oder *vier*?

2747. *üfe die?*

2839 *gnœdeclicher danc* für *gnâde un danc* ist sonderbar.
Eben so sonderbar *danc gnœdecliche sagen.*

Geschrieben ist das umstehende heute Abend, Dienstag den 12 Sept.
Morgen früh nehm ichs mit nach Halle. Diese Seite soll Ihnen
ankündigen dass ich allerdings, "weil Sie mich doch so quälen"
auf der Rückreise in Leipzig vorzusprechen denke. Wenn Ihre liebe
Frau mir ein freundlich Gesicht bereit hielte, so wäre das wohl
sehr schön.

Ich zweifle ob Benecke sich erinnern wird wie es eigentlich
mit dem Monteville zusammen gehangen hat. Ich habe die Friede-
mannischen Actenstücke eingepackt und bringe sie mit nach Leipzig, nebst einigen Proben vom Frühling, z. B. einen ganzen Friedrich von Husen*). In ein Paar Tagen müssen Sie den 13. Bogen
vom Walther bekommen. Ihre *Addenda* können Sie mir in Leipzig
mitgeben. Über Vollmer**) lässt sich dann auch sprechen: zunächst
denke ich meine Zuhörer vor der Verschwendung zu warnen, wenn
man erst unnütze wohlfeile Bücher kauft und dann sieht dass man
die theureren nöthig hat. An 'Eschenbachs Parzival und Titurel',
ohne Wilhelm also, ist es deutlich.

43.

Berlin 27 Nov. 1843.

Stumme Blätter eines redseligen Poeten lassen mich über den
Herrn Magister sowohl als über die Frau Magisterin unbelehrt. Das

---

*) [Siehe zu 41 S. 113.]

**) [Nämlich die Ausgabe *Der Nibelunge Nôt und diu Klage*, herausgeg. von Al. H. Vollmer, die als erster Band einer Sammlung
'Dichtungen des deutschen Mittelalters' Leipzig 1843 erschienen war,
in welche von Wolfram von Eschenbach nur Parzival und Titurel
aufgenommen werden sollte. Siehe die 43 S. 117 f. erwähnte Recension
von E. Sommer, der S. 656 so wie Lachmann hier urtheilt.]

ist gar nicht gut, weil in jetzigen aufgeklärten Zeiten ein Unwissender seine Unwissenheit merkt und schmerzlich empfindet. Und ich bin noch dazu jetzt so gestimmt dass mich jedes freundliche Wort (wie neulich ein Brief von Uhland) ordentlich rührt und stärkt, weil es gar nicht durch andre eigene Sachen, die mir nach menschlichem Egoismus lieber sind, verspült wird, sondern nur die Betrübniss zerstreut, die mir mein Amt macht; nicht durch Widerstand etwa der Studenten, nicht durch Beschränkung von meinen nächsten Vorgesetzten, sondern durch das zaghafte Belauern und Aufpassen von oben her. Sie werden mir indessen den Mut wohl zutrauen, mich ohne Pfiffigkeit durchzuschlagen, zumahl da ich ein wahres Muster von Universitätsrichter zur Seite habe; 'jung, wachsam, unbesorgt.' (ποῦ κεῖται;)

Auf dem 10. und 11. Bogen habe ich nur unfruchtbare Fragezeichen.

4612 versteh ich die Steigerung von *brogen* zu *schallen* nicht. Ein blosser Einfall ist *Ritschier het ê vil gebroget und dar nâch geschallet mê.* 4733 *Si* 4835. *ergramt* kenne ich nicht: was ist gegen *ungezemt* einzuwenden? Ich habe auch *zamen* und *gezamt* jedes nur einmahl aus dem Troj. Kr. angemerkt.
5054 [5049?] *diu* Druckfehler. 5224. Das steife *inne dá* fordert Parallelstellen. 5236 ist mir nicht deutlich. *diu - würde?*

5563. Was soll *der sunnen gluot?* Ich suche ein Adjectivum wie *heizsûre gluot.* Ob in der Klage *der heizsûre wint* vorkommt, wissen Sie besser als ich.

Die Beweisstellen für *stöle* [Walther 9, 31] sind Fundgr. 2, 230, 40. 77, 41. Rulant 204, 27. Für *Pêter* [33, 3] Schmeller 1, 301, *pêtre* nicht *petere* Fundgr. 1, 1 und andres bei Graff 3, 330. *Pêter : hêter* Ottokar 46ᵇ 51ᵇ etc. Habe ich recht gethan *Ierusalêm* [78, 14] zu schreiben? G. Schmiede 515 *zer obersten Ierusalêm,* nach der richtigsten d. h. üblichsten Schreibung *Hierusalem. Captivante Saladino Îherosolymitanos* weiss Massmann Denkm. S. 1 nicht zu scandieren. Konrads übrige Beispiele (so weit ich sie kenne) entscheiden nicht zwischen *Ie* und *Jê.* Troj. 181ᵇ *ein*

künic von Ierusalêm. Schwanr. 698 *daz er Ierusalêm ervaht.*
Silvester 3258 *daz in Ierosolimis.* Gegen *Ie* ist aber Maria S. 60
[Fundgr. 2. S. 163, 27] *zeierlm̄* also deutlich *ze Jêr(u)salêm.*
M S. 1,174ᵇ (Jansdorf 9 B) ist *Ie* und *Jê* gleichgültig, *daz Iersalêm
der reinen stat und ouch dem lande.* Sollte sich nicht in den Anmerkungen zum Engelhard ein Winkel finden, aus dem das Rechte
ans Licht träte? Ich freue mich ungeheuer auf diese Anmerkungen.

Parthey und Pinder kommen in diesen Tagen aus Paris zurück.
Sie sind auf die Handschriften des *Itinerarium Antonini* aus und
haben viel gefangen. Es soll nur ein vulgärer Text mit Apparat
werden, ohne Untersuchungen, die ja auch unendlich wären. Ich
hatte um Abschrift des echten Griechischen bei Gellius xix, 9 gebeten, da das Gedruckte das einzige den Herausgebern (aus *anth. Plan.*)
bekannte *Anacreonteum* ist: der Pariser Codex hat hier gar kein
Griechisch: Schade, denn es muss also ein langes Stück gewesen sein.

Ich lege für Ihren Schwiegervater einen Walther bei*). Ich
schreibe nicht dazu, weil er sonst antwortet und sich zwingt hinein zu sehn. Es wäre mir zwar lieb, wenn er sähe dass man eins
und das andre dieser Lieder mit ziemlichem Vergnügen lesen
kann, und wenn er uns ein bischen auf die Finger sähe, ob wir
noch in der ersten Rohheit stecken oder uns endlich etwas Ehre er-
stritten haben, wenn sie uns auch der Mallote Massmann nicht
gönnt: aber ich mag um keinen Preis eines Menschen freien Willen
beschränken, zumahl wenn er sich noch so frisch und frei zeigt
wie in der hübschen Abhandlung über *faxo***), die mich auch deshalb freut weil man nun doch nicht zu glauben braucht was einem
nicht ein will. Bei Massmann fällt mir ein dass K. Roth wieder
etwas Titurel 'albern' herausgegeben hat, und darin eine Biographie
von Pfeiffer***). Sommer hat den Herrn Vollmer ganz gut zugedeckt

---

*) [Die Gedichte Walthers von der Vogelweide. Zweite Aus-
gabe. 1843. Die Vorrede 'vermehrt bis 10. Juli 1843.']

**) [*De Io. Nic. Madvigii interpretatione quarundam verbi latini for-
marum,* edita a. 1843, wieder gedr. im 8 Bd. der Opuscul. S. 415—432.]

***) [Bruchstücke aus der Kaiserchronik und dem jüngern Titurel

in den krit. Jahrbüchern*): wenn er nur den Flore**) besser gemacht hätte! Unsinnige Zerdehnungen und Kürzungen, sagt er mir
selbst, habe er nur annehmen müssen wo er klingenden Reimen
habe gleichviel Füsse geben wollen: und der dumme Teufel merkt
nicht dass das grade eben so viel heisst als 'der Dichter hat oft
3 Hebungen mit klingendem Reim am Satzschluss, und reimt darauf
eine Zeile mit 4 Hebungen'. Wenn ich ihm sage 'das ist kein
Deutsch', so verlangt er eine Regel, oder macht selbst eine. Weil
es noch niemand ausdrücklich geleugnet hat, setzt er *Als* für *Alsus*,
und macht eine massmannische Besserung über die andre, ohne
einzusehn dass er Beweisstellen haben muss, und dass er um einen
schlechten Text zu emendieren die mhd. Litteratur halb auswendig
kennen sollte. Ich gebe zu dass die Arbeit schwer ist — schwerer
als der Erec insofern als man noch kein Bild vom Dichter hat —:
aber warum heisst ihn seine Eitelkeit etwas unternehmen was er
nicht kann? Noch ein Beispiel. Er hat geschrieben *helf iuch got*
[3065]: 'meine Regel habe doch Grimm wieder zweifelhaft gemacht:
da habe er das *ch* der beiden Hdschr. des 15. Jh. lieber beibehalten
wollen'. So etwas ist für mich gradezu zum Tollwerden, weil sich
dabei die Dummheit einbildet Weisheit zu sein: und das braucht
sie nicht.

Der elende Setzer hat meinem Walther doch mehr geschadet
als ich dachte. S. 45, 27 steht *und* für *unde*, S. 82, 23 *dar* für
hâr, S. 91, 16 *so* für *sô*, zu S. 6, 31 und 34 fehlen die Anmerkungen. Muss es S. 143 Z. 3. v. u. *stipata* heissen? Zu 22, 19

---

zum erstenmale herausgeg. u. erläut. von D. Karl Roth. Landshut
1843: die Biographie von Fr. Pfeiffer S. viii f.]

*) [Berliner Jahrb. f. wissensch. Kritik. Nov. 1843 S. 649—656.
Vergl. oben 42 S. 115 Anm.]

**) [Flore und Blanscheflur Eine Erzählung von Konrad Fleck
Herausg. von E. Sommer. Quedlinburg und Leipzig (Basse) 1846. Die
Vorr. 24. Decemb. 1845. Lachmann, dem die Ausgabe gewidmet ist
und dessen fördernde Theilnahme die Vorrede S. xxxviii rühmt, hat
natürlich den Text früher gesehen.]

sollte Iwein 727 B citiert sein. 25, 13 *stuol* ist von Goldast. Zu
S. 196 N. gehört Helmbrecht 1809 *des hebt iuch, ungetriuwer
Rûz, balde für die tür hin ûz.* Sie sehen, ich bin von des Setzers
Fehlern auf meine gekommen und habe von beiden Arten viele in
den Anm. verschwiegen.

Haben Sie nichts näheres von den 30(?) neuen Fabeln des
Babrius*) gehört? und von den in der Schweiz unterm Dache gefundenen Minneliedern**). Wissen Sie nichts brauchbares für eine
Vorrede zum Katalog, die ich zu schreiben habe? Weder zu den
*excerptis Tibulli***) noch zu einem agrimensorischen Stück (über
den s. g. *Simplicius*) habe ich eigentlich Lust: das *Anacreonteum*
ist wie gesagt in den Brunnen gefallen.

An Hirzel bitte ich von Parthey und Pinder zu bestellen, mit
dem Dio Cassius sei vorläufig zu warten. Gros habe alle zugäng-
lichen Handschriften, besonders die Ital., verglichen. Dübner be-
sorge die Fragmente, der Druck habe begonnen oder könne jeden
Tag beginnen.

Während ich das bisherige geschrieben, hat Brockhaus†), wie
ich heute Mittw. d. 29 Nov. sehe, lauter Unwahrheiten von mir und
meinen Sachen drucken lassen, so dass selbst was sich den Schein
der chronologischen Folge giebt unwahr ist. Keiner der Betheiligten
kann das oder in diesem Sinne geschrieben haben, sondern nur ein
Litterat. [Nachtr.] Als wir (officiell) widerlegen musten, hat der
Redacteur um mehr dergleichen für die Zukunft gebeten.

Ohne das Obige wieder anzusehn will ich endlich heute am
10. Dec. das Paket abschicken. Ich habe indessen nicht Ruhe gehabt wieder an diesen Brief zu kommen. Mir wird mit Recht
vorgeworfen dass ich mit dem Gemüt regiere: aber ich kann nicht
anders. Es ist für mich keine Kleinigkeit zwei zu consiliieren, noch

---

*) [S. unten 54 u. 55 S. 138 ff.]

**) [Vergl. 48 S. 130.]

***) [Siehe zu 28 S. 86 und unten 45 S. 123.]

†) [In dem Brockhausischen Unterhaltungsblatt, auf das sich
Lachmann sonst bezieht, finde ich 1843 nichts was hierher passte.]

dazu von den Besten, und es erst in 4 Wochen dahin zu bringen
dass endlich die Polizei einsicht wie wenig Schuld bei den Studen-
ten ist, und (was endlich gestern Abend geschehen ist) eine Anzahl
Litteraten fest setzt. Sie sind sehr glücklich, dass Sie in schönster
Freudigkeit zu Hause leben und das neue Jahr abwarten können.
Ich bin übrigens trotz aller Noth gottlob auch ungebeugt.

Karajan wollte gern eine Abschrift vom Helmbrecht haben.
Könnten Sie sie ihm nicht zustellen? natürlich ohne eigenen Schaden. Diese Österreicher sind ja unglücklich, wenn man ihnen was
mit der Post schickt.

44.

Am 13. December *hujus* schrieben der neue Herr Ordinarius*),
Sie würden nach acht Tagen Engelhard 14 nebst Schreiben schicken.
Nun nach 8 Tagen ist es jetzt, nämlich nach 13: ich will Sie also
hiedurch gehorsamst gemahnt haben. Leider kann man an Sie nicht
mehr so beweglich schreiben wie einst ein armer deutscher Schul-
meister in Polen, der Heysen bat ihm in seine Wildniss seine vor-
trefflichen grammatischen Werke zu schicken, und ihn dabei immer
titulierte 'würdigster ausserordentlicher Herr Professor'. Sie, mein
würdiger höchst ordinärer Herr Professor, könnten mir wohl meine
Ferien in etwas versüssen, da ich doch in Ermangelung des Königsberger Marcipans zu Weihnachten nichts süsses geniesse. Übrigens
bin ich endlich seit Freitag wieder ein Mensch: die Überspannung,
die mir in den Leib gefahren war und in den Schlaf, ist vorüber:
ich schlafe höchst angenehm nach, oft 9 Stunden, und singe am
Tage wie Orest 'Die Ruhe kehrt zurück' aber ohne das Gluckische
pizzicato, dass dieser mit seinem '*Oreste ment*' rechtfertigte. Was

— - - -

*) [Am 23. November 1843 war, wie seine Biographen sagen,
Haupt zum ordentlichen Professor ernannt worden: so dass Lachmann als er den am 27. November angefangenen, am 29. fortgesetzten
und am 10. Dec. abgeschickten Brief schrieb davon noch nichts
wusste.]

noch kommen kann, wird mich weniger irren, weil ich nun die Gegensätze kenne.

Herr Paull Fleming meinte, statt Unbesorgt könne es auch zuweilen Unbesonnen heissen. Ich sagte ihm, das stecke in jenem mit, wollte mich aber über die Cäsur des Alexandriners in keine historische Erörterung einlassen. Den deutschen nannte Ernst Schulze mit Recht einen Asynartetus.

Beim Schlusse des Engelhards habe ich nur Ein gegründetes Bedenken: denn 5908 die allzu nachdrückliche Interpunction hat der Setzer nur zur Übung der Schüler gewählt, oder weil ihn selbst das Mitgefühl übermannt hat. Z. 6336 halte ich für nothwendig *sie dú, getriuwer Dieterich*, wenn Sie nicht etwa schöne Beispiele von allein stehenden durch Zwischensätze unterbrochenen Conjunctionen haben, nämlich von solchen die selbst relative Sätze machen.

Es ist recht schade dass der Herr Consul Flügel von Hermann keine lateinische Vorrede hat brauchen können*): denn es schadet uns armen Philologen immer, wenn dumme Leute sehn dass er im Deutschen den chursächsischen Stil des seligen Rabeners fortführt. Der Herr Consul setzt mich in Verlegenheit, indem er ausdrücklich einen Empfangschein für seine Autographensammlung verlangt. Was aber die Leute unter einem Lexicon verstehn! Wenn Grimms in das ihrige nicht Akiurgie setzen, und der Arthroke d. h. der von 'Arthrokáke' befallene, so wird mans in Berlin nicht brauchen können. Ich meines Orts würde selbst zweifeln ob ich *a fee-grief* (Macbeth IV, 3) aufnähme: der Herr Consul lässt sich S. 19 nicht träumen dass man es, wie in einer gewissen vergessenen Übersetzung, durch 'ein Lehensgram' (mit einer Umbiegung von *general cause* in Reichs Sache) geben kann, und nicht mit Simrock in 'besondern Schmerz' zu verflachen braucht, welches freilich ein schlechter Schauspieler besser versteht als ein gemeiner Eng-

---

*) [In der Schrift 'Literarische Sympathien oder industrielle Buchmacherei. Ein Beitrag zur Geschichte der neueren englischen Lexikographie von Dr. J. G. Flügel, Consul usw., nebst einem Vorwort von Professor Dr. Gottfried Hermann, Comthur usw. Leipzig 1843.']

länder das was Shakspeare geschrieben hat. Leider hat der grosse
Übersetzer einen Begriff vom Übersetzen wie gemeine Leute.

Dass es Ihrer lieben Frau gut geht, freut mich herzlich: nun
'so fortan' ins neue Jahr hinein! Der unverdiente Gruss Ihrer
Mutter hat mich gerührt: ich fürchte, sie nimt ihn zurück, wenn
sie erst mit Frauenaugen allerlei Unleidliches an mir bemerkt hat.
Jetzt, da sies noch nicht scheint bemerkt zu haben, darf ich sie
wohl wieder grüssen und ihr bei ihren Kindern alle ersehnte reiche
Freude wünschen. Ich soll noch heute, d. h. jetzt gleich, am dritten
Sonntag [?] Abend, 26 Dec. 1843, bei Meinekens mit Pertzens Weihnachten nachfeiern, und freue mich mehr darauf als auf gestern
bei Eichhorns, wo es nachher doch recht hübsch war und ich Delbrücks etwas steifstellige aber doch würklich gute Rede vorlesen
muste. Also jetzt schnell vor dem Anziehen, was mir der alte
Benecke sonst alle Jahr schrieb, *A merry Christmaſs and a
happy new year.*

45.

Freitag Abend, 29 Dec. 1843.

Da Engelhard 14 erst eben eingelaufen ist, hat er doch durchlaufen werden können, und sogleich, weil die Griechheit ausfällt:
denn sie bestehn darauf, ein Mahl müsse das geschehn zu Weihnachten. Thun Sie doch aber was Ihres Amtes ist: müssen Sie sich
hinlegen und allerhand Grillen zur Welt bringen? Wer nennt denn
das mit Verachtung Fleiss? Ich wäre glückselig, wenn ich den s. g.
Fleiss hätte so was zu Stande zu bringen. Den Circumflex in *Hele-
nus* S. 216 oben wird wohl noch eine Anmerkung rechtfertigen.
S. 214 hab ich den Zweifel ob *m* vor *w* nicht so richtig ist als vor
m. manegem we'. Was S. 224 nicht verständlich heisst, Silv. 3426,
hatte ich so genommen, *diu frâge ist ûf ein ende brâht, der uns
wart noch her gedâht**). Das erste Lesen war sehr angenehm:
das zweite, mit mehrerem Nachschlagen, wird freilich etwas lang-
samer gehn.

_____

*) [S. Haupt Engelh. in den Nachtr. S. 277 f.]

Das wichtige Werk*). welches Ihnen offenbar fehlt, schicke
ich hinüber, damit die Bestellung Sie nicht aufhalte und weil es
nicht zwei zu haben brauchen. Franz Roth hats gemacht wie Gebser,
der sich den kleinsten und leichtesten Brief des NT. zu einem Commentar ausgewählt hat.

Ich habe für den Lectionskatalog ein halbes Buch von Frontin,
den s. g. *Simplicius*, mit Ausscheidung des Agennius, zurecht gemacht: dazu ist aber noch eine Vorrede zu schreiben**).

Die *excerpta Tibulli* will ich an Schneidewin schicken***),
weil sein Codex allerdings der reichste ist. Soll ich ihm schreiben
dass er Sie um die *Lipsiensia* bitte?

Wollen Sie für Ihre Inauguralschrift unser Glossarium†)
haben? Ich habe eine Abschrift die Dr. Hertz gemacht hat: aber
das Original steht auch zu Dienste, und wird auch nöthig sein weil
es abgeschabt ist. Mir wäre freilich *vita Catulli*††) lieber, wenn
sich die für einen Professor der deutschen Litteratur schickt.

Damit ich doch meinen Neujahrswunsch nicht *pure* wiederhole,
so will ich gleich das Jahr 1845 für Sie und die Ihrigen mit ein-
schliessen. Ich rechne mich aber mit zu den

Ihrigen

C. L.

---

*) [Das von Franz Roth (Frankf. a. M. 1843) herausgegebene
266 Zeilen umfassende Gedicht 'Der Welt Lohn' von Konrad von
Würzburg, das Haupt beim Engelhard (s. Vorr. S. vi f.) fehlte.]

**) [Dies ist das erste Prooemium Lachmanns (vgl. 43 S. 119),
vom 4. März 1844 datiert, vor dem Lectionskatalog f. d. Sommersem. 1844, mit einer lesenswerthen (in den Klein. Schriften nicht
wiederholten) Vorrede zu der Probe einer kritischen Bearbeitung
des Frontin.]

***) [Was m. W. nicht geschehen ist: und ist überhaupt die
schon 28 S. 86 (vgl. 43 S. 119) angedeutete Absicht unausgeführt geblieben.]

†) [Verstanden sind wohl die ah. Glossen, von denen Lachmann
25 S. 72 und 28 S. 84 redet.]

††) [Vergl. 29 S. 87 u. Anm.]

1844.

46.

Den 20. Januar 1844 Abends.

Die Lösung des Räthsels der uralten Legende*) ist höchst unerwartet, mir aber nicht sonderlich dunkel. Wie geht es zu dass Paulus ein Heide genannt wird? Und wann soll er getauft sein? Ich weiss überhaupt nicht dass er es ist, ob er gleich ein Paar Mahl sagt ἐβαπτίσθημεν. Auch [143] *do sich.i.iudis* von *ī.stiz* verstehe ich gar nicht. Nach *genamot* Z. 138 hat Ettmüller vermutlich am Ende der Zeile ein *sus* übersehn, und Z. 139 ein *S* vor *welh*.

Im Alexius**) haben Sie viel schönes gemacht. Von Massmann hätten Sie noch genug eben so unglaubliches anführen können: ich warte begierig ob er dafür morgen wird mit einem Orden belohnt werden. Warum Z. 192 nicht *ganc ûf schouwen dîne brût.* 196 hätte ich die schlechte Orthographie statt *dar inne* nicht mitgemacht, zumahl da sie M. wohl erfunden haben wird: z. Iw. 6190.

233 Anm. *daz* i.   250 wohl nothwendig *im* für *immer*. 447. *ez sprach* i.   456. *gebete* i.   698. *spei* kenne ich nicht, nur *spê. spîten* steht in der Urstende 106, 18 Hahn.   771. *spot dar bieten* ist schwerlich recht. Soll es *sâ* für *gar* heissen? 851 Anm. 1. *von*   895. *manec.* (*Arcadius, Hônorje*) 951. Sollte nicht *lieht* zweisilbig sein können? wie Schm. 515 *ïerusalêm***) und etwa auch *diu Wêrlt bin geheizen ich†),* wie

---

*) ['Die Bekehrung des h. Paulus', ein Bruchstück aus dem 12. Jahrh., nach einer Abschrift von Ettmüller von Haupt in s. Zeitschr. 3 (1843) S. 518—523 bekannt gemacht.]

**) [Den Alexius von Konrad von Würzburg, von Massmann (Quedlinb. u. Leipz. 1843) nachlässig ediert, hat Haupt in s. Zeitschr. 3. Bd. (1843) S. 534—576 von Neuem herausgegeben. S. auch Haupt Zeitschr. 4. Bd. (1844) S. 400, wo er die in diesem Brief mitgetheilten Verbesserungen und Bemerkungen Lachmanns veröffentlicht.]

***) [Goldene Schmiede; siehe 43 S. 116.]

†) [Der Welt Lohn 208.]

es oft in Liedern zweisilbig ist, zuweilen *werlet* geschrieben. *Kârl*
Schwanr. 145. 843. 214. 42.   952 ist die Anm. falsch.
969 ?*ich wen et den hán funden*.   1035. *sich* Accusativ versteh ich nicht.   1043. *ie wart*   1053 *daz daz geschach nie*
keine stunt   1160 ?*brâhte*   1162. *geklaget wart Alexius*
1180 *si rief ouch* (= *et*) *aber*   1252 *sich* fehlt I.   1263. *man*
sollte nach *dô* stehen. Hier ist ein δεύτερος πλοῦς nöthig.
1265 *dô* fehlt I.   1271. Warum nicht *was*?   1313 schaltete
ich eher *geschen* ein. Auf *tragende* weiss ich nicht zu reimen.
Etwa *waz mac ich hie von* —   1323. *sider*. Was soll die Affir-
mation?   1371. *zeim ende*   1143 *bedenken* oder *bekennen*?
   147. *eine*?   171. *gemähelt in dem templô daz sante Boni-
faciô dem marterære gewihet* (oder *heilec*? oder gar *geheilget*?
nach *sinen heilgen* Silv. 1438, vgl. 2402) *ist*.   586. Ist *bilgerîn*
richtig?   629. *ieman niht* wird wohl so wenig gesagt als *ullus*
non.   729. *was von in* i.   1297 wäre Massmanns *spuorten*
bequem. Sie müssen wissen ob es heissen darf *daz si gesuntheit*
juorten dan. sô si geruorten die bâre, sô wart — oder besser
daz si gesuntheit juorten dan, swie si geruorten die bâre, daz
in wart gegeben —   1359 fehlt mehr.

Die Anmerkungen zum Engelhard sind durchaus angenehm zu
lesen. Beschwerlich ist nur das Nachschlagen in wer weiss wie viel
Bänden. Den einzigen den ich nicht habe citieren Sie auch nicht,
die zürcherischen Streitschriften mit dem andern Fragment von
Meliur. Wieviel Konrad von seinen Regeln selbst erkannte, müssen
Sie zuweilen bestimmter sagen: W. Grimm meint noch immer, es
sei alles unbewust gemacht.

   Den 21. Warum S. 228 [Z. 382] nicht *lânt mich* — *hie*
werden iuwer êlich man? S. 230. *gestêmen* auch 2 mahl im
Lanzelet*). Aber wie beweisen Sie den Accusativ und die starke
Conjugation? Ob *hin dane: ich wol gemane* oder *mich gemane*
konradische Reime sind, werden Sie wissen.   S. 234 über die
Betonung *menscheit* ausser dem Versschluss, bitte ich um eine An-

---

*) [S. Sommer zu Flore und Blauscheflur 942.]

merkung. S. 239 zu *Âdâmes vlust* vergl. Silv. 4542. S. 242 Die gezählten *acclamationes* sind weniger frostig, weil sie historisch sind. S. Hist Aug. passim, und besonders *gesta senatus* vor dem Theod. Cod. S. 256. Silv. 1729 ist falsch citiert. Sie sehen dass ich blutwenig auszusetzen finde*). Einmahl noch erinnere ich mich dass Sie *álsô* billigen: dafür wäre Beweis erwünscht, zumahl da auch die gewöhnlichen zweisilbigen Composita nicht so häufig zwei Hebungen füllen werden als die dreisilbigen. Zwei Längen sind gewiss bei Konrad unerlässliche Bedinguug, ausser vielleicht in der Welt Lohn [3], *wie einem rittér gelanc* etc.

Am Donnerstag haben wir den Studenten einen Ball gegeben. Ich bin glücklich dass alles gut und zu allgemeiner Zufriedenheit ausgegangen ist. Es kam nichts missliebiges vor. — —

Das Ordensfest ist vorbei. Massmann war nicht da, aber J. Grimm (wieder Wilhelm nicht) Schelling Pertz haben die 'rothe Carriere', wie sie der König nennt, angetreten. Der König fragte mich ob ich die Eumeniden von Minkwitz kennte. Ich sagte nein, und fragte Ist es der Vertheidiger von Platen? Er antwortete Das kann ich Ihnen nicht verrathen. Aber er weiche zuweilen von Müller ab 'in der Vertheilung der Chöre', und der König wolle Mendelssohn zur Composition zu bewegen suchen. Ich antwortete freilich nicht Wohl bekomms. Aber wenn der Sommernachtstraum bei Ihnen gegeben wird, gehn Sie hin, oder kommen Sie danach herüber (ich meine, in ein Paar Monaten). Tiecks Anordnung der Scenerie ist entzückend, und bei der scheusslichsten Darstellung leuchten einem die Reize des Stückes ganz anders ein als beim Lesen.

Für das Wörterbuch zu den Nibelungen**), weil Sies doch neulich wieder erwähnt haben, will ich Ihnen Zeunes Übersetzung empfehlen: man kommt durch seine Dummheiten auf Erklärungen die man sonst übergehn würde. Um zu zeigen wie ichs meine, leg ich meine gelegentlichen Anmerkungen bei, die fast alle mit Hilfe

---

*) [Hiervon theilt Einiges Haupt in s. Zeitschr. 4 (1844) S. 555 bis 557 mit.]

**) [S. zu 20 S. 60.]

von Zeune gemacht sind. Einige Ausdrücke sind gut, wie 'durfen, Ursach haben': oft wird Ihnen der grössere Reichthum treffendere geben. Einiges werd ich auch unrichtig genommen haben. Ich will nur sagen dass ich weit mehr bestimmte Übersetzungen wünsche als sie Benecke giebt. Selbst ein fleissigerer Zeune würde den Iwein so fehlerhaft übersetzen als der würkliche die Nibelungen*).

Von Ihrer lieben Frau meldet K. Reimer gutes: grüssen Sie sie recht herzlich; desgleichen Mutter und Schwiegervater. Der Lectionskatalog wird gesetzt: der *liber Simplicius* ist abgeschrieben: wenn nur die Vorrede erst fertig geschrieben wäre**)! Neben Balleinrichtungen und bei fünfstündigem Stehen auf dem Schlosse kann ich mich zu wenig sammeln. Es ist aber auch noch Zeit genug. Nun mit Gottes Hilfe weiter!

C. L.

47.

Ich danke schön für den fertigen Engelhard***). Da ichs weiss, merke ich der Vorrede an dass sie nicht in voller Lust und Freude gemacht ist. Das bemerkt aber niemand, wer nicht eben so kräftig gesund und zugleich so wissenschaftlich unthätig ist wie ich.

3112 wäre zu lesen *vone dannen*? 3185. *ir trüeben sorge* genügt wohl. 3294. *enpfallen* dürfte eben so nah sein.

4248. Für dies *schiere* steht *ebene* Nib. 565 — und Erec 1398? 4291. Bin ich ganz thöricht und dumm? oder kann man würklich nicht sagen *vil tûsentstunt*? gehört *vil* zu *tûsent*, oder zu *tûsenstunt*†)?

Heute Montag am 5. Hornung††) habe ich die fröhliche Bot-

---

*) [S. 20 S. 60 Anm. u. vgl. Klein. Schrift z. deutsch. Philol. S. 272.]

**) [S. oben 45 S. 123.]

***) [Engelhard Eine Erzählung von Konrad von Würzburg. Mit Anmerkungen von M. H. Leipzig 1844. Die Vorrede vom 21. Januar 1844.]

†) [S. Haupt in s. Zeitschr. a. a. O. S. 556 f.]

††) [Am 4. Februar war Haupts älteste Tochter, Marie, geboren, bei der Lachmann (s. 49 S. 132) Pathe stand.]

schaft, gleich nachdem sie angekommen war, auf die angemessenste Art gefeiert, durch den Genuss einer Hühnersuppe, dergleichen Ihnen in diesen Wochen auch bevorstehen, die Sie in Freuden und ohne Ängste verzehren mögen. Also ein kleines Mädchen, und das gleich sein Häuptchen zeigt! Gönnt der Grossmutter ihren Geburtstag nicht! Oder wäre es gar schon weibliche Bescheidenheit, dass sie sich selbst die Geburtstagsfeier schmälert? Aber nein: ich vergesse dass sie nicht etwa auf Weihnachten oder am Geburtstag von Geschwistern gekommen ist (das würde ihr schaden), sondern an einem Tage wo für sie von der andern Freude noch ein übriges abfällt. Sie hat es ganz pfiffig gemacht, und Sie haben von ihrem ersten Lebensact alle Ehre. Nun gebe Gott dass sie so fortfahre. Was ich mit guten Wünschen dazu thun kann, geschieht gewiss. Grüssen Sie die drei Weiber und den Mann recht herzlich.

Ob das Kind gross oder klein sei, haben Sie nicht geschrieben. Im Jöcher steht die gewiss fabelhafte Nachricht, sie sei dahero *Pelzia**) genennet worden, weil sie wegen allzu grosser Kleinheit (nach welcher ein hiesiger Kaufmann Magnus Klein geheissen) in einem Pelzstifel warm auferzogen worden.

48.

O treu verbundenes Bruderhaupt (nach Böckhs Antigone), oder Sorgsam geflickter Gellertspelz, damit Sie doch sehen dass andre Leute mit grossgedruckten Knaben gesegnet sind, so belieben Sie beifolgenden Ausschnitt zu lesen. [Folgt aus einer Zeitung eine Entbindungsanzeige mit lächerlich gross gedrucktem 'von einem gesunden Knaben', so eingeklebt, dass erst beim Umklappen der Name des Einsenders Herrmann Lachmann sichtbar wird.] Und nun klappen Sie unten auf, damit Sie in derselben Ordnung und mit derselben Überraschung lesen wie ich. Für Sie wird das in dem folgenden Ausschnitt angekündigte Werk intéressanter sein

---

*) [S. 1 S. 4 Anm.]

(mit unsern Prinzen und Prinzessinnen zu sprechen), oder Sie werden es wenigstens besser beurtheilen können als ich.

(Eingesandt.)

Literarische Erscheinung für Damen= und Damenkleidermacher.

Eigentlich hätte ich aber den Ausschnitt Grimms geben sollen, die daraus vielleicht ein ganzes Haus und Kindermärchen zimmern würden.

Den 15. Febr. Wenn gestern meine Feder nicht so schlecht gewesen wäre, so brauchte ich nicht heute aus einem andern Tone zu schreiben, da ich, mit der Herzogin Lise Lotte zu reden, heute grittlich bin wie Eine wantLauss*), und zwar um der verdammten Studenten willen, die mich heute früh völlig aus dem Häuschen und in den äussersten Zorn gebracht haben, weil sie nicht wie junge Leute sind, sondern wie alte verbitterte Kerle, die in ihrem unmündigen Hochmut Staat und niederträchtige Opposition spielen wollen, die uns ins Gesicht sagen wir verurtheilten ohne Untersuchung, die uns ihre Vorlesungen über Aufhebung der akademischen Gerichtsbarkeit zum Lesen anbieten, die ohne eine Spur von *bonne foi* unsre mündlichen und geschriebenen Worte mit äusserster Chicane bekritteln, und uns überall als ihre natürlichen Feinde anschnauzen, ohne eine Spur von Dankbarkeit dafür dass wir für ihre und unsere Freiheit wahrhaftig das Beste und mehr thun als sie verdienen. Ich habe aber nun beschlossen das Rauhe heraus zu kehren, mögen sie auch von mir denken was sie wollen. Übrigens ist es denn doch nur eine geringe Zahl, ich glaube nicht über hundert, denen die Nation der Litteraten vorschwatzt von *Monster-Meetings*, von Petitionsrecht, von Freiheit im Atheismus, in der systematischen Opposition, und im Communismus — und die

---

*) [Briefe der Prinzessin Elisabeth Charlotte von Orleans. Herausg. von W. Menzel (Stuttgart Liter. Ver.) 1843 S. 5; deren Originalität Lachmann, der sie um diese Zeit gelesen haben muss, wiederholt in den folgenden Briefen (s. S. 130. 132. bes. 55 S. 139 f. 56 S. 142) zur Nachahmung reizt.]

verbrannten hochmütigen Köpfe glauben das alles. Ich kann weiss
Gott mit jungen Leuten wohl fertig werden die unserer eignen Ju-
gend einigermassen ähnlich sind, die aus Hochachtung und Übermut gleich gemischt war: aber diese altklugen trockenen haarspal-
tenden abstracten politischen Renommisten sind mir in den Tod zuwider. Gott bessers.

Warum soll ich denn am 3. beim Aufrufsfest im Geist in
Halle gewesen sein? Ich habe auf die hallische Beschreibung nicht
geachtet, und es kann mir auch Niemand sagen was da für mich
los gewesen ist. Sie sind ein schwerer Schriftsteller und werden
einen authentischen Commentar liefern müssen.

Wenn ich mein einziges Exemplar nicht behalten müste, schon
pour la rareté du Latin, so schickte ich Huber *de primitiva
cantilenarum (vulgo romances) apud Hispanos forma.*

Für die Züricher Liebesbriefe*) bin ich Ihnen, Euch würde
die Herzogin von Orleans sagen sehr verobligirt. Ettmüller muss
seinen Wolfram gut gelesen haben, wenn er die heilige Jungfrau
nirgend erwähnt gefunden hat. Wenn er anstatt zu stehlen ehrlich
citierte, so sagte er das richtige**). Ist es nicht hübsch dass er
durch eigene Rechnung heraus bringt an welchem Tage Lichtenstein bei seiner Geliebten gewesen ist? Eben so hübsch als wenn
Massmann selbst entdeckt wann die Nibelungen auftauchen, und
die Zeit des Tristans. Wann er Freidank anzusetzen Erlaubniss
giebt, ist im Tristan S. vi zu lesen. Dem Sommer hat er neulich
gesagt, seine Meinung über Otto von Freisingen sei unrichtig: er
hat aber nicht gesagt dass es unsittlich ist einen dummen Einfall
aus blinder Eitelkeit fest zu halten***).

—— — ——

*) [D. h. die zu Zürich entdeckten und von Ettmüller in den
Schriften der Züricher antiquarischen Gesellschaft und in einem besonderen Abdrucke (Sechs Briefe und ein Leich. Zürich 1843) herausgegebenen altdeutschen Liebesbriefe; vergl. Haupt in s. Zeitschr. 4
(1844) S. 398 'Zu Freidank.']

**) [Vergl. Lachmann z. Walther 89,20 S. 205 f.]

***) [Vergl. Lachmann z. Iwein (2. Ausg.) S. 495 Anm.]

Doch ich muss nun aufhören: denn Sie sehen wohl, es ist
wahr dass ich 'grittlich' bin. Was denken Sie aber dass alles mit
Freidanks Gedicht muss geschehen sein, wenn so fremd klingende
Stücke darin fehlen sollten. Ich habe vergebens nach den Versen
der minne lêre*) durchgelesen, und dann *der minne Frîgedanc*
durchblättert**). Beim Blättern fand ich Docen 2, 184 ein mir neues
lütze vituperet (Graff, 2, 322). War nicht im Engelhard zu Anfang
ein ähnliches Wort dunkel? Ich kann nicht nachsehen, weil ich
ihn Sommer geliehen habe um ihn zu überzeugen dass er Anmerkungen zum Flore machen müsse.

Aber gute Nacht. Dem Kindchen alles gute Gedeihen, und
wenns nach mir geht einen Namen von der Pate, der Mutter Kraft
und Gesundheit, und (worin eigentlich alles zusammensteckt) der
Grossmutter Freude und Zufriedenheit.

C. L. 15/2. 44.

49.

B. den 6. Merz 44.

— — Gestern bin ich den ganzen Abend mit hunderten von
Studenten gewesen, und darunter war kein einziger von denen die
ich sonst zu sehn gewohnt bin, wohl aber, wie ich glaube, eine Anzahl Corpsburschen. Sie führten unter Anleitung des Dr. Geppert
die *Captivos* auf, zwar nach unmetrischen Lesarten und (einen
Philologen ausgenommen) ohne eine Kenntniss des Versbaus spüren
zu lassen, sogar mit *deliquit* und *upupa*, aber doch sehr hübsch
in Costümen und Scenerie, und mit liebenswürdiger Unschuld und
ohne Schauspieleraffectation, zum Theil mit grossem Geschick und
fast durchaus mit freiem Anstand. In den Philokrates hab ich mich
förmlich verliebt, und Ergasilus spielte und sprach wie ein echter
Buffo. Nachher ward gegessen, schändlich (der König war nur bei dem
Stück zugegen, wie der Prinz von Preussen und drei Minister), und
sehr schlecht getrunken: Sie kennen mich nun zwar von der Seite

---

*) [S. Haupt Verr. z. Hartmanns Büchlein S. viii.]
**) [S. Lachmann z. Walther 3,2 S. 128.]

9*

nicht, aber Sie dürfen mir glauben dass ich in solcher Gesellschaft
mich zu allgemeiner Zufriedenheit zu betragen weiss. Ich gieng als
ich merkte dass ich die Studenten nicht mehr überschreien konnte:
Herr Paull Fleming ist aber bis auf den letzten Mann geblieben;
er und Rudorff und etliche Justizleute. Ich habe von solch einem
Abend und meiner unschuldigen Popularität dabei den leider wenig
dauernden Vortheil dass ich meine Glieder wieder los fühle und
mir wie ein lebender Mensch vorkomme. Letzte Woche war ich
wie ein alter Gaul abmarecht: meinen Geburtstag hätte ich selbst
beinah vergessen. Sie haben mich (so ist die leipziger Postord-
nung) erst gestern daran erinnert. Einen am 23. angefangenen
Brief muss ich vernichten, weil ich mich der wechselnden Stimmung
und besonders der Grittlichkeit schäme. Indess da ich einmahl schon
angefangen habe Sie zu ärgern, so will ich einiges daraus abschreiben oder ausziehen.

Von dem namen Maria bin gantz *content*, und vor die ehre
mich zu paten zu haben bitten wollen bleibe ewig verobligirt. Eigentlich bin ich zwar überflüssig: denn nach Harms sollen die Paten nichts
anders thun als dem Prediger taufen helfen. Ich habe am 22. beim
Prediger Buttmann redlich mit Wein getauft, welches der kleinen
Marie gut thun wird, zumahl da sie, wie gesagt, so sehr klein ist.

Der Dr. Hornig aus Brandenburg kam gleich auf sein über-
sandtes Glossarium zu Walther. Er sieht nicht ganz so dumm aus
als er ist. Dies letzte werden Sie aus dem Buche ersehn, das unser
einer natürlich doch brauchen [wird], z. B. um daraus zu lernen
dass *bûwen* oder *bouwen* nie vorkommt ausser das eine Mahl im
Reim [36, 20].

Um Sie recht zu ärgern, will ich Hagen gegen Sie Recht
geben, dass Hartmann seinem ersten Büchlein einen Leich angehängt
hat. Denn dass es *gesanc* ist, wird Z. 1713 und 1868 angedeutet:
ist es aber Gesang, so kann es nur ein Leich sein. Und wär es kein
Gesang, wozu dann Strophen, und ungleiche nach einem Gesetz*)?

---

*) [Von Haupt in seiner Zeitschrift 4 (1844) S. 395 mitgetheilt,
wo er die in der Vorrede seiner Ausgabe der kleineren Gedichte Hart-

Um den Ärger gut zu machen, will ich Ihnen Hubers Programm
schicken, mit meinem *prooemium*, in einigen Tagen. Dass ich ihn
selbst nicht darum bitten kann, werden Sie beim Lesen sehen, weil
man doch den Leuten nicht gern ohne Noth Grobheiten sagt[*]).

Zum Engelhard, für den ich schönstens danke: er sieht nobel
aus[**]). 1989. *begond sich dá* Troj. 13136. Zu 6294 l. *sôso iz
zâmi*, auszusprechen *sôso iz* nach Iwein S. 558,32. Otfried be-
tont nicht *sô sô*. Hoffmann hat seine Handschriften der Bibliothek
zum Kauf angeboten. Ich werde auf jede Art dafür sorgen dass ich
seine Otfriede im Hause behalte.

Meusebach werde ich seinen Engelhard schicken, adressiert
auf Meusebachshause bei Potsdam'. Auf den Helmbrecht freue
ich mich, mehr noch auf den Helbling[***]). Ich habe Pertz gebeten
den Otacker nicht zum Druck zu geben eh ich ihn gesehn habe.
Unser Helmbrecht ist einem Titurel des 15. Jh. von derselben Hand
angehängt. [Am Ende der Seite hinter einigen Flecken]

Die Flecken sind nicht von Himbeeren, so ich Etwann
fressen hab, sondern womit der marionetten Faust
seinen Namen allezeit zu schreiben gewohnt ist, mit
guter schwarzer Tinte.

Hertzbergs Properz†) habe ich noch nicht gesehn, wohl aber
seine unverschämte Buchhändleranzeige. Gott, ich werde ja von
Hornig stillschweigend widerlegt, K. Roth will von mir schweigen,
Geppert findet meine Sachen unerheblich: warum nicht Hertzberg?
Ich habe nie die Kunst verstanden mich bei dummen Menschen gel-

---

manns (S. VII) gegen von der Hagen geäusserte Meinung zurücknimmt.
Siehe oben 13 S. 47.]

[*]) [Vergl. 48 S. 130.]

[**]) [S. zu 47 S. 127.]

[***]) [Ausgaben beider im 4. Band von Haupts Zeitschr. (1844)
Seifried Helbling von Karajan S. 1—284; Helmbrecht von Haupt
S. 318—385. Über die Berliner Handschrift des letztern ebend.
S. 318.]

†) [Dessen beide ersten Bände, mit marktschreierischem Titel,
Halle 1843 und 44, der dritte 1845 erschienen.]

tend zu machen, weil ich ihnen zu viel Arbeit zumute und zu stolz
bin zum Dickethun. Den Nipperdey bekomme ich wenig zu sehn,
und bin nicht gesammelt genug seine würklich schönen Sachen*)
zu lesen.

Die schönsten Grüsse an alle von Ihrem geplagten

L.

50.

Berlin 14 Apr. 1844.

Wenn man nicht erfährt wo der Vorhang gebrannt hat, so
bleibt man doch in der Angst dass Frau und Kind der Schrecken
könnte geschadet haben. Die Vorderpfote scheint nach dem heutigen Briefe ja wieder ziemlich brauchbar.

Das Blatt zum Helmbrecht wäre längst zurück, wenn nicht Hahn
seinen Lanzelet**) geschickt hätte; woran ich ewig gelesen habe,
wegen der unglaublichen Dummheiten. Z. B. *daz in niht/s enbrast*
[2008?] corrigiert er jedes mahl, nämlich ⌐, so dass man zweifelt
ob er nur Eine vierte Zeile in der Nibelungenstrophe je gelesen
hat. Überall dummes Probieren, ob sichs bequem in sein Schema
s c h r e i b e n lässt; dabei kein Zipfel vom Ohr. Dann war und ist
bis übermorgen O. Jahn hier, den ich trotz Ihnen nun einmahl
zärtlich liebe: da muste ich den Censorinus***) lesen (den wohl
Reimer drucken wird, 5—6 Bogen), mit Collation eines Vaticanus
sæc. x, der mit dem Darmstädter Uncialcodex überall stimmen
soll: diesen hatte er vergessen mitzubringen. Er hat einiges sehr
hübsch verbessert, und ich habe, in drei Tagen die michs kostet,

---

*) [Vermuthlich von Nipperdey, der Herbst 1843 von Leipzig
nach Berlin übergesiedelt war (Rud. Schöll Karl Nipperdey 1875
S. 10f.), Lachmann im Manuscript vorgelegte Proben seiner Caesar-
untersuchungen.]

**) [Lanzelet. Eine Erzählung von Ulrich von Zatzikhoven. Her-
ausg. von K. A. Hahn. 1845. Die Vorrede (14. April 1845) dieser
Lachmann gewidmeten Ausgabe rühmt S. xv u. xvi die dem Herausgeber zu Theil gewordene Hülfe desselben. Vergl. unten 60 S. 158.]

***) [S. unten 56 S. 143.]

einiges was nicht von Stroh ist hinzu gesetzt. Wegen Ihres Gör-
litzer Codex hätten Sie ihm nicht geantwortet. Mir scheints an
den beiden alten genug: was Sie aus dem Gorl. anführen, ist eine
catonische Jahrzahl, für Censorinus falsch, der nach Varro rech-
net, aber 17,13 auch Pisos andre Zählung ungerügt lässt, *Roma
condita anno DC septimum (anno DVII codd.) saeculum accipit.*

In dem *prohoemium*) p. 9,25. 26 würde ich nicht gegen
virgatas und *striatas* sein, wenn die Ausdrücke sonst vorkämen.
signatae arbores sind häufig, *plagatam cicatricem* steht Goes
p. 88, 13, bei Sic. Flacc. p. 8,9 *plagis, id est latis cicatricibus,
signatae inveniri debent;* aber *striae* und *virgae* nirgend, soviel
ich weiss.

Ob Karajan mit Baiern für den Gartenære Recht hat, kann
ich so geschwind nicht klein kriegen: dass aber *clamirre* ein Essen
ist, lasse ich mir nicht abstreiten**).

Auf das Heft von Chmels Geschichtforscher bin ich wie ein blindes Huhn gefallen, bei einem vierteljährlichen Besuch des Journal-
zimmers der Bibliothek, wo es eben lag. Steht also in einem andern
Hefte etwas von einem Riedegger Partonopier, so ist es Ihr Verdienst das zu finden. Ich wünsche guten Appetit.

Wo werden Sie denn Ihren Frühlingsbrunnen trinken? Es
verlautet ja dass Sie in eine Weidmannswohnung ziehn werden,
wovon freilich Ihre Brieflein nichts sagen. Auf den Helbling bin
ich sehr begierig. Das weibliche Kleeblatt Ihres Hauses grüssen
Sie *bescheidenliche* von

Ihrem

C. L.

51.

Lieber Herr Magister

Ich antworte auf nichts. Sie und die Ihrigen sollen nur wissen
dass ich noch lebe, wenigstens halb, nachdem ich drei Wochen unter

---

*) [*De Iulio Frontino* (s. 45 S. 123; 49 S. 133): oder in den *Gro-
matici veteres* p. 44, 18. 19.]

**) [S. Haupt zum Helmbrecht a. a. O. S. 319. 320. 321.]

schändlichen Schmerzen zugebracht habe und noch mit Mühe sitze, die grosse Mattigkeit gar nicht gerechnet. Statt Königsberg *), worauf ich mich so gefreut hatte, habe ich nur eine sehr gnädige Kabinetsordre für das beifolgende auf Eichhorns Befehl gedruckte *morceau d'éloquence***). Muss ich noch zum Redner werden! und gar Kabinetsordern dafür als Quittungen erhalten! Sie werden sanft urtheilen und meine schlechte Rhetorik nicht zu scharf kritisieren.

Doch genug: ich muss mich wieder legen, und kann nur noch Ihr Haus schönstens grüssen.

Berlin 9 Sept. 1844.

52.

Lieber Herr Magister,

ich glaubte gar nicht dass Sie nach Dresden ***) hinauf werden würden, weil ich überall las dass Pelz †) seiner Haft nicht sei entlassen worden. Nun desto besser. Ich komme, mit einer ekligen *fistula ani* und auf einem durchlöcherten Küssen, am Sonntag Nachmittag in Leipzig an, und den Montag können wir dann hinauf machen. Ausser Thiersch und C. Julius Caesar und Böcking, die hier sind, kommt fast die ganze Griechheit, Bekker, Brüggemann Kortüm Meineke (mit Podagra) Parthey Pertz? Ranke. Nur Pinder muss umziehn und Trendelenburg Kinder warten. Ausserdem kommen noch viel andre, so dass wir fürchten Berlin werde nächstens auch für die Philologenversammlung gewählt werden: und das wäre fürchterlich für uns. Es ist schon ein Unglück dass die reisenden Gelehrten dies Jahr auch im Herbst kommen, statt wie sonst nur um Ostern. Sie benehmen einem alle Sinne: ich habe

---

*) [Wohin Lachmann als Rector zur dritten Säcularfeier der Universität (30. Aug. 1844) zu gehen beabsichtigt hatte.]

**) [*C. L. Oratio in Rectoratu habita die III mensis Augusti in memoriam Friderici Wilhelmi III. Regis Beatissimi* (Berlin. Reimer. 1844). S. Hertz K. Lachmann S. 72 ff.]

***) [Zur Philologenversammlung.]

†) [Siehe zu 1 S. 4.]

kaum noch so viel um das Pathchen grüssen zu lassen und die *muoter*. Der Frühling*) will im Herbste nicht gedeihen.

Auf Wiedersehn übermorgen.

L.

27/9. 44.

53.

Hier, mein theurer Freund, kommt mein unversprochener Beitrag zum letzten Bande der Zeitschrift**). Ist er Dir zu lang oder sonst nicht recht, so schicke ihn ohne Bedenken zurück: denn ich kann ja die paar Bogen auch allein drucken lassen. Vielleicht sollte ich Dich gar nicht in Versuchung führen, weil Du doch nur tausend Mühe davon hast, weil ich gewiss manches übersehen und sonst gepudelt habe. Ich fürchte, es sind sogar einige erst bei der letzten Correctur gemachte Verbesserungen nicht beachtet und werden also für Lesarten beider Hdschr. ausgegeben. Besser machen habe ichs nicht können, weil ich immerfort verdriesslich faul und klagend bin und das *vivere nec recte nec suaviter****) recht an mir erfahre. Die Hauptentschuldigung liegt freilich in der verdammten Fistel, die ich jeden Augenblick entweder fühle oder doch daran denken muss. Der Ärger über die verfluchte Regiererei thut auch das Seinige. Aber man sollte gegen alles tapferer sein, auch gegen die Mattigkeit die wohl noch von dem schweren Jahre kommt.

Grieshaber hat endlich in diesen Tagen ein schönes Exemplar seiner doch zu einförmigen Werke†) geschickt, Uhland aber nichts.

Dass Du heim gekommen bist, hab ich wohl erfahren, aber nicht wie, und auch nicht von Dir: von dem Jubileum hab ich nur Zeitungsnachrichten, und die sprechen mit Liebe nur von Scandal — dergleichen 'Hölzchen in der Falle, nachher *impedimentum*

---

*) ['Minnesangs Frühling': siehe zu 41 S. 113.]

**) ['Lesarten zu Hartmanns Gregorius' im 5. Band von Haupts Zeitschr. (1845) S. 32—69, wozu die Vorrede vom '8. November 1844.']

***) [Hor. ep. 1,8,4; s. 12 S. 44.]

†) [Vermuthlich Deutsche Predigten des 13. Jahrh. zum ersten Male herausg. v. G. Stuttg. 1844.]

quodlibet' froilich übergenug vorhanden ist. Für die neuen *Ele-menta**)* danke in meinem Namen schönstens. Gelesen hab ich noch wenig, ausser von den saturnischen Versen. Ob man würklich bei den alten Römern an italiänische Verskunst glauben muss? Heute Abend ist mirs wahrhaftig ganz einerlei; woraus Du meine angenehme Stimmung ersehen kannst. Soll man aber in solcher Stimmung an seine Freunde schreiben und etwa gar Frau, Frau Mutter, und Kind Kind, grüssen lassen? Ja, wenn es bloss aus der eigennützigen Absicht geschieht ihnen ein freundliches Wort zu entlocken, oder auch ein scheltendes. Und darum will ich denn herzlich gebeten haben.

Wenn Du auch das Manuscript mir wieder schickst, so warte doch ein paar Tage, um Dich an dem reglementswidrig, selbst ohne Anfrage, Dir mit gesandten Manuscript der königlichen Bibliothek zu erlustigen, nämlich an Hagens kostbaren Verbesserungen. Ob der Gregorius nicht in das Gesamtungeheuer oder affentower kommen wird**)? Dass ich den Frühling jetzt ruhen lasse, zumahl bei der Nässe die mir alle Muskel erschlafft, kann ihm nur nützlich sein. Ich glaube, ich würde in der Wut alle die letzten Lieder von Morung***), an denen ich eben stehe, als unecht verwerfen.

Haase ist allerdings zu Protokoll vernommen, und hat sich schriftlich verantwortet. So viel ich vom Inhalt weiss, ganz genügend. Bescheid hat er noch nicht: es ist nicht unmöglich dass ihm geschrieben wird, wie an Meier, es hätte eigentlich eine Untersuchung über ihn verhängt werden sollen. Geschieht das etwa, so hoffe ich, er ist Manns genug sie zu fordern. Eigentlich glaub ich nicht dass man sich so weit vergessen wird: aber ich will mich

---

*) [Von G. Hermanns *Epitome doctrinae metricae*, die doch wohl gemeint ist, erschien 1844 eine *editio altera recognita*.]

**) [von der Hagens 'barbarisch beniemtes' Gesamtabenteuer (s. 28 S. 69) oder Sammlung von Erzähluugen (s. 22 S. 68 f.), die erst 1850 erschien.]

***) [Heinrichs von Morungen, der in 'Minnesangs Frühling' (s. zu 41 S. 113) seinen Platz gefunden.]

nun einmahl ärgern. Hoffentlich findest Du mit all den Deinigen in voller Heiterkeit und gesegnetem *embonpoint* meinen Ärger nur lächerlich, aber durchaus nicht ansteckend.

Sonnabend den 9 November 1844.

54.

Berlin 3 Dec. 44.

Lieber Freund, nur zwei Worte kann und muss ich Dir schreiben, weil und dass ich seit einigen Tagen ganz im Babrius stecke. Die nächste Woche wird der Druck angefangen. Meineke und ich haben hübsche Sachen gemacht, welches nach dem Boissonade und dem ziemlich armseligen Dübner nöthig war. Bekker macht Text und Interpunction *). Beiträge sind willkommen, aber nicht Concurrenz. *Sapienti sat*, d. h. für Euch die Ihr alles erfahrt was sich Litterarisches in Leipzig eräugnet.

Für die freundliche Aufnahme des Gregorius**) danke ich schön, obgleich ich jetzt kein Wort von ihm weiss, weil ich eben mit der bekannten Wut auf nichts als den Babrius aus bin. Sogar das Programm über Pindar***) ist noch nicht gelesen.

Dir und Deinem Hause gute Besserung — ich hoffe, der Wunsch ist schon überflüssig —, und gute Nacht. Von Herzen

Dein

C. Lachmann.

1845.

55.

Versaille den 12 *Januari* 1708 weillen diss dass Erste Mahl In diessem Jahr ist, dass Ich Euch schreibe so Muss Ich nach guttem

---

*) [S. Lachmanns Vorrede zum Babrius (22. Dec. 1844 u. 1. März 1845) und den folgenden Brief.]

**) [S. 53 S. 137.]

***) [*Pindari Nemeorum carmen sextum. edit. a.* 1844; in Hermanns Opusc. 8 S. 68.]

alten *heydelberger* Brauch Ein glückseliges Neues Jahr wünschen
sambt vollkommener gsundtheit langes *Leben* undt alles wass Ihr
undt *Louise* Euch selbsten wünschen undt begehren möget undt
versichere Euch *beyde* dass Ich Euch nicht weniger lieb In diessem
alss alle andere Jahre meines lebens behalten werde*).

Vom 15. Nov. bis 5. Januar Abends bin ich der Knecht meiner
Lust gewesen: da war nicht nur der Babrius fertig nebst Vorrede,
sondern auch das proömium zum Katalog, welches handelt von —
Avian**). Wir werden ja sehn ob Dirs recht ist dass ich beide 100
Jahr aus einander bringe, 70 n. C. und 170. Bei Avian kostet das
aber Künste; obgleich sichs der von Bernhardy in der römischen
Litteraturgeschichte unter die Sterne, in das Gestirn des Stiers glaub
ich, versetzte H. Cannegieter nur hat Dummheiten kosten lassen.
Beim Babrius war zuletzt *embarras de richesses,* freilich eben nicht
in den schwersten Stellen, z. B. 54,2. 66,2. 4. 6. Du, Hermann,
Schneidewin, haben allerdings jeder einiges vortreffliche gebracht,
aber damit ist es nun auch genug. C. F. Hermann hat viel schlechtes
und auch manches übereinstimmende geschickt (z. B. auch 5,4 mit
mir αἰσχυνθείς, welches wegen Deines bessern ἔχοπτ' ἐς verschwiegen ist). Seinen *consensus* in den noch übrigen Bogen (einer
war sogar schon gedruckt) einzutragen hatte ich nicht Lust, und
so wird er nur im Anhang der Vorrede erwähnt werden. Da er zuvor schon alles an Hrn v. Henning geschickt hatte, so können Liebhaber oder künftige Orellis seinen *consensus* nachtragen***). Für
dergleichen würden auch Eure und unsere verschwiegenen falschen
Versuche ein kostbares Essen sein: mir sind wir zu gut als dass
ich unsere Fehler wissentlich zur Schau tragen sollte, damit andre
daraus das richtige etwa heraus probieren. So ist 12,15 Dein ἔν-
νοτος und mein τηκτός verschwiegen, und nur hingesetzt was Mei-

---

*) [S. zu 48 S. 129.]

**) [Proömium zum Lectionskatalog für das Sommersemester 1845
mit dem Datum 22. Februar 1845. Klein. Schriften zur class. Philologie S. 51—56.]

***) [Siehe Vorr. S. xix.]

neke freilich erst aus meinem gemacht hat πηκτός. Boissonade wird theils in der Vorrede geputzt, theils dadurch dass die von ihm unbeanstandeten Fehler der athoischen Handschrift mit AB bezeichnet werden. Seine positiven Böcke sind natürlich verschwiegen. Noch will ich Dir eröffnen dass jetzt am letzten halben Bogen (S. 65 ff.) gesetzt wird und darauf von Meineke alle übrigen griechischen Choliamben folgen. Wenn der ganze Titel *Choliambica poesis Graecorum* heisst, so können Orelli und Baiter*) uns nicht vorwerfen dass wir mit ihnen rivalisieren wollen. Wir wusten in der That vor der Ankündigung in der Brockhausischen Zeitung nichts davon: aber deshalb unsere Sache nicht aufzugeben war sogleich beschlossen. Nun hat die schweizerische Ausgabe, die doch fertig sein sollte, hier noch kein Mensch gesehn. Wenn sie etwa schon in Leipzig ist, ich bin nach der Erfahrung an C. F. Hermann nicht begierig darauf.

Mein Übermut wäre mit Recht gestraft, wenn Du gegen meine 'sicheren' horazischen Besserungen**) viel einzuwenden hättest. Zum Glück bist Du nur gegen zwei. Aber 4, 2 *concinet* hast Du Dir noch nicht überlegt. Das Fest wird Julus Antonius mit einem grossen Opfer feiern, Horaz mit einem kleinen: singen wird ein Dichter der eine bessere Klinge schlägt (*maiore plectro*). Wenn Julus zum Singen Talent hätte, so würde dies von Horaz gepriesen werden, und er hätte dann keine Zeit zum Opfer. Und *lac iam uber* [4, 4] 'die schon reichliche Milch' ist mir nicht deutlich, und mit *matris ab ubere,* wenn es sich erst hinterdrein als Adjectiv zeigte, würde Horaz den Leser schicanieren. *depulsus* ist so technisch wie 'abgewöhnt': man denkt dabei weder ans Wegtreiben noch an die Künste mit denen man dem Kinde die Angewöhnung verleidet. 'Bravo! Fahre so fort!' (so hat Voss serm. 1, 2, 31) wird

---

*) [*Babrii fabulae iambicae* cxxiii *a Minoide Mina in monte Atho nuper repertae. Ex rec. I. Fr. Boissonadii passim reficta cum brevi adnotatione critica edid. I. C. Orellius et I. G. Baiterus.* Turici 1845.]

**) [Rhein. Mus. f. Philologie iii (1845) S. 615 ff.: Klein. Schrift. z. class. Philol. S. 81 ff.]

dem abgewöhnten Löwenwolf zugerufen, weil eigentlich Drusus damit gemeint ist. So wie im fröhlich nährenden Thal das Reh ihn
dem die falbe Mutter die Brust bereits (Glück auf!) entzog, den
Leun, vom jungen Zahne bestimmt zu verbluten, sahe. — Von Hermanns Krankheit habe ich erst nachher durch Köchly und Puchta
erfahren und mich nachträglich geängstigt. Wer ist denn bei euch
der die Auditorien bestimmt? Bei uns der Rector höchstselbst, mit
Hilfe des Registrators. Augenschmerzen kenne ich auch: dagegen
hilft nur das Kräutlein *patientia* und Nichtsthun, Grillen darf man
aber nicht aufkommen lassen. Zum Beispiel dass in diesem doch
schon vor 137 Jahren angefangenen Briefe (mir zwar ist es wie gestern) noch nichts von denen von Weinsbach*) vorgekommen ist:
ein kluges Kind sagt sich, neben den Fabulisten kann man solche
saubere Arbeit nur durchblättern und auf den Frühling**) verschie-
ben, für den Du mit rührender Sorgfalt das zu sammeln fortfährst
was ich gern benutze aber nie suchen werde, weil ich dazu kein
Talent habe.

Die schönsten Grüsse, und Dir Geduld und gute Besserung.
Meine Fistel ist wie sie war: ich vertraue aber meiner langsamen
Natur. Was schadets wenns noch ein Jahr dauert?

22. Jan. 1845.

56.

8 Merz 1845, Sonnabend Abend.

Euer brieff vom 3. *Martij* ist mir gantz ahngenehm gewesen***).
Obgleich am heiligen Abend geschrieben (wie einmahl Delbrücks
ältester Sohn sagte, der unermesslich darum geneckt ward), ist er
doch erst am 2. Feiertage angekommen durch die Schneeabsper-
rung. Die Zeitschrift kam gestern nach, und morgen soll der Serva-

---

*) [Der Winsbeke und die Winsbekin. Mit Anmerkungen von M. H.
Leipz. 1845 ('Herrn Professor Böcking in Bonn zu Weihnacht 1844' ge-
widmet). Über die 'Herren von Winsbach' Haupt in der Vorr. S. xi.]
**) [Des Minnesangs nämlich: vgl. zu 41 S. 113.]
***) [S. zu 48 S. 129.]

tius*) gelesen werden. J. Grimm hat mir von *itruechen* (*ittrichen* im Reim in den unechten Theilen von Rudolfs Bibel) erzählt, und die Legende sei langweilig, die Darstellung aber schön. Leider pflege ich in solchen Urtheilen nicht mit ihm überein zu stimmen. Die Bitterkeiten gegen Hoffmann und Massmann sehen gedruckt etwas grell aus**): aber ich muste mir doch diese lästigen Fliegen endlich von der Nase jucken, da sie so immer durch ihre Dummdreistigkeit imponieren bis man sie näher kennt. Was ich Deiner Sorgfalt zu verdanken habe, kann ich natürlich nicht sehen, ausser die Stelle vom "Erraten-Verzeichniss"***): denn in meinem Exemplar fehlt es. Im Lectionsverzeichniss kannst Du finden dass deutsche Grammatik von Dreien angekündigt ist. Neulich haben mich 8 Studenten durch einen hingelegten Zettel gebeten über Wolfram zu lesen. Soll ichs thun? Fünf Mahl von 7 bis 10 ist etwas bitter: was soll dabei aus dem NT. und aus dem ersehnten Frühling†) werden? Jetzt schlage ich mich noch mit Jahns Censorin††) herum, der fast ganz gedruckt ist, nämlich vier Bogen. Er hat schöne Sachen aus zwei alten Handschriften (nur die Orthographie ist mit vornehmer holländischer Liederlichkeit behandelt): emendiert hat er etwa (nachdem ich einiges wieder gestrichen habe) 40 Stellen, ich eben so viel ungefähr und ohne mich zu rühmen einiges auserlesen. Seine Arbeit ist nicht schlecht, aber noch gar nicht für den Setzer fertig, und diese Art alles und immer das Neueste zu citieren ist mir zuwider. Einige Citate hab ich gestrichen. Indessen man muss einen Menschen, der so viel Gutes hat und durchaus edel und liebenswürdig ist, nehmen wie ihn Gott gemacht hat:

---

*) [Von Haupt im 5. Band der Zeitschrift (1845) S. 75—192 herausgegeben, die Vorr. dazu v. 11. Dec. 1844 — Das von Haupt unerkannte Wort steht im Servatius 3274, *er itruhte*; vgl. Haupt Zeitschr. 8 S. 236 Anm.]

**) [In der Vorrede zu 'Lesarten zu Hartmanns Gregorius' Zeitschr. 5 S. 32 u. S. 33.]

***) [In Greiths *Spicilegium*: s. Lachm. 'Lesarten' zu 3507.]

†) [Vergl. 41 S. 113.]

††) [Vergl. 50 S. 134.]

serviet utiliter sagt Horaz [ep. 1, 16, 70] etwas grob. Bei Horaz fällt mir ein, dass ich doch meinen alten Streit, wider die Ansicht dass auch über wahre Verbesserungen die Meinungen immer getheilt bleiben, endlich wohl werde lassen müssen. Meineke lobt *macte**), aber er will *damnatam* [3, 3, 23] nicht streng juristisch fassen, und *eripe te morae ne* [3, 29] hält er für lateinisch — mir scheint es grade so gut Latein wie Göschens *set illa quaestio an — adoptare possit, — communis est* im Gaius 1, 106, oder wie Francesons Titel französisch ist, *sur la question* (ohne *de savoir*) *si Homère a écrit.* Der metrische Abschnitt in dem scheusslichen *fragmentum Censorini*, der mich allein drei Tage gekostet hat, ist offenbar nach Cäsius Bassus, höchst merkwürdig wegen der schönen Citate und wegen der verdrehten Theorie, nach der Kretiker so gemessen werden, $-\cup|--|\cup-$, und Joniker $--|\cup\cup|-\cup|-\cup$. Der Vers *ille ictu' retro reccidit in natem supinus* [95, 19] ist ein *Ionicus septenarius* und *habet vitium in tertia syllaba*.

Schneidewin habe ich wegen der Bergkischen Nichtswürdigkeiten**), die Meineken eine Nacht kosten, zu trösten gesucht durch die Ermahnung, er solle ihn zu übertreffen sich bemühen durch festes und dauerndes, an dem nicht nachzubessern sei. Dass Glykoneen, wie andere ἐξ ὁμοίων συστήματα, κατὰ συνάφειαν gemacht werden, habe ich gewiss nicht von Bergk gelernt***), da ich nicht einmahl weiss dass er es gesagt hat (ob Du es bei ihm gelesen hast, wirst Du selbst wissen); vielleicht nicht einmahl aus Hephästion. Wohl aber hab ich aus diesem gelernt dass die ἐξ ὁμοίων nicht bloss durch καταλήξεις getheilt werden, sondern auch durch βραχυκαταληξία d. h. durch eine kurze Endsilbe statt der langen: und darum zweifle

---

*) [S. 55 S. 141.]

**) [Über den Streit um Mein und Dein in den *Poetae Lyrici Graeci* zwischen Bergk und Schneidewin findet der Liebhaber genügende Auskunft in 'Beiträge zur Kritik der *Poetae Lyrici Graeci edidit Theodorus Bergk* von F. W. Schneidewin. Nebst einem Vorworte.' Göttingen 1844.]

***) [Hierüber und die folgenden metrischen Bemerkungen s. den zu 57 S. 147 Anm. genannten Aufsatz.]

ich noch ob Du bei *Collis o Heliconii* [Catull. 61] Recht hast und halte die Strophe für zweiversig. Die Sache ist aber gar nicht so einfach: denn es ist noch zu fragen ob Anakreon auch ἀσυναρτή-τους (in Bentleys Sinne, der allein einen Verstand hat) gemacht habe, welches ich bis jetzt nicht glaube. Ich denke, äolisch sind ἀσυνάρτητα, ionisch κατὰ συνάρειαν, dorisch (περίοδοι) Responsion der Kola die aber in Strophe und Gegenstrophe verschiedene Verse (περίοδους) ausmachen können. Dass Böckh die dorischen Verse in Str. und Ant. gleich macht, ist *petitio principii* ohne alle Über-lieferung und hat im Pindar die absurden Apostrophe und Präpo-sitionen am Ende der Verse hervor gebracht.

Den Babrius hab ich von Herzen satt: Bekker mochte ihn von Anfang nicht. Mir ist aber zuwider dass sie nun alle über den Boissonade herfallen. Hätte der seine Pflicht gethan, so würde Je-der das Maul halten müssen, der nicht Auserlesenes hätte. Fix ist noch angekommen, und ein Grieche Piccolos, und endlich Ahrens *) mit einem Stück Programm, worin einiges gut, das meiste aber Sauzeug ist. Durch die verfluchten Fragmente verwöhnen sie sich keinen Schriftsteller mehr wie einen Menschen zu behandeln, dem man denn doch seine Art ablernen muss, sondern jedes glossema-tische Wort und jede Albernheit ist ihnen recht wenn so was nur eine Conjectur giebt. Schneidewin **), nachdem er erst dem Babrius die Verse vom Äsop ἄδοντα μῦθον [147, 3 S. 85] genommen hat und dem Kallimachus gegeben, von dem kein Mensch weiss ob er den Äsop erwähnt hat, freut sich dann dass Babrius ebenso sagt τήνδε βίβλον ἀείδω [S. 66, 16]. Und das nennen sie combinieren.

―――――――

*) [Über Fix s. Nachtr. z. Vorr. S. xix. N. Piccolos *Quelques ob-servations sur le texte de Babrius.* Paris (Didot) 1845 und in der Re-vue de philologie 1. 1845. Ahrens *De crasi et aphaeresi cum corollario emendationum Babrianarum.* Ilfelder Osterprogramm 1845.]

**) [In der Nachtr. z. Vorr. S. xx genannten Recension über Bois-sonade und Dübner in den Göttingischen gelehrten Anzeigen 1845 S. 1—32, s. bes. S. 6—8. Übrigens vergl. desselben Schneidewin Re-cension des Lachmannschen Babrius in den Göttingischen gelehrten Anzeigen 1845 S. 1361—1384. Ebendort über obige Frage S. 1371.]

Hol sie der Teufel. Übrigens thust Du mir Unrecht, wenn Du sagst ich ignoriere die Züricher: wir haben alle drei das Buch noch nicht gesehn, freilich aber uns auch nicht darum bemüht.

Hast Du Öhlers varronische *Satiras**) gesehn? Wie ich höre, hat er nicht heraus gebracht wie diese Gattung etwa ausgesehn hat. Dann hätte er können zu Haus bleiben. Ich habe nur gesehn dass er [S. 145] gegen mich *cynodidascalicus* vertheidigt. Er scheint das mit κυνοδιδάσκαλος zu verwechseln, welches allenfalls auf Cyniker gehn könnte. Eine metrische Theorie hat Varro doch wohl eher als in einer *satira* in dem Buche *de actionibus scaenicis* vorgetragen: mein *scaenodidascalicus***) wird also wohl bei Ehren bleiben.

Ich habe, vermutlich aus Sympathie, eine katarrhalische Augenentzündung, und schreibe darum so schlecht dass es Deinen kranken Augen wohl weh thun wird. Nimms nicht übel. Sonst bin ich wohl, bis auf die Fistel: ich habe mich aber in Geduld gefasst und traue meiner chronischen Natur. Grüsse die Deinigen herzlich von dem der nach diesem Briefe nur noch überlegen wird wieviel Exemplare des Proömiums****) nach Leipzig zu schicken sind: dann wird er zu Bett gehn und, um recht erotisch zu schliessen, von Dir träumen.

57.

Nun wie gefällt Dir denn der Babrius†)? Ist er appetitlich genug um darüber zu lesen? Oder sind 25 Sgr. zuviel für Studenten? Etwas, muss ich gestehn, wundert mich die grosse Liebe, die überall diesen Fabeln entgegen kommt. Sie haben eine moderne††) aber ganz ohne Gründlichkeit der Gedanken oder des Ausdrucks,

---

*) [*M. Terentii Varronis Saturarum Menippearum reliquiae. Ed. Fr. Oehler. Praemissa est commentatio de M. Terentii Varronis Satura Menippea.* Quedlinb. u. Leipz. (Basse) 1844.]

**) [Terentian. Maur. praef. xv.]

***) [Über den Avian: s. 55 S. 140.]

†) [Vorauf der Schmutztitel *Choliambica poesis Graecorum.* Dann *Babrii Fabulae Aesopeae Carolus Lachmannus et amici emendarunt. Ceterorum poetarum choliambi ab Augusto Meinekio collecti et emendati.* Berl. 1845.]

††) [Dahinter fehlt wohl ein Wort.]

eine Masse von spätem und ungenauem Sprachgebrauch. Bekker würde stärker davon sprechen, weil er gar zu sehr auf die strengste Correctheit der Gedanken aus ist. Aber mir gefallen doch auch meistens am besten die unbekannten Fabeln, weil es politische sind, und diese, meistens ganz unpoetisch und ohne Anschaulichkeit, die eigentlichen Fabeln der Griechen sind. Aus der vereinzelten Laune eines Archilochus und Kallimachus hätte Babrius zwar wohl Veranlassung nehmen können einige poetische und unschuldige Fabeln zu behandeln in Versen: aber gleich 200 von allen Arten, das war wohl kein glücklicher Gedanke, wenn gleich die Choliamben nicht ganz übel die pikante Prosa vertreten. Übrigens will ich nicht leugnen dass mir auch manche Fabeln des B. recht wohl gefallen, die in der lafontainischen Art sind, z. B. ὡς Ἀθηναία — μή με συκοφαντήσῃς [72, 16. 18], oder καὶ λύκος χανὼν ὄντως [16, 6]. — Ich habe bis jetzt nur eine Stelle bemerkt, die ich Dir aber nicht verrathe, wo noch eine Verbesserung nöthig ist, die ich aber nicht finden kann. Dir wird wohl einige Mahle in den Noten Unrecht geschehn sein, d. h. einiges von Dir (oder wozu wenigstens Dein Name auch gehörte) wird Hermann gegeben sein. Du kannst Dich ja nach der Art von Schneidewin und Bergk*) dagegen wehren. Bergk wird Dir vorhalten dass Du seinen Namen nicht genannt hast in einer Stelle die zeige dass Du ihn gelesen habest. Ich habe gesagt, es sei offenbar späterer Zusatz. Übrigens habe ich in einem Aufsatz, den er mir für seine Zeitschrift abgeschwatzt hat**). beider Meinung, die er sich rühmt erfunden zu haben, dass ἐξ ὁμοίων συστήματα nur bei der κατάληξις endigen, einen Aberglauben genannt, weil schon bei Hephästion viel mehr steht. Ich erinnere mich auch gefunden zu haben dass manche die κατὰ συνάφειαν gemachten Systeme ἐξ ὁμοίων kurz und gut Systeme nennen: wer mag den Unsinn aufgebracht haben? Hermann und zumahl Böckh

---

*) [Siehe 56 S. 144 u. Anm.]

**) [*Horatiana* in der Zeitschr. f. d. Alterthumswissenschaft III. 1845 n. 61 u. 62: Klein. Schriften zur class. Philologie S. 84 ff. Vergl. bes. S. 88.]

haben den guten Hephästion in solche Verachtung gebracht, dass heutzutage jeder dumme Junge über ihn spottet und gar nicht weiss was darin steht. Mein Aufsatz (*Horatiana* heisst er) ist übrigens auch gegen Hephästion gerichtet und gegen Meineke; aber auch sehr gegen Hermann und gegen Böckhs Pindar, doch nur für Leser die Consequenzen ziehn; alles aber, um das Verständniss möglichst zu erschweren und Dummheiten in den Commentaren zu veranlassen, streng im Sprachgebrauch des Hephästion.

Dein Famulus Hinz hat mir auf ein Mahl sehr wohl gefallen. Er meldet dass Deine hübschen Conjecturen zum Calpurnius*) Proben einer Ausgabe sind. Thu dazu solange Du noch an den Augen leidest: in guten Zeiten ist einem so was nicht gut genug. Wiewohl, was haben wir für gute Zeiten zu erwarten aus dieser allgemeinen Verwirrung, in der Niemand seine Ruhe findet?

Tischendorf war vor mehreren Tagen bei mir und hat manches zu hören bekommen: doch versprach ich seine Sachen im Hôtel de Brandenb. anzusehn. Heute früh (den 11.) kommt er und wird abgewiesen. Ich habe ihm geschrieben, solche Äusserungen, 'man könnte mich wohl mit Recht für einen Affen halten, er aber thue das nicht,' könne ich zwar vergessen, wie ich sie erst vor drei Tagen wieder gelesen habe: sie bewegten mich auch nicht 'seinen Planen hemmend in den Weg zu treten': aber mit der persönlichen Gemeinschaft sei es vorbei. Der Minister Eichhorn machte sich über ihn gegen mich lustig, dass er sich in seine Soirée auf diplomatischem Wege durch den sächsischen Gesandten habe einführen lassen. Bei solchen Geschichten fällt mir immer Ms. Burchells *Fudge* ein.

Ich wünsche Dir gesunde Augen in der Georgenstrasse: da ich nicht weiss wo sie liegt, so hoffe ich sie liegt so dass sie Dich zu längeren Spatzierwegen führt. Die Mutter, die Grossmutter und den Grossvater der Hauptperson Eures Hauses (in meinen Pathenaugen) grüsse nebst dieser auf das schönste von

Deinem

11. Aprill 1845.   C. L.

_____

*) [S. unten 65 S. 165.]

Die Emendationen zu Bacch. 1352, Taur. Iph. 755, Attius Nonii p. 467 sind sehr schön, besonders *tympano**).

K. F. Hermann behauptet, wie mir H. Ritter sagt, in einer schon hier befindlichen Recension**), Babrius habe Latinismen und am Versschluss nur Paroxytona.

Übrigens habe ich ziemliche Knieschmerzen, hoffe aber noch dass sich die Scenen vom Herbst nicht wiederholen.

Beilage zu 57.

Lachmann an G. Hermann.

Mein hochverehrter Freund,

Bei 27 Grad Wärme, und wenn man täglich drei Stunden liest, wird es schwer das Angenehmste zu beschicken. So bin ich in die Bacchides allerdings noch nicht sehr tief hinein gedrungen, aber so weit ich bin hat mich alles höchlich erfreut, wie auch das schöne Programm. Für beides danke ich herzlichst.

Bei der Ode *Donarem pateras* habe ich in dem Aufsatze***) nur das streng erweisliche sagen wollen, und ich denke doch dazu wird auch die Athetese des vorletzten Verses gehören. Sie erklären ihn selbst nur künstlich, und Widerholungen ganzer oder so gut als ganzer Verse hat Horaz gewiss nur aus besonderen Gründen. *Quod latus aut renes morbo temptantur acuto* ist Serm. 2, 3, 163 gewiss unecht, aber richtig Epist. 1, 6, 28. Der kurze Schlussvers scheint mir in der Aufzählung genügend: ähnlich ist *dicetur merita nox quoque nenia* [C. 3, 28, 16]. Aber für gereinigt will ich die Ode

---

*) [Philologus 1 (1846) S. 364 f. u. S. 663. Opuscula 1 S. 187. 195.]

**) [In den Berliner Jahrbüchern für wissenschaftliche Kritik vom März 1845 S. 461—480 hat C. F. Hermann nach der früheren (s. S. 140) auch eine Recension der Züricher Ausgabe des Babrius erscheinen lassen, während ihm Lachmanns Ausgabe noch nicht zugekommen ist; s. bes. 470 f. 474.]

***) [*Horatiana*, über den 57 S. 147 u. Anm., worin Lachmann in C. 4, 8 nur den V. 17 (mit Bentley) und den vorletzten Vers für unecht erklärt hat.]

noch nicht ausgeben. Nur setze ich voraus dass dem Dichter auch nicht alles in ihr wird gelungen sein. Denn der Hochmut des Gedankens (ich will ein Gedicht an Dich machen, so wirst Du unsterblich) wird sich gewiss auch hier gerächt haben; obgleich das Gedicht dem Censorin auch etwas eingebracht hat. Vellejus Paterculus hatte 2, 102 eben nicht nöthig seinen Tod zu erwähnen: aber ich denke, bei dem des Lollius fiel ihm ein dass Horaz die Gedichte an beide zusammen gestellt hatte. *Incisa notis marmora publicis* vom älteren Scipio kannte Livius nicht, der 38, 56 von *privatis* mit Zweifel spricht. *Celeres fugae Hannibalis* sind unhistorisch und wohl aus den horazischen Versen vom Hasdrubal 4, 4 genommen, wo von dem siegenden Hannibal *per urbes Afer ut Italas* etc. Das übrig bleibende aber genügt mir,

> *Non incisa notis marmora publicis,*
> *per quae spiritus et vita redit bonis*
> *post mortem ducibus, clarius indicant*
> *laudes quam Calabrae Pierides: neque*
> *Si chartae sileant quod bene feceris,*
> *mercedem tuleris.*

Er will *pretium dicere carmini*. Kein grosser Verehrer der Poesie des Ennius, stellt er diese den Inschriften, die Geist und Leben der römischen Imperatoren zur Anschauung bringen, nur ungefähr gleich: erst aus geschriebenen Büchern werden die Thaten anerkannt. Romulus muste nun kommen, theils des Ennius wegen, theils weil ihn Horaz immer unter den vergötterten Menschen nennt, *Romulus et Liber pater et cum Castore Pollux* [Ep. 2, 1, 5], *Hac arte Pollux et vagus Hercules - hac te merentem Bacche pater - hac Quirinus* [C. 3, 3, 9]. Aber was war von ihm zu sagen, da er doch wahrhaftig nicht nach Horazens Ansicht, eher nach Niebuhrs, durch die Poesie zum Gotte geworden ist? Daher die schwachen Ausdrücke *quid foret* und *si taciturnitas obstaret?* Würde er wohl ein Gott sein, wenn nichts von ihm geschrieben stünde? Beim Äakus wird diese Schwäche gut gemacht durch die starken Ausdrücke *auctoritas favor et facundia poetarum.* Er ist durch den Gesang in die Inseln der Seligen versetzt: darauf kann nicht mehr folgen das an sich zwar gute aber hier nun zu schwache *dignum laude virum musa vetat mori.* Ich hatte diesen Vers schon früher gestrichen als ich an *ornatus viridi* Anstoss nahm. Auf *divitibus consecrat insulis* folgt aber gut, und ohne den kleinlichen und prosaischen Gegensatz den Sie mit Recht so widerwärtig finden, *caelo musa beat.* Sehr gläubig ist dieser Satz nun eben nicht: aber Horaz wird ja wohl auch nicht mehr geglaubt haben, als dass die Dichter erfunden haben, Herkules sei im Olymp und die Dioskuren und Liber seien wohlthätige und schützende Götter. Nach Ambrosia gradezu wird sich zwar Hercules wohl nicht gesehnt haben: aber die römischen Dichter denken, glaub' ich, nicht sehr an seine Gefrässigkeit, und sollte die Ambrosia ihm nicht etwa wie ein guter Schweinebraten geschmeckt haben? Wenigstens vor dem Graal war es so dass jeder die Speise schmeckte, die er sich wünschte. Und ich meine, dem Censorinus wird die Ode so, da sie um sechs Verse kürzer war, auch gut genug geschmeckt haben: mir freilich gefällt sie nicht sehr.

Sonntag den 6. Juli 1845*). Dies schrieb ich gestern Abend, und setze heute früh in dem angenehmen Regen nur noch die freundlichsten Grüsse an Ihre Leute hinzu. Von ganzem Herzen

der Ihrige
C. Lachmann.

Sr. Hochwürden
dem Herrn Komthur Professor D. Hermann

in

Leipzig.

58.

Kann man denn auch solchen Mahnungen widerstehn? Ich würde mich vielleicht meiner Nachgiebigkeit oder Schwäche, die

---

*) [Die hiermit übereinstimmende Ausführung *Horatiana* im Philolog. 1 (1846) S. 164 ff. (Klein. Schriften z. class. Philol. S. 96—100) trägt das Datum 10. August 1845.]

ja Euch nur zur Last ausschlagen kann, schämen, wenn ich mich nicht mit einem höhnenden *selbe tæte selbe habe**) tröstete. Ich habe Buttmanns schon zugesagt Dienstag und Mittwoch in Zossen zu sein. Was bleibt mir also über als morgen Sonnabend Mittag von hier abzufahren und Abend in Leipzig einzutreffen, Euch also zwei Feiertage hindurch mit meiner Gegenwart zu beglücken. Ich bevorworte dass ich wahrscheinlich etwas verdriesslich anlangen werde, weil ein noch immer schmerzendes Knie auf solcher Fahrt einen eben nicht heiter stimmt. Auch erlaube mir, besonders bitte ich zwar Deine Frau um Entschuldigung für die Unart, dass ich jetzt zwar zusage, aber vielleicht doch nicht komme. Ist es morgen wieder so kalt und besonders (mein gröster Feind) solcher Regen wie heute, so wage ich meinem Beine die Reise nicht zuzumuten. Pfui Teufel, was für ein alter Kerl und Filister wird man durch weh thuende Beine. Habe Geduld mit mir, vor acht Tagen war ich noch viel verzagter, und empfand 3 Stunden (7—10) zu lesen sehr schwer, was mir jetzt nichts grosses mehr ist. Ich hoffe also doch auf Wirte und Wirtschaft in Leipzig.

Freitag 9 Mai 45 Mittag.

59.

Nicht wahr? So sind die Leute, zumahl das Berliner Pack; drei Wochen nach der guten Naturalverpflegung und der nachsichtigen Behandlung einer verstimmten deprimierten Laune kommt so eben der Dank, der, wenn man recht zusieht, gar nicht einmahl ausgesprochen wird. Sondern es kommt höchstens die Entschuldigung, dass, obgleich nun von Schmerzen allerdings nicht mehr die Rede ist, doch die angenehme tägliche Abwechselung zwischen Collegienlesen und Correcturlesen (seit einigen Tagen auch in den Mittagsstunden Münchhausenlesen, aber im ersten Bande nur mit halbem Vergnügen, im zweiten nur mit Ärger), dass in diesem angenehmen Wechsel zu allem ein Entschluss gehört, eben so wohl einen Besuch zu machen als einen Brief zu schreiben. Ist man

---

*) [Aus Ulrich von Lichtenstein S. 627, 18. Vergl. unten 67 S. 169.]

freilich drin, so gehts, besonders wenn man so das Leipziger Stil-
leben (oder soll ich mit Gewalt drei III, also III III III schreiben)
wieder in sich durchmacht, wobei ich freilich nur der Empfangende
und Ihr alle drei, wollt ich sagen vier, nur die unglücklichen Liefernden und meiner Langweiligkeit Gelieferten waret. Nun Gott
bessers. Was wird aber aus unserer Herbstreise werden? Sie soll
durchaus zu Stande kommen. Nach Darmstadt*) haben Dilthey
und Wagner mich besonders eingeladen, und gebeten dass 'Hoch-
dieselben' Theses einschicken möchten, da verlaute dass ich dergleichen vorhabe. Daraus wird zwar nichts, aber hin müssen wir,
und auch nach Bonn um uns für den Ulpian**) zu bedanken. Aber
vorher werde ich den August hindurch wohl ins Karlsbad geschickt
werden. Wenn es Deinem Arzte einfiele (denn eigentlich machen
muss man so was nicht) dass Karlsbad Deinen Augen gut thun
würde, so könnte man sich nichts schöneres wünschen: und wer
weiss ob sich nicht mein Arzt vielleicht mit Teplitz begnügte, wenn
das etwa Deinem mehr behagte. Das lässt sich ja nun in den schönen Monaten Juni und Juli noch ins Reine bringen.

Bei *ego quam miser relinquens* [Catull. 63,51] finde ich die
Bleistiftnote 'noch als Mann', und ich glaube das geht auch. Aber
geminas deorum ad auris [ibid. 75] scheint mir ganz ohne Sinn:
ist es die Kühnheit zu der mich der Avian anleitet, wenn ich ver-
mute *geminas matris ad auris***)? Eingefallen sind mir dabei
die Verse aus Varros Eumeniden, von denen Öhler nicht gemerkt
hat dass sie so zu schreiben sind (ich bin aber zu faul nachzu-
schlagen und schreibe aus dem Gedächtniss)

> *tibi typana non inani sonitu matri deum*
> *tonimus, tibi tibi nos tibi nunc semiviri*
> *teretem comam volantem iactamu galluli.*
> *Phrygius per ossa cornus liquida canit anima.*

---

*) [Zur Philologenversammlung.]

**) [Dessen dritte Edition (Bonn 1845) Böcking seinen Freunden
Lachmann und Haupt gemeinsam gewidmet hatte.]

***) [Vergl. zu Lucr. 1, 824.]

Aber wer ist die angeredete Person, von der es nachher heisst, *postquam excantare ex ara non potuerunt, coeperunt deripere*)*?

W. Müller hat Hagens Orendel angezeigt (ich aber Simrocks mit dem Ulpian angekommenen noch nicht gelesen). Dabei stellt er allerlei zusammen und spricht von fahrenden Leuten, woraus ich schliesse dass er meine Anmerkung zur Klage über die rohere Spiel-mannspoesie wohl kennt, aber der Ehren ist er nicht sie anzu-führen**). Vermutlich hat er auch erst in meinen rohen Stoff den Geist hinein tragen müssen. "Die Pest über alle feige Memmen!" sag ich mit Fallstaff, und klage es höchstens Dir.

Lesenswerth ist aber die Recension unseres Babrius in der litte-rarischen Zeitung***). Z. B. ἐφεδρεύων [44, 2] giebt einen Spondeus im 5. Fuss, weil φ ein Doppelconsonant ist, man kann aber ἐνε-δρεύων lesen. Ferner Babrius ist, als Übersetzer von Prosa, ein *versificator*: daher kann man bei ihm wohl Versgesetze erwarten, die ein Dichter nicht haben und vor lauter Begeisterung nicht beob-achten kann. Gleichwohl ist die Recension nicht von Julius Richter, hat Brandis Ranken versichert. Unterdess hat O. Schneider in der jenaischen Litteraturzeitung†) einen neuen Alexander, den Sohn

---

*) [Vergl. Lachmanns Prooemium zum Lectionskatalog für das Sommersemester 1848, über Ovids Heroidenbriefe, Klein. Schrift. z. class. Philol. S. 57.]

**) [Der ungenähte Rock Christi usw. Herausgeg. von v. d. Hagen. Berl. 1844. Der Rock Christi oder Orendel. Von K. Simrock. Stuttg. 1845. W. Müllers Recension über Hagens Orendel in den Göttingi-schen gelehrten Anzeigen 1845 S. 781—788; s. bes. 787; Lachmanns Anm. z. Klage S. 290: vgl. auch Lachmanns Abhandlung über Singen u. Sagen: Klein. Schrift. z. deutsch. Philologie S. 476 u. s.]

***) [In der Literarischen Zeitung von K. H. Brandes (Berlin) 1845 S. 574 ff.]

†) [O. Schneider in einer Recension über den Babrius von Bois-sonade und die *Animadversiones criticae* von Dübner in der Jenaischen Literaturzeitung v. 4—6. Juni 1845. 133. 134. 135. Siehe insbes. S. 530b über den Alexander, 531b über ἀναλύειν.]

des Antonius und der Kleopatra, aufgestochen, aber nicht bewiesen dass er gross geworden ist und Kinder gezeugt hat. Übrigens hat er ganz gute Sachen, besonders über Redeweisen die mit dem A. und N. T. stimmen. Nur ἀναλύειν für *redire* lasse ich dem A. und N. T. dennoch, weil ich die Worte ὃς οὐδὲ ποίαν ἀναλύειν με γινώσκω [Babr. 42, 8] nicht zu construieren weiss.

Beim Avian[*]), den Reimer alle Tage schicken kann (denn er ist fertig), freu ich mich schon auf die plumpen Urtheile, dass es keine Kunst sei einen schlechten Dichter erträglich zu machen, wenn man ein Drittel streiche usw. (542 Verse sinds, 652 alles, aber vulgo viel mehr. 116 Emendationen). 'Nicht ohne Unparteilichkeit' kann jeder urtheilen, weil kein Mensch den Avian gelesen hat. Dasselbe wird sich so ziemlich beim Calpurnius[**]) eräugnen. Beschwören möchte ich nicht dass ich ihn ganz gelesen habe. In der neuen Ausgabe wirds aber geschehn, hoffentlich noch in meinen Ausruhstunden von Tische als Vorbereitung zu einem halbstündigen Schlafe, der aber oft nur eine Viertelstunde dauert, oder ganz wegfällt wie heute, wo der Dr Martin Hertz kam und erzählte, nach Zumpt seien seine Sachen nicht besonders und das Gute alles aus den zumptischen Werken, wo die Gedanken stünden.

Den Widerspruch über Eisenharts Zelt[***]), da ich jetzt im Collegium wieder daran gekommen bin, denke ich doch für die Zeitschrift noch zu einem sehr kleinen Aufsatze zuzurichten. Aber armselig wird er. Ich bin neugierig zu erfahren ob Du als Dedicat den Ulpian[†]) würklich ordentlich durchgelesen hast. Ich weiss nämlich nicht ob Du ihn sonst schon so scharf studiert hast wie ohne Zweifel Klee. Wann ist denn die Hochzeit? Damit man doch erfährt wann man ihn einmahl wieder kann zu sehn kriegen.

---

[*]) [*Aviani fabulae Carolus Lachmannus recensuit et emendavit.* Berl. 1845 (vollendet d. 18. April 1845).]

[**]) [Vergl. 57 S. 148 u. zu 65 S. 165.]

[***]) [Im ersten Buch des Parzival. Lachmannus Absicht scheint aber unausgeführt geblieben zu sein.]

[†]) [Siehe zu 59 S. 153.]

Doch es geht auf zehn: etwas präpariren auf morgen wird
noch nöthig sein. Ich will also nur hier noch alle vier meine
Wohlthäter und innen bitten meinen schönsten Dank sich freundlich gefallen zu lassen.

3 Juni 45.

60.

B. 6 Aug. 45.

Ich bitte um Verzeihung dass ich Dich für meinen *cordis speculator* gehalten habe (woher hat Hartmann [Arm. Heinr. 1357]
diese mir und Sabatier unbekannte Übersetzung von καρδιογνώστης
Act. 1, 24. 15, 8?). Ich dachte Du wüstest dass ich dem Arzt erklärt habe, ich reise nicht nach Karlsbad, worauf er erwidert hat,
es sei auch ganz und gar nicht nöthig. Ich finde Dich also nicht
in Schulplänen oder Besserem, sondern erwarte Deine Befehle, denen
ich mich auf der Reise überhaupt gänzlich unterwerfen will, und
zwar aus Faulheit. Ich habe den Sommer, 15 Stunden Lesen abgerechnet, in absoluter Faulheit zugebracht (Correcturen des NT.
muss ich freilich auch noch abrechnen), und ich fühle dass ich noch
fernere Faulheit bis zum October bedarf. Also nur das Sehen nehme
ich statt Deiner schwachen Augen auf mich, das übrige Luderleben
leitest Du. Während Du den Staat regierst, werde ich wohl nach
Zossen gehn. Bei Böcking werden wir uns ja wohl *mense Sep-
tembre* (ich hatte nichts gemerkt, aber Du verstehst alles alte und
neue, Du *docte Varrones*) utriusque linguae*) einfinden dürfen,
oder hast Du von ihm eine Bestimmung? Nach Tübingen sollte
Ich eigentlich nicht gehn: warum geht Uhland Berlin aus dem
Wege**)?

Der beiliegende englische Artikel aus der heutigen vossischen
Zeitung umgeht recht geschickt Deckers und meinen Namen: auch
sieht man daraus dass Seine Majestät zwar etwas von deutschem

---

*) [Nach Horatius (C. 3, 8, 5) *docte sermones utriusque linguae*.]
**) [Über Uhland s. 38 S. 104.]

Buchdruck gehört hat, aber nichts von deutscher Kritik*). Aber
wie wäre es, wenn ich im J. 1846 (denn dann darf ichs) die Betrachtungen über die Ilias abdrucken liesse? Nämlich mit Deinen
Zusätzen, deren Form Du Dir gelegentlich überlegen könntest,
und dann als Anhang das epische Wörterbuch**). Bergk hat mir
mit seiner Fantasie über Babrius***) (das übrige des Aufsatzes ist
hübsch) eine Dissertation, *vindiciae Homericae*, von einem Marburger dummen Jungen, Gross, geschickt, der sehr glücklich ist die
5 ersten Bücher der Ilias in einem leidlichen historischen Zusammenhang zu finden, wenn er A 188—222. 611 streicht. Da hat er freilich Recht von mir zu sagen *perperam ac pæne ridicule, nemo
sanus, levis observatio.* Man kommt dabei würklich zu dem gö-

---

*) [Der Artikel von London 1. Aug. lautet so: 'Unsere Blätter
enthalten die Beschreibung der Prachtausgabe des Nibelungen-Liedes,
wovon bei dem letzten Guttenbergs Jubiläum eine Auflage von nur
100 Exemplaren Folio gedruckt wurde, darunter nur zwei auf Perga-
ment, von welchen letztern Se. Maj. der König von Preussen dem
Gymnasium zu Eton eines verehrt hat. Unsre Blätter liefern zugleich eine Übersetzung der Zueignung, welche Se. Maj. mit höchst-
eigner Hand auf der ersten Seite des Buches in deutscher Sprache
eingezeichnet hat. Sie lautet: Der Schule zu Eton — Wächterin der
Hoffnung des heranwachsenden Geschlechts, Beförderin alles Guten
und Edlen, Bewahrerin der alten sächsischen Intelligenz, wird dies
Heldengedicht des deutschen Volkes, und Denkmal des Jubiläums
einer deutschen Erfindung, als Geschenk überreicht zum Andenken
an seinen Besuch im Januar 1842 und aus Dankbarkeit für den liebe-
vollen Empfang, von Friedrich Wilhelm, König von Preussen. Berlin,
den 18. Juni 1844.']

**) [Dieser Plan ist 1847 zur Ausführung gekommen in den 'Be-
trachtungen über Homers Ilias von Karl Lachmann. Mit Zusätzen von
Moriz Haupt.' Berlin 1847. Und Haupt hat, wie man sieht, seine
früher vereinzelt mitgetheilten Bemerkungen für diesen Zweck besonders hergerichtet und neugeschrieben (s. 68 S. 170. 69 S. 171.
70 S. 172); von dem epischen Wörterbuch ist aber weiter keine Rede,
und ist m. W. nichts erschienen.]

***) [*Emendationes in Babrium* im Marburger Lectionskatalog für
den Sommer 1845.]

thischen Hochmut 'ja ja ihr guten Leute, wenn ihr nur nicht so dumm wäret.' Die Huhndummheit Hahns hat dagegen etwas rührendes, und ich bin nicht so hart gegen ihn wie Du. Du solltest nur wissen was ich ihm alles, und oft mit recht groben Reden, corrigiert habe: Du würdest ihm nichts reichlicheres zumuten. Die Anmerkungen hatte er übrigens nicht mit geschickt*). *Quid non audet amor* [Lanzelet 4852] sei, meinst Du, aus *quid non amor inprobus audet* [Ov. Fast. 2, 331] genommen: also war es verkürzt, weil es für einen französischen Vers zu lang war? Ist Lanzelet 4858 aus dem virgilischen Wilibald Häring *quis modus adsit amori* [ecl. 2, 68]? Das sind acht Silben. Das dritte würde dann nach Deiner feinen Entdeckung sein *amor dulcis dementia***). Dass *Zezinchova* im Neugart vorkommt habe ich schon zu Iwein (Anmerk.) S. 316 angedeutet***). Auch Lassberg wuste es längst: er hat mir gesagt oder geschrieben, er wisse nichts draus zu machen, weil keine Herren von Zeziken vorkommen: er statuiert Niemand der nicht von edler Geburt ist†).

Müllenhoffs Buch††) ist schwer zu lesen, zumahl in einem heissen Sommer. Ich habe ein Paar Mahl versucht bloss den Text

---

*) [Zum Lanzelet. Vergl. oben 50 S. 134.]

**) [*In Venere semper dulcis est dementia* in den Sprüchen des Publilius Syrus 328. — Lachmanns Bemerkungen über Hahn und den Lanzelet sind veranlasst durch eine Recension Haupts über den von Hahn (1845) herausgegebenen Lanzelet von Ulrich von Zatzikhoven (die Chr. Belger M. Haupt als acad. Lehrer S. 328 nicht kennt), in den Berlin. Jahrbüch. f. wissensch. Kritik Juli 1845 2. Bd. S. 105—118, welche u. a. die lateinischen Verse nachweist (S. 111) und über *Zezinchova* genaueres mittheilt, und ruhig gehalten wie sie ist durch die Thatsachen Lachmanns Urtheilen über Hahn (S. 96. 97 f.) und seines Gleichen ein gutes Relief giebt.]

***) [Vergl. zu Iwein auch S. 495 und 505 Anm. S. oben 35 S. 96.]

†) [Siehe Lachmanns Briefe an Freih. v. Lassberg vom 7. April 1826 u. 26. Jan. 1828 in Pfeiffers Germania 13 (1868) S. 490 f. u. 494.]

††) [Ich denke 'Kudrun die echten Theile des Gedichtes mit einer kritischen Einleitung.' Kiel 1845.]

zu lesen, aber es wollte mir weder Sinn noch Zusammenhang recht
verständlich werden. Kann aber meine Schuld sein.

Grüsse Deine zwei Frauenzimmer, und 'Befiehl, ich folge.'

61.

Die Beilage zu meinem letzten war in Gedanken liegen geblieben. Hier kommt sie nach: einiges zunächst erfolgte ist ange-
klebt.

Karajan zu sehn wäre mir doch sehr lieb: wie befiehlst Du
dass es gemacht werde?

Den Properz habe ich gestern geschlossen. Bin ich so ver-
härtet, oder hab ich Recht? Ich muss fast bei allen meinen 30jäh-
rigen Erfindungen bleiben, z. B. [2, 3, 23] *Non tibi nascenti et
primis, mea vita, diebus Candidus* —? Aber 1, 3, 16 bin ich
ein Narr gewesen *ad ora* zu verwerfen. Wenig Neues weiss ich,
was aber mir auch schon alt ist, wie 1, 6, 4 *domo Memnonia*.
8, 26 *Hylleis*. 16, 13 *igitur* und 11. 12 ans Ende der Elegie*).
42 *genibus* mit Burmann. 18, 5 *fastus? quod - principium.*
Dienstag werde ich mit dem sechsten Buch des Parzival fertig. Ich
habe nun gesagt, entweder müsse es heissen *die smchen, mit siten
die unwchen*, oder besser . *Mit varwen die wchen, swelher
partierens pflac, der selbe Keyen ringe wac* [296, 27].

Ich erwarte Deine Befehle am Ende der nächsten Woche mit
Ungeduld. Grüsse herzlich.

8/8. 45 Abends.

62.

Zossen 21/8. 45

Mit der Feder der Frau Oberpredigerin**) wollte ich Dir nur
melden, was ich von Berlin zu melden vergessen hatte, dass ich
morgen Freitag Abend wieder in Berlin bin (wegen Karajans), und,

---

*) [Vergl. 29 S. 87.]

**) [Buttmann: vgl. 58 S. 152 u. 60 S. 156.]

falls Du nichts anders bestimmst, in der nächsten Woche Sonn-
abends nach Leipzig zu reisen gedenke; der ich in allem, geliebter
Herr Reisemarschall, Deine Principien billige, vielleicht noch mehr
als die Deines Schulplans, der unter den traurigen Begebenheiten
am Ende gar nicht zur Berathung gekommen ist. 'Und so fortan'
darf ich wohl nicht schreiben, weil es sonst auf die gräulichen Geschichten gehn könnte, denen wir gern auf einen Monat aus dem
Wege gehen. Grüsse Deine beiden Weibsleute von

Deinem

C. L.

63.

Berlin 24 Oct. 45.

Jetzt, denke ich, wirst Du von Zittau zurück sein*), und Du
wirst nun mit Mutter Frau und Kind in schönster Ruhe leben bis
die erwünschte Unruhe kommt. Ich bin zwar vollkommen gesund,
aber nicht so frisch als ich nach unserer Reise und ihren Annehm-
lichkeiten wohl sein sollte: theils ärgert mich die Heiserkeit, die
nicht weichen will, obgleich sie durch das Lesen gestern und heute
nicht zugenommen hat, theils kann man in dieser düstern zweifel-
haften Stimmung der Zeit zu keiner rechten Freudigkeit kommen.
Die Zeit wird mir daher so lang wie seit vielen Jahren nicht.

Die gudische Collation des Gottorp. scheint gut genug bei
Haverkamp zu stehen: nur muss man nicht wie Forbiger denken,
Gude habe mit Haverc. Ausgabe verglichen, sondern mit der Raphel.
von 1595, in deren Text nach Gifanius schon meistens die guten
Hdschr. befolgt werden. Dein Zweifel oder *non constat*, Observ.
S. 36, ist ohne Grund. Havercamp führt zu 282 an *Q. cum G*:
dies *Q* ist ein Versuch eine gewöhnliche Form für *Et* zu drucken.

1, 231 denke ich *excretaque longe flumina* für *externa-*

---

*) [Woraus sich ergiebt, dass falsch war was Chr. Belger M. Haupt
als acad. Lehrer S. 339 angiebt, dass Haupt 'nach seines Vaters Tode
(1843) Zittau nicht wieder besucht habe.']

que*).   272 *cautes* f. *cortus coortus*.   290 *ruitq. itu
quidquid fluctibus obstat.*   470 *alid in regionibus ipsis. alid
reg.* G., welches Forbiger wie unzähliges verschweigt.   483 zu
streichen = 506 in anderm Sinn.   532 zu streichen (= 430):
denn gezeigt ist es 487 nicht.   491 *Clamor it ad faucis.*
518 *secum?* für *rerum*.   579 *quaedam*, 580 *nobis*.   600 *tum
porro quianam est extremum quodque cacumen corporis ullius
quod nostri cernere sensus iam nequeunt?*   719 *amfractibu'
longe. ac fractibus longi* G.   754 *Iluc accedit utei, quo-
niam —, funditus usque (ut qui* codd.) *debeat —.*   805. 807.
806. (*vacillent* GYZ Priscian).   808 ist überflüssig, parallel
806 (810 *adiuvat*).   834 . *Principium rerum quom dicit
homoeomerian, — Ossibus hic* (GYZ) *et de*   903 *pacta*
917 zu streichen.   Nach V. 1011 kann ich den Zusammenhang
nicht mehr finden, der Schluss 1107—10 steht an einer unsinnigen Stelle, nämlich nach den ungelösten Zweifeln 1082 (*quidam*) —1102 oder —1106.   2, 23 *Gratius interdum nil
natura ipsa requirit, si non —, cum tamen —.* Bei 2,40 bitte
ich erst zu lesen was ich daraus mache, ehe Du in die Noten
kuckst.

> *si non forte, tuas legiones per loca campi
> fervere cum videas belli simulacra cientis,
> subsidiis magnis subituris constabilitas,
> fervere cum videas classis lateque vagari
> ornatas armamentis ventisque animatas,
> his tibi tum rebus timefactae relligiones
> effugiunt animo pavidae.*

Aber einer dieser Verse ist aus dem Nonius, zwei sind aus den
schlechten Hdschr. — oder wenn vielleicht auch im fragm. Vindob.
(wir haben Alters Ausgabe nicht), so ist das gleichgültig, weil auf
jeden Fall die gemeinen Hdschr., wenigstens wo das Wiener Stück-

---

*) [Ediert hat Lachmann *extentaque* und schliesslich Haupt im
ind. lect. aest. a. 1872 (Opp. 2,456) erwiesen, dass das überlieferte
externaque allein richtig war.]

chen fehlt, eine unerwartete Wichtigkeit erlangen. Was giebt das aber für ein trauriges Bild der Überlieferung! Ich wünsche daher nichts mehr als dass Du mich widerlegst. Von den Versen 2,507 —9 (*namque—meliores*), die XY fehlen (Forbiger schweigt, G reicht nicht so weit) wollte ich schon eher glauben dass sie jemand selbst gemacht hat, wie ich es von 1,861 glauben muss, der auch den schlechten Hdschr. fehlt.

Auch diese Geschichten, wie Du siehst, treibe ich nicht mit rechter Lust und lasse mich durch neu erscheinende Schwierigkeiten schrecken. Da die alte Unschuld einmahl fort ist, muss man warten bis die Wut gewaltsam über einen kommt: und kommt sie nicht, was schadets?

Grüsse schönstens und befolge Boerhaves Rath.

25. October.

64.

Berlin 17 Nov. 45 der min-
dern Zahl.

Eh ich mich in das vierte Buch des Lucretius stürze, muss ich doch erst dem Ankömmling vom 11.[*]) (mag er nun Peter oder Habakuk oder Klagelieder Jeremiä heissen sollen, nur nicht Theodor) meinen herzlichen Glückwunsch oder Willkommen zurufen. Du hättest bei dem Citat aus dem Parzival[**]) getrost ein Paar Zeilen mehr mit citieren sollen. Besonders wollte ich dass auf ihn passen möchte *er wart mit swerten sît ein smit* [112,28]. Denn in Schwertzeit wird seine Blüte doch hinein fallen, und das Schwerthandwerk ist noch das einzige in dem eine freie und kühne Entwickelung sich immer Achtung gewinnt und die Zungendrescher besiegt. Das freut mich aber allerdings, dass Du Parzival 112,8 nicht mit citiert hast. Ich bin neugierig zu erfahren ob sich Mariechen mehr schwesterlich oder mütterlich gebärdet.

----

[*]) [Der ältere der beiden früh verstorbenen Söhne Haupts, der den Namen Walther empfing. S. 65 S. 165; 68 S. 169.]

[**]) [112,6 *diu frouwe eins kindelins gelac, Eins suns.*]

Hübsches giebt es im Lucrez doch am Ende wenig. Kaum rechne ich dazu das sonnenklare, dass 3,878 *Hæc eadem* zwischen 870 und 871 gehört. Sünde und Schande ist dass Niemand merkt dass 3,693 *morbus* Unsinn ist und *morsus* heissen muss (694 *expressis subiens*). Vielleicht gefällt Dir 3, 174 *Suppus* und 84 *evertere fraude*, 2,1164 *pigrant* und *laborem*, 2,1070 *Nunc e seminibus, — Quis eadem natura manet* — 2,829 *discerpitur ardens purpura —, filatim cum distractast, dispergitur omnis* 785 *sit ex his.* Mir bleibt allzuviel unerledigt. Gefreut hat mich 2,515 *ad gelidas omne usque pruinas* (517 *Finis*), und 548 *Quippe etenim si manticulas*, und 659 + 681 *dum vera re tamen ipse relligione animum turpi constringere parcat.*

Es liesse sich ganz gut eine Ausgabe machen die einer mit grossem Apparat und Commentar nicht in den Weg träte und gescheiten Lesern doch gefiele. Die einzige Hdschr., welche der erste Herausgeber gehabt zu haben angiebt, war grade so gut wie die beiden Vossiani und Gottorp.: über fragm. Vind. kann ich aus Forbigers Noten nicht urtheilen. Die neuliche Unlust kam nur von etwas mangelhaftem Boerhave: es wäre alles gut, wenn man nur ein bischen mehr Zeit hätte.

Ich hoffe, Du wirst bald dem Beispiel Deiner guten Frau folgen und den Calpurnius*) *in dias luminis oras* [Lucr. 1,22] befördern. Grüsse die Deinigen herzlich, und danke Hermann für die Abhandlung über Prometheus**). Mit dem Prometheus hat er wohl gewiss Recht, — aber ich glaube nicht mit der Unterscheidung des philosophischen und des anthropopathischen Zeus bei Äschylus.

Für die Nachweisungen zum Lucrez danke ich schön, reponiere sie aber: denn noch gehn sie mich nichts an. Dass Deine 5 Beispiele von nachgesetztem *et* fallen werden, wird Dir nicht unlieb sein***). *neque* steht 3, 842 nur noch durch alberne Inter-

---

*) [Vergl. zu 65 S. 165.]

**) [*De Prometheo Aeschyleo.* edit. a. 1845. Opuscula 8 S. 144 ff.]

***) [*Observat. crit.* p. 47 Opp. 1 S. 120. Vergl. folgenden Brief S. 165.]

punction: vergl. 857 939 985. Wenn ich doch in Deinen Schriften so gut Bescheid wüste als Du in meinen! Wo hast Du etwas gesagt über *materiaist?*[*]) Hast Du *proluvie alvi* 6,1199 übersehn? Oder ich bei Dir?

1846.

65.

Ich hatte so fest gedacht noch in meinem 53. Jahre einen Theil meiner Schulden an Dich abzutragen, und nun kann ich das alte doch nur mit dem Dank für das neue verbinden. Die Freude habe ich indess wenigstens, dass ich Dir zu meinem Geburtstage (da ich Deinen nicht weiss) den beifolgenden Bericht schenken kann, in dem ich über Bergks *Zenodotea* Rechenschaft gebe[**]), freilich lange nicht so herbe als sie zu Meinekens wohlverdientem Ärger vorgelesen ward. Der sittliche Anstoss den ich an Bergks liederlicher Arbeit genommen ist nicht durchaus versteckt worden. Du hast wohl Recht zu fragen worin ich mich herum treibe. Der erste Bogen der Gromatiker wird gesetzt, der 24. des NT. desgleichen, die Leidener Lucreze sind bestellt (die andern noch nicht), Plautus wird ihm zu Ehren gelesen, um Bunsens willen hat müssen sein Manuscript von einer Ausgabe des — h. Ignatius[***]) durchgeackert werden mit höchstem Widerwillen gegen das rein dumme Zeug. Bei dem allen Dinés Bälle Todesfälle und auf den ersten Aprill Umzug in die Friedrichsstrasse n. 190. Es würde Dir ohne

---

[*]) [S. 65 S. 165 f.]

[**]) [Gegen Bergk *De tabula Iliaca Parisiensi* (Gratulationsschrift vom Dec. 1845: Klein. philol. Schrift. 2 S. 409) legte Lachmann in der Januarsitzung der Akademie 1846 vor 'Beischrift eines Basreliefs troischer Scenen', wieder abgedruckt unter der Aufschrift 'Über Zenodots Tagberechnung der Ilias' in 'Betrachtungen über Homers Ilias' 1847.]

[***]) [Die drei ächten und die vier unächten Briefe des Ignatius von Antiochien. Hergestellter und vergleichender Text mit Anmerkungen von Chr. C. J. Bunsen. Hamburg 1847. Vergl. unten 79 S. 185.]

Zweifel recht nützlich sein Dich so herum zu stossen statt des ein-
siedlerischen unboerhavischen Sitzens in der Sackgasse. Dass aber
der kleine Walther von Klingen so klingend schreit, ist freilich betrübt: hilft es nicht, wenn man ihn zum Walther von Breisacht
umtauft? Mariechen, denk ich mir, ist gewiss schon aus weiblichem
point d'honneur desto artiger. Calpurnius und Neidhart*) müssen
Dir bei obligatem Schreiaccompagnement zuweilen wunderlich vorkommen: aber es wird doch gehen. Nur Zahnschmerzen, die ich
eigentlich zu kennen nicht die Ehre habe, mögen unleidlich sein.

Der Lucrez selbst, nachdem er bis 22 Januar zwei Mahl durchgelesen ist, ruht jetzt. Es hat Zeit zu untersuchen obs bei den
bisherigen 440 neuen Emendationen bleibt. Manches was sonst
sehr bitter war, wird freilich nun *effluat ambrosia quasi vere et
nectari' linctus* (VI, 972): aber es kann nicht alles so schön sein
wie z. B. *regio cita* IV, 546 — gleich der folgende Vers kann nicht
glänzend emendiert werden, aber ich halte doch für wahr *Et cycnei
tortis concallibus ex Heliconis.* Auch die übrigen nachgesetzten
*et***) sind gefallen; II, 93 *ostendi et.* III, 530 *Scinditur usque
adeo.* V, 746 *crepitantibu'.* VI, 1233 (wo *cum* Conjunction ist)
amittebat. Bei der Elision der langen Silbe finde ich, statt des neulich**) mir entfahrenen dummen Zeuges, folgendes nachzutragen.

---

*) [Von diesen beiden, mit deren Bearbeitung Haupt um diese
Zeit besonders beschäftigt gewesen sein muss, ist der letztere, der
nach 110 (1850) schon nahe bevorzustehen schien, auch 107 und 109
d. J. (s. die Anm.) erwähnt wird, lange nach Lachmanns Tode, 1858
in neuer Bearbeitung erschienen, vom Calpurnius aber, zu dem Lachmann 57, S. 148; 59, S. 155; 64, S. 163; unten S. 167; 72 S. 175: 90
S. 204 (84, 195) mahnt, nichts als die Abhandlung *De carminibus
bucolicis Culpurnii et Nemesiani* (Opp. 1, 358 ff.), mit der Haupt 1854 *ad
audiendam orationem pro loco in ordine philosophorum Berolinensium rite
obtinendo* einlud. Die von Haupt vorbereitete Ausgabe des Calpurnius
und Nemesianus versprach aus seinem Nachlass der Herausgeber
seiner Opuscula zu veröffentlichen (Opp. 1 S. 358); was bis jetzt
nicht geschehen ist.]

**) [S. 64 S. 163 f.]

bello animo IV, 1186. *animai elementa* III, 375 (denn ich sehe
zu Näkes Regel keinen Grund*): Iliatus aber ausser in *monosyl-
labis* und in *etesiä* ist bei Lucr. unerhört. Allenfalls könnte man
umstellen). III, 176 *natura animam.* III, 225 *Nihilo oculis.*
III, 573 *In se animam.* III, 965 *At qui obitum.* III, 6 *imitari
aveo.* VI, 756 *vi ibus officit* (*ibus* ist Lucretius einzige Form; II, 87,
IV, 935 *ab ibus*).

Warum dies Geschreibe doch wieder bis heute (Sonnabend)
sich herum gelegen hat? Weil ich fast nichts gethan habe als corrigieren; zuletzt noch den ersten Bogen der Gromatiker, bei denen
ich aber jetzt meine Verdienste nicht so deutlich mache als in den
Proömien**).

Mit einiger Sehnsucht warte ich auf die Leidner Lucreze***).
Denn seitdem ich eingesehn habe dass das meine Arbeit ist, mache
ich mir nichts daraus dass Steinhart und der alte Hofman Peerl-
kamp auch daran sind. Nach der Plage mit NT. und Gromatikern
werde ich doch auch einmahl eine Lust am Lucrez und am Früh-
ling†) haben dürfen. In einem Verse nach dem Du neulich fragtest,
wäre für *inesse* das gronowische *inesto* unerträglich, *oportet* das
natürliche: das richtige ist, wie Du gesehn hast, *necessest.* Aber
wenn Du wüstest dass *traiectio vocabulorum* [s. z. 4, 545] und *ver-
suum* im Lucrez die gewöhnlichsten Fehler sind, so hättest Du nichts
anders gesucht als *Illud in his vitium vehementer rebu' necessest
Effugere* (IV, 824), wie in der zweiten von den Parallelstellen
II, 216. 582. 891 (wo *foedus* steht!) *Illud in his obsignatum
quoque rebus habere Convenit.* Übrigens habe ich vor ordentlich
Anmerkungen zu machen. Es wird nöthig sein: denn wer z. B. nicht
weiss dass L. nur *sanguīs* sagt, der wird I, 853 nicht gleich einsehn dass es heissen muss *Ignis, an umor, an aura? quid ho-*

---

*) [Doch s. Lachm. Comm. zu Lucr. 3,374.]

**) [Sommersem. 1844 und Wintersem. 1844/45 *Frontinus de con-
troversiis agrorum.* Über das erstere s. 45 S. 123; 46 S. 127; 50 S. 135.]

***) [Vergl. Hertz Karl Lachmann S. 140.]

†) [Des Minnesangs Frühling; s. 41 S. 113.]

rum? sanguen? os? aurum? (nach 834 , *Principium rerum
quom dicit homoeomerian, Ossa videlicet e pauxillis atque mi-
nutis Ossibus hic* (so alle) *et de* — 837, 839, 841). Ganz unwahrscheinlich ist Dein Versuch II, 465. Nach 459 ist eine Lücke.
460—463 handelt vom süssen und bittern — aus glatten wurden
spitzige Atome: die Atome des Bittern heissen 467 *doloris corpora.* Beziehung auf das Verlorene IV, 673.   460 *penetrareque
sese,* 461 *quodcumque videmus Sensibus esse aptum.* 465 *mi-
nime mirabile debet [Esse, quod expressus terrae de corpore primum est V, 488]. Nam quod fluvidus, est e levibus atque rotundis: Esseque levibus atque rotundis mixta doloris Corpora
nec tamen haec retineri hamata necesse est.* 476 gehört vor
474. Angenehmer sind aber solche Stellen wie VI, 83 *Multa tamen restant et sunt ornanda politis versibus. est ratio supe-
rum caeli ecce tonantum, Sunt tempestates et fulmina clara
canenda* (ecce ' zum Beispiel' VI, 757. IV, 398), oder VI, 47 *Quan-
doquidem semel institui conscendere currum Ventosum, et cer-
tant pellentia flamina rursum: Quae fuerint, sine, placato
conversa furore,* oder VI, 242 *Et lamenta virum conmoliri atque ciere,* oder VI, 955 *Galli lorica,* oder IV, 1121 *Argentum*
(vergl. 1128), oder I, 806 *ambesta* (805. 807. 806). Ich muss
nur aufhören, um Dir nicht beschwerlich zu fallen: denn aus treuer
Gewissenhaftigkeit könntest Du gar alles nachschlagen und prüfen.
Ich will aber gar nichts weiter damit als Dir endlich den Calpurnius*) ablocken. [Auf dem Rande.] *Retractationes* I, 518 *va-
cuum* für *rerum.* 470 *Namque aliud Trois et aliul regionibus
ipsis.* Aber 491 widerrufe ich nichts. VI, 228 *per saepta* —
transit ist unecht.

Jacobs Manilius**) hab ich mir geben lassen (bis ins 3. Buch),
aber ihn noch wenig angesehn. *quäter* ist mir aber zu arg und
dass er II, 322 Bentleys spasshafte Übereilung billigt, *nongentae*

*) [S. oben zu S. 165.]
**) [Der 1846 bei G. Reimer gedruckt wurde: *M. Manili Astro-
nomicon libri quinque. Rec. Frid. Iacob.*]

= 90*). Was sagt denn Hermann zu Franzens Orestie**)? Er wird dafür wohl Ordinarius werden. Mir gefällt seine Übersetzung von Agam. 1435***), die selbst Böckh nicht vertheidigt, obgleich er sie auch könnte gemacht haben.

Ich mache dem Dinge jetzt endlich ein Ende, gratuliere zu der neuen Wohnung die Du in dem Universitätshause miethen wirst, und wünsche Dir und den Deinigen die schönste Gesundheit, meiner gleich, obwohl ich unberufen grade heute nicht ganz wohl bin (kann ich nicht eben so schöne Bulls machen wie Schneidewin [Philolog. 1] S. 170, Z. 11 v. u.?), insbesondre aber recht sehr schöne Ferien.

Von ganzem Herzen

Dein
C. L.
16 Merz 46.

66.

An Böcking und Haupt.

Friedrichsstr. 190, den 11. Apr. 46.

ἄνδρες ὄρνιθες oder στρουθοί, gestern Abend um halb Sieben komme ich von Braunschweig zurück, und finde Eure Federn, die mich in Verzweiflung bringen. Um dem Geruche neugestrichener Thüren zu entgehen, war ich nach 12 Jahren zum ersten Mahl wieder bei meinem Bruder Wilhelm: das Fest über zu bleiben verweigerte ich, weil die beiden Lucreze hier liegen, nebst Gudens Collation: es drängt mich endlich zu arbeiten, zumahl da die beiden Handschriften sogut als unverglichen sind. Euch zu sehn und nicht zu sehn wird mir gleich schwer. Die Zeit die sich Böcking gesetzt hat ist vielleicht vorüber. Ich tröste mich damit dass er nach Berlin kommen will. Einladen kann ich noch nicht in meine Unordnung, sondern nur in den mir sehr nahen Rheinischen Hof.

---

*) [In der Vorr. S. xviii zurückgenommen; *quäter* finde ich nicht.]

**) [Des Aeschylos Oresteia, griechisch und deutsch herausgeg. v. J. Franz. Leipz. 1846: Vorr. vom Decemb. 1845.]

***) ['Des entsetzlichen Gastwirth's Atreus.']

Haupt könnte immer incognito mit hier sein und Baumgartenbrück
vermeiden. Überlegt alles wohl, und thut danach: ich bin noch in
solcher Verwirrung dass ich nichts bedenken kann, zumahl da die
beiden Lucreze in die ich geschrieben habe beim Umziehn unfind-
bar versteckt sind, vermutlich an einen sehr guten Ort, den man
noch nicht weiss. Nicht nur *Valete* sondern *Venite* ist mein Gruss,
an die Frauen freilich geziemt mir nur der erste.

67.

Meine theuersten Häupter,
ich habe die Antwort so lange verschoben, weil ich erst Über-
legungsverstand abwarten wollte. Dieser ist seit gestern Abend da,
wo ich den Lucrez zum dritten Mahl ausgelesen habe. Jetzt hatte
ich überlegt dass es doch fast sündlich wäre, da ich morgen Mittag
noch gesetzlos sein muss, den Pfingstmorgen auf der Eisenbahn zu
verbringen: aber beim Federschneiden, das in der ersten Zeile nöthig ward, hat mich die Sehnsucht übermannt, und ich werde Sonntag früh um halb acht von hier absegeln. Die guten Leipziger
müssen sich mit einem *selbe tete selbe habe**) trösten.
C. L.
Freitag 29/5. 46.

68.

Berlin 20 Aug. 46.
Erst gestern habe ich von der Frau Pastorin Hirzel Eure Noth
gehört und Euren Verlust. Dem kleinen Gast ist diese Erdenwoh-
nung zu rauh gewesen, trotz der furchtbaren Hitze selbst, die ihm
wohl lieber gewesen ist als den meisten andern. Gott erhalte das
liebe Mariechen. Lass mich gleich wissen dass es bei ihr keine Ge-
fahr hat.

Sonst wollte ich eigentlich erst schreiben, wenn ich die Zu-

---

*) [S. zu 58 S. 152.]

sätze zum Homer*) alle hätte. Denn Du must es ja selbst gefühlt und eingestanden haben dass sie ganz vortrefflich sind und daher fortgesetzt werden müssen. Auf Bergks Erörterungen über Od. ε braucht man nach der Probe zu Il. A, die er mir gar selbst geschickt hat**), braucht man wohl nicht zu warten.

Gegen den unverschämten Eindringling Massmann***) ist das Mögliche geschehn, zum Besten der Universität, und dem Minister zu zeigen dass er sie zu Grunde gerichtet hat. Da der Minister die Professur selbst für Nebenamt erklärt hatte, ist ihm (dem Minister) angezeigt dass jedes Mahl im Sommerkatalog stehn wird *non leget* und im Winter *si per cetera officia licuerit.*

Anmerkungen zum Ende des ersten Buchs und zu VI, 1-1089 sind geschrieben, und ich bitte um Erlaubniss sie Dir nächstens zur Prüfung vorzulegen. Sei so gefällig Gersdorf bei Gelegenheit um die Juntina 1512 zu bitten, statt deren mich mit dem Abdruck, Ald. 1515, zu begnügen doch zu unsicher ist. Das ist der Text von Marullus, dem einzigen lobenswerthen Kritiker. Hoffentlich hat Gersdorf nichts dagegen, wenn ich das Buch lange behalte: braucht es Jemand dazwischen auf kurze Zeit, so kann ichs ja leicht zurück geben, da ich so keine Eile habe und während des Decanats†), das mir bevor steht, nicht werde eilen können.

Hierauf nicht, aber über Mariechen giebst Du mir gleich Bescheid? Nicht wahr?

Von ganzem Herzen

Dein

C. L.

---

*) [S. zu 60 S. 157.]

**) ['Über die Einheit und Untheilbarkeit des ersten Buches der Ilias' in der Zeitschr. f. d. Alterthumswissenschaft Juni 1846 n. 61. 62. 63. 64 (s. Bergk's Klein. philol. Schrift. 2 S. 415—444), worin Bergk u. a. Lachmanns oben zu 65 S. 164 erwähnten Aufsatz bekämpft und am Schluss S. 506 eine Ausführung über den fünften Gesang der Odyssee in Aussicht stellt.]

***) [S. M. Hertz Karl Lachmann S. 93—97; u. unten 80 S. 187.]

†) [S. zu 73 S. 176.]

69.

Bin ich nicht ein rechter Narr, dass ich so eile meine Sächelchen an den Mann zu bringen? Aber ich bringe sie an den rechten: denn es hilft nichts, Du hast die Entscheidung über Alles, Inhalt und Form. Ich habe zwar das meiste noch nicht wieder gelesen, und ich schreibe selten ohne Schreibfehler: dennoch sollst Du mir alles tadeln und jeden Tadel sagen, namentlich auch über mein Latein: denn Du kannst gar nicht wissen was ich nicht weiss oder was ich nur übereile, auch nicht ob ich das Übereilte finden werde. Einiges, das weiss ich wohl, ist sehr appetitlich, und es soll mich nicht wundern wenn fortan mancher Lust bekommt an der Pest zu sterben. Dies ist übrigens blosse Bescheidenheit von mir: denn ich parodiere Wakefield, der bei den schändlichsten Conjecturen sagt *Ceterum egomet ipse non mirabor si mea haec divinatio unanimi plausu ab omnibus excepta fuisset.* Zu Deiner Beschäftigung und Zerstreuung, mein' ich, würden besser die Anmerkungen zum Homer*) dienen. Doch Du must versuchen: erzwingen kann man in solchen Stimmungen nichts. Grüsse Deine liebe Frau herzlich: ich weiss wohl dass sie ihres Vaters echte Tochter ist.

Für ihn erfolgt hiobei, nebst dem schönsten Dank für das sehr angenehme Programm**) (Franz hat in seiner Antrittsrede nur Dummheiten dagegen gesagt, übrigens anständig und ohne Namen, so dass meine anwesenden Zuhörer alles auf mich beziehn konnten), dio Abschrift des mediceischen Agamemnons und die bei Dessau jung gewordene mir aufgegebene aber falsche Conjectur. Ich habe sonst einiges bessere zum Agamemnon, z. B. [1244] ἰδοῦσα πρᾶξιν τλήσομαι τὸ κατθανεῖν.

Auf der Post ist ein Paket von Dir von unbekanntem Inhalt: denn die Juntina kanns doch noch kaum sein, und sie ist auch nicht

---

*) [S. zu 60 S. 157.]

**) [*De re scenica in Aeschyli Orestca.* edit. a. 1846, wieder gedr. im 8. Bd. der Opuscula S. 158; aber auch schon am Schluss von Hermanns Aeschylus 2. Bd.]

ohne Geldwerth. Ich werde mirs holen und diesen Zettel hinbringen, der Euch noch namentlich dankt für die schnelle Nachricht von Mariechen.

24 Aug. 1846.

70.

Friedrichsstrasse 190
den 15. Sept. 46.

Es ist nur gut dass die fernerweiten Opfer des Brandes, von denen die Brockh. Zeitung berichtet, näher als aus der Georgenstrasse sind. Schönen Dank für die *Homerica**), und für den Marullus (Scaliger, soviel ich sehe, spricht nicht von ihm, sondern von Avanzi), wie für das geduldige Lesen meiner Siebensachen. Ich bin im 4. Buche bis an die *obscena* gekommen, habe dann aber seit gestern Schicht gemacht, weil mirs zuviel ward und die Vorrede zum NT. zu schreiben ist.

Nach Frankfurt geh ich nicht. Reyscher**) hatte erst die Versammlung auf den 1. Oct. gesetzt, offenbar absichtlich. Wir setzten sie auf den 15. oder 20., er darauf ohne zu fragen auf den 24.: da wünschte ich doch dass er bei mir seine Absicht erreichte. Ich müste den 26. Nachts von Frankfurt abreisen, und wäre am 28. Morgens nach schweren Nachtfahrten in Jena, und dafür danke ich. Grimm Ranke Pertz kommen nach Frankfurt, und es wäre ganz gut Du giengest auch hin, um den Demonstrationen gegen Philologie und römisches Recht Dich etwas zu widersetzen. Mir ist das Streiten fatal: es könnte schon in Jena einiges vorkommen.

Grüsse Deine Frau recht herzlich und lass mich bald Deinen Entschluss wissen.

C. L.

---

*) [S. zu 60 S. 157.]

**) [Über Aug. Ludw. Reyscher in Tübingen und die von ihm angeregten 'regelmässigen Zusammenkünfte der Germanisten d. h. solcher Männer, die sich der Pflege der deutschen Sprache, des deutschen Rechts und der deutschen Geschichte widmeten', deren erste 1846 zu Frankfurt am Main, die nächste 1847 zu Lübeck stattfand (s. 76 S. 181), W. Scherer Jacob Grimm 2. Aufl. S. 249 fg.]

71.

Deinen Grund fürs daheim bleiben muss ich freilich gelten lassen, ob ich gleich gewunschen hätte Du giengest. Vor Jena kann ich nicht hinüber kommen, um so weniger als seit gestern Jahn hier ist. Er zweifelt ob er mit nach Jena kann, was ihm nützlich sein würde. Es kommt darauf an, ob er die Frau, der die Reise wunderbar wohl gethan hat, hier bei Trendelenburgs unterbringen kann: er wartet ob sie ihms anbieten, weil die Frau Tr. freilich auch Ruhe zu bedürfen scheint.

Brüggemann und ich reisen den Sonnabend bis Halle, um ohne Übereilung im Verlauf des Montags in Jena anzukommen. An Göttling habe ich um Logis geschrieben, da ich von Rost wuste dass er selbst besetzt ist. Vom 2. bis zum 12. October denke ich mich in der Welt herum zu treiben ohne über mich selbst zu bestimmen. Es wäre etwas kühn eine solche Zeit Saturnalien zu nennen, als ob ich sonst nicht *servus servorum* wäre. Dass Du aber dann vor allen über mich gebietest versteht sich, und ich bin recht neugierig auf Deine Befehle. Bedingung ist aber dass Du mir erst Lucrez IV, 272. 279 Forb. corrigierst, d. h. ein Wort für *sunt* erfindest: denn es muss heissen *illa, foris quae sunt, transpiciuntur* (V. 291 gehört nach 271 *semota videtur*. 276 *tum cern.* 278 *perterget*).

Von ganzem Herzen — doch so dass es zwischen Mann und Frau getheilt wird —

Dein

C. L.

21 Sept. 46.

72.

Friedrichsstr. 190, 23 Oct. 46.

Ich wollte nicht eher langweilig und verdriesslich schreiben als ich wieder in ordentlichem frischem Stande wäre. Beinah hätte ich das den Sonnabend gekonnt, wo ich nach noch ziemlichen Schmerzen in guter Ordnung war: da kam Sonntag wieder eine

kleine Rose, die bis heute geblüht hat. Ich sehe nun ein dass der
Mensch alt wird und Kleinigkeiten zu tragen hat. Wenn ich daran
denke wie Du und wie Deine Frau zu ertragen wissen, so schäme
ich mich, wenn die Scham nicht der Dankbarkeit weichen müste,
die ich durch ein, wie meine Haushälterin bemerkt hat, zurück ge-
lassenes Stückchen Seife nur sehr schwach bezeugt habe. Aber
edle Naturen zahlen mit dem was sie sind, nämlich Seife. Ihr seid
nun froh dass Ihr den lästigen Gast los seid, die Mutter habt Ihr
nach vollbrachter Wäsche und Reise auch, Mariechen ist ohne
Zweifel fidel: es ist also nur zu fragen ob Deine Frau ihre Zahnschmerzen los ist, und ob Du mit Vergnügen unter den Auspicien
Boerhaves die lange gestörten Studien wieder vorgenommen hast,
zu denen ich Dir Glück wünsche. Ich habe *in doloribus* einige
Lieder Reimars*) abgeschrieben, ohne sonderliche Befriedigung:
entweder war ich zu matt, oder die Überlieferung ist zu schlecht.
Dann hat mich Ritschls überschwängliches Lob des Jacob Bernays**) doch auch bewegt *ut quam primum in publicum edito
tam eximio eruditionis specimine de ipsis litteris Latinis augen-
dis promovendisque bene mererem*, und ich habe, übrigens wie
Dissen***) ganz langsam, nach und nach, immer weiter, allmählig,
zwei Blätter über etwas mehr als hundert Verse des dritten Buchs
vollgeschrieben, ohne sonderlich zu fühlen dass mirs an Stoff fehlte,
wohl aber an Emendationen: denn es sind nur zwei, 22 *semperque
— rident,* 84 *fraude.* Das Decanat†) macht mir bis jetzt nichts zu
thun, und zu lesen fang ich erst am Montag an, wenn ich Zuhörer
finde: gemeldet hat sich noch keiner.

Die Berichte Eurer Gesellschaft††) lagen gestern in der Aka-

---

*) [Für des Minnesangs Frühling. S. 41 S. 113.]

**) [S. 75 S. 180.]

***) [Vergl. 12 S. 46.]

†) [S. zu 73 S. 176.]

††) [Der 1846 gegründeten königl. sächsischen Gesellschaft der
Wissenschaften, in deren Sitzung vom 29. Aug. Haupt Blätter einer
Handschrift von Otfrids Evangelienbuche (1. Bd. der Berichte 1848
S. 54 ff.) vorlegte.]

demic aus. J. Grimm schiens etwas übel zu empfinden, dass er den über Otfried nicht hatte. Doch will ich das nicht versichern und noch weniger Grundsätze, die vielleicht unvermeidlich sind, zu erschüttern suchen.

Ceterum censeo Calpurnius*) quam primum edendus esse. Sancimus lege aeternum ralitura, Heiligster, wenn Du dies liesest, lebe ewig wohl und empfiehl mich Deinen drei Damen (ich meine nicht die in 'die Zauberflöte', aber recht sehr die kleinste mit) und lass mich bald hören dass es Euch allen wohl geht. Von ganzem Herzen

Dein

C. L.

73.

Friedrichsstr. 190. den 28. Dec. 46.

Hier ist das eben heute früh angelangte Weihnachtsgeschenk. Reimer wird Dir gesagt haben dass ich das Versprechen des Ministers durch den Pfiff erlangt habe, auf Cotta zu verweisen. Sein Pfiff ist dass es nun aussieht als ob Deine Vortrefflichkeit der Grund sei. Ein zweiter ist, dass erst vom 6. Bande an subscribiert wird. Schadet aber nicht. Wenn nur recht oft auf die ersten Bände verwiesen wird, werden die Gymnasien schon in ihre Taschen greifen oder den Minister um die ersten Bände bitten. Haben sie erst einen Anlass, so kommt ihnen auch die Courage. Ich freue mich sehr auf das erste Heft**).

Wegen Jahns***) solltest Du Dir doch Mühe geben, dass ihm 900 *Rthlr.* geboten würden: denn er hat grade 800, und er kann sich doch nicht gradezu verschlechtern.

---

*) [Vergl. zu 65 S. 165.]

**) [Oben 53 S. 137 nannte Lachmann den fünften den letzten Band der Zeitschrift: inzwischen erscheint durch Theilnahme des Ministeriums die Fortführung gesichert.]

***) [Der eben nach Leipzig in die durch W. A. Beckers Tod erledigte Stelle berufen war oder berufen werden sollte.]

Das Decanat*) macht eine Teufelsarbeit. In 5 Wochen allein 8 bis 9 Berichte finden selbst Geschäftsleute viel für einen Professor. Weihnachten hab ich zu Haus zugebracht, bei Wassersuppe und kohlensaurem Bitterwasser, wegen einer Rose am linken Augenliede, und beim Terenz, der, in 3 Tagen gelesen, freilich recht angenehm ist, aber, dünkt mich, für ein römisches Publicum doch zu stockgriechisch in den Sitten. Jetzt les ich so zur Lust den Plautus. Auf beide bin ich gekommen als ich den Silius nicht mehr ertragen konnte. Über die Hiatus im Plautus wird mir manches klar: ich gehe aber immer von der Elision aus; welches sich eigentlich von selbst verstehn sollte. Apropos, Du sagst doch hoffentlich auch, wie alle römische Knaben müssen gewust haben, aber die Grammatiker nicht, *rédiit?* In der *lex Thoria* immer *venieit: rediīt* vor Vocalen ist bekannt, *subiit onus.* Hoffentlich weist Du keine Stellen für die Kürze, ausser bei Tibull [1, 4, 27] das *transiet ætas,* welches Handschriften und Sinn verlangen. *it transit* sagen vor Vocalen die guten Dichter, auch vor Consonanten die Komiker und spätern seit Seneca**). Zweites à propos, es sind nur 8 Heroiden ovidisch, nämlich nur die welche er selbst angiebt mit Ausnahme der der Sappho, in der mir die lucanische *Erichtho* viel Vergnügen gemacht hat. Die scheusslichste von allen ist die 9. der Deianira. Aber aus Tiberius' oder Claudius' Zeit sind alle (die bedenkliche Sappho ausgenommen): sie haben noch *st* für *est,* aber schon *Ledă Phædră Aethră****).

Den gerlachischen Lucilius will ich doch lieber nicht lesen, — um, eine Zeitlang, nichts falsches zu lernen. Dein *Tisiphone — unguen* ist sehr schön, desgleichen *thaumœno*†), welche sich aber

---

*) [Lachmanns zweites Decanat (über das erste s. 6 S. 23 f. Anm.) 1846/47; vgl. 68 S. 170; 72 S. 174; 74 S. 178; 77 S. 182.]

**) [Comm. zu Lucret. 3, 1042 S. 207 ff. u. unten 89 S. 202.]

***) [Vergl. Prooemium zum Lectionskatalog für das Sommersem. 1848, kl. Schrift. z. class. Philol. S. 56—61, und Comm. z. Lucr. 2, 27 S. 77: 6, 971 S. 408.]

†) [Gerlachs Lucilius erschien 1846 Turici. — Vgl. 94 S. 210. — Von Haupts Emendationen zu Lucilius ist die erste (Lachm. Lucil.

bitten wollte ohne Elision zu lesen: *Graecae longae non eliduntur**).
An *ex ego canto* glaub ich nicht und bitte um δεύτερον πλοῦν.

Wie *asilus* koptisch heisse, nämlich ⲤⲈⲢⲪⲰⲦ, wird Hermann
aus dem mir dedicierten Buche**) durch den seinem Namensvetter
mitgegebenen Zettel erfahren haben: ich hätte es ihm auch von
Partheys Hand ausgeschnitten mittheilen können. Ich bin aber so
frei zu profezeien dass es nicht passen wird.

Ich wünsche Euch allen von ganzem Herzen ein gutes neues
Jahr, Dir namentlich gute Augen und Freundschaft mit dem holländischen Hippokrates.

1847.

74.

Friedrichsstr. 190, 4 Febr. 47.

Hier hast Du Deinen Schund zurück: es soll mich freuen, *si
quid mei tuum jacere poteris.* Dass das Zeug nicht älter als aus
dem 3. Jahrh. ist, zeigt *venditur:* warum aber noch jünger weiss
ich nicht. Der Codex soll 7/8 Jahrh. sein und uncial: da ist mir
das häufige ϩ neu***).

Ich habe meine Randglossen zwar auf dem Sofa liegend geschrieben: man dächte also, ich hätte Zeit über, und könnte Lucrez
in Fülle schicken. Aber du lieber Gott (verzeih dass ich Dich ab-

---

134) wohl briefliche Mittheilung; die beiden andern sind im Philologus 2 (1847) S. 489 f. (Opp. 1 S. 201 f.) veröffentlicht. Vergl. 83 S. 193.]

*) [Vergl. Comm. z. Lucr. 4,1169 S. 272.]

**) [*Vocabularium coptico-latinum et latino-copticum. concinn. G. Parthey.* Berlin 1844 mit der Widmung *Carolo Lachmanno universitatis
Berolinensis rectori magnifico d. d. d. auctor,* welches S. 290 *asilus* mit
der obigen koptischen Erklärung giebt.]

***) [Gemeint sind die von Haupt in den Berichten der sächsischen
Gesellschaft der Wissenschaften vom 13. März 1847 (Bd. 1 S. 208—221)
Opp. 1, S. 217—230 herausgegebenen 'Zwei ungedruckte Gedichte
aus später Zeit des römischen Alterthumes.' S. Ber. 209. 210 (Opp. 218)
über *venditur* und die 'fremde Hilfe.']

göttisch verehre), im Lucrez häng ich im dritten Buche, und bin
eben am Statius, weil ich doch wissen muss wie weit iambische
Wörter elidiert*) werden: und ich komme nicht vom Flecke, wegen
der philosophischen tentamina und anderer Decanatsnoth**): dazu
nun das neue Ärgerniss mit Raumers dummdreister Rede***), worüber es heute Nachmittag eine Schlacht setzen wird.

Grüsse Weiber und Kinder aufs schönste.

75.

Hinter der katholischen Kirche No. 2a, Ostermontag Abends
nach 8 Uhr, gleich nach endlich ermöglichter Lesung Deiner
Entbindungsanzeige. Ich wünsche von ganzem Herzen Glück zu
der zweiten kleinen Marie†): denn so wird sie ja heissen nach dem
Beispiel König Philipps, der zwei Töchter dieses Namens hatte.
Von der Krankheit Deiner Mutter wuste ich zwar, erfuhr aber nichts
Näheres, weil ich Hirzeln nicht traf: nun sagt Dein Brief auch nur,
sie war 'an einer so furchtbaren krank', und der Name der Krankheit wird vermutlich aus Zartgefühl verschwiegen. Gottlob dass
das *ungenante ungenande* vorüber ist. Ich bin, wie Du siehst,
leidlich bei Laune, aber auch nur so eben: denn ich bin ziemlich
eine Woche lang umgezogen, wenigstens Dienstag bis Freitag, mit
tausend Noth, in eine Wohnung die zwar geräumig ist und Morgen-
sonne Bäume und äusserste Stille hat, aber verwohnt und alt ist

---

*) [S. zu Lucr. 3,941 u. 954.]

**) [S. zu 73 S. 176.]

***) ['Rede zur Gedächtnissfeier König Friedrichs II. gehalten
am 28. Januar 1847 in der Königlich Preussischen Akademie der
Wissenschaften von Friedrich von Raumer. Leipzig (Brockhaus) 1847.'
Die Rede, welche R. als vorsitzender Secretar der Akademie in Anwesenheit des Königs und des Prinzen von Preussen gehalten, in der
er Friedrich II. 'gegen neuere Angriffe' insbesondere auf religiösem
Gebiet vertheidigte, gab grossen Anstoss und veranlasste ihn das Se-
cretariat der Akademie niederzulegen. Vergl. unten 75 S. 180.]

†) [Haupts zweite Tochter, nicht Marie sondern Luise genannt,
ward 2. April 1847 geboren.]

und daher erst nach Wochen anmutig sein wird. Die Feiertage und das bitter kalte Wetter sind mir dabei im höchsten Grad unbequem. Indess tröste ich mich mit dem Guten das das Haus zu leisten verspricht, und denke mit Horaz, dem Tode entgehst du doch nicht [C. 3, 24, 4], *Caementis licet occupes Terrenum omne tuis et mare publicum**). Dieses Stückchen Gelehrsamkeit soll das einzige sein womit ich die Deinige auspariere. Ich habe nur das Museum und Diutisca schnell nachgesehn: Hoffmann und Urstisius gehören zur Zeit noch unter die *livres difficiles à trouver.* Ich glaube Dir aber alles, wie der Russe, der seinem Lehrer in der Geometrie den Beweis eines Satzes gern schenken wollte, weil er ihn so glaubte. Freilich aber dass Landgraf Hermann erst 1217 gestorben sei**) möchte ich Dir nicht gern glauben müssen: denn es turbiert all meine *circulos* im Walther.

Jahn wird, wie es heisst, übermorgen ankommen, und dann muss die Sache des *Corpus inscript. Lat.* abgemacht werden, eher lass ich ihn nicht fort. Er will aber auch von selbst eine Woche bleiben. Durch ihn werden die guten Exemplare des Proömiums früh genug kommen: es kommt überhaupt zu früh, weil die ewig lange Anmerkung inzwischen schon manche Zusätze erfahren hat***). Gelegentlich möchte ich gern erfahren ob ausser Calpurnius und dem *panegyricus Pisonis* noch andre Gedichte aus neronischer oder andrer Zeit ohne Elision existieren. Ich wollte fragen ob ich die paar Ausnahmen bei Calpurnius richtig taxiert habe, konnte aber gestern den 2. Band der *Poetae minores* noch nicht finden†). Das *age* in *Ergo age* [*Quare age*] am Ende des Panegyricus [259] ist wohl zu streichen? Seit Monaten habe ich gestern

---

*) [Vergl. Comm. z. Lucrez 1, 360 S. 37 f.]

**) [Nicht wie Lachmann annahm 1215: s. z. Walther 17, 11 S. 139 u. 105, 13 S. 210; u. vgl. Vorr. z. Wolfram S. xix.]

***) [Das Proömium zum Lectionskatalog für das Sommersem. 1847 (*die* xxvii *m. Febr.*), Proben aus dem Comm. zum Lucretius enthaltend.]

†) [Vergl. 81 S. 188.]

und heute zuerst wieder in den Anmerkungen zum Lucrez gelesen
— nicht geschrieben —, und ich bin ohne Schmeichelei damit zufrieden. Der Bernays hat wie ein vernünftiger Mensch untersucht:
was mir entgangen wäre wird er aber wohl nichts haben. Ich werde
ihn erst wenn ich fertig bin ganz lesen und sein Lob nachtragen*).
Welche Dichter haben die Forbiger unbekannte Caesur κατὰ τρίτον
τροχαῖον gar nicht? Valerius Flaccus, wenn ich nicht irre: selten
Statius, noch seltner Silius. Den Vers *Castori Amycleo et Amycleo Polluci* [Her. 8,71] hast Du wohl unter den ovidischen**)
ausgelassen weil er in einer unechten Heroide steht. Aber was
schwatze ich? Du must ja wiegen und Kranke pflegen und Dich
mit Hallensern schlagen, ich aber leider noch immer von der rau-
merischen Gemeinheit hören. Gott gebe Euch alles Glück, wenn
Ihr auch dabei wenig denkt an Deinen

                                                        C. L.

76.

Ich habe für die freundliche und aufopfernde Einladung nicht
gedankt und sie nicht angenommen, ein Paar Tage weil ich dachte
das Opfer von Eurer Seite wäre doch wohl zu gross und kaum zu
leisten; dann seit fast 14 Tagen weil ich starken Husten und Gicht
habe, wobei man immer denkt bald frei zu werden, es wird aber
schlimmer. Seit drei Tagen hab ich Gicht im Knie: doch wollte
ich zu einer wichtigen Sitzung heute um elf (ich schreibe um halb
elf) gehen, wage es aber der Regenluft wegen nicht. Ich kann
also, und das ärgert mich bitter, nicht einmahl sagen, ob, wenn Du
mich auch versichertest dass es Euch nicht beschweren würde, ich
am Sonnabend früh bei Dir eintreten kann, oder später.

---

*) [Jacob Bernays' Preisschrift *De emendatione Lucretii* abgedruckt
im Rhein. Mus. f. Philolog. 5 (1847) S. 533—587 trägt das Datum
m. Apr. a. 1846. Vergl. Lachmanns Comm. zum Lucret. S. 4. und
oben 72 S. 174.]

**) [*Observ. crit.* p. 22 Opp. 1, 94 ff.]

Jacob hat mich in Lübeck*) zu sich eingeladen. Er habe zwei Germanisten übernommen, und habe zwei Wohnungen. Ob ich in der ihm angenehmeren vor der Stadt allein mit ihm wohnen wolle, oder lieber in der Stadt nebst noch einem, den ich dann bestimmen möge. Darüber wünsche ich natürlich niemands Meinung zu hören als Deine. Gleich zu entscheiden ist nicht nöthig, und ich will es nicht jetzt in meiner Schmerzverdriesslichkeit, in der ich jedem selbst rathen muss mir vom Leibe zu bleiben oder mich zu sich zu ziehen. Dass mir die Pfingstfreude so verdorben ist, betrübt mich ungeheuer, und ein Wort des Trostes wäre mir sehr willkommen.

19 Mai 47.

Warum soll Calpurn. 7, 77 und 4, 134 nicht geschrieben werden *vultus habitumque* und *placido quin flumine* [*fonte*]**)?
Petronius *Troiae halosis* 58 *ceu vi solet Nullo remissus.*
6 *figurabunt.* 39 nach *luminibus* fehlt ein Vers**).
47 *tardat* (46 *pietas*).

Im letzten Buch des Silius Italicus (der Coloniensis fehlt schon im 16. Buche) ist nach V. 291, d. h. nach 5 Blättern zu 60 Zeilen eine anerkannte Lücke. Dann folgte ein Quatern, von dem das erste und das letzte Blatt fehlt. Dazwischen 292—651 sechs Blätter. Der Rest, 652—655, vor dem die augenscheinliche Lücke nicht bemerkt ist, bezieht sich auf den Kaiser, ich denke Vespasian.

77.

Lieber Freund,

verzeih mir meine Unart und wundre Dich nicht darüber. Ich bin würklich seit Pfingsten von Geschäften ganz und gar zerrissen, und die übermässige Hitze kommt nun noch dazu. Freilich auch muste ja endlich das 3. und das 5. Buch fertig werden, und sie sind fertig seit Sonntag. Heute habe ich, wie Sonnabend, wie Montag, einen

---

*) [Zur Germanistenversammlung: s. zu 70 S. 172.]
**) [Vergl. Haupt *De carminibus Calpurnii et Nemesiani* S. 4 Opp. 1, 363. — Hermes 7 (1873) S. 185 Opp. 3, 583.]

hutgierigen Candidaten mit Gewalt promovieren müssen*), was mich um einen ganzen Tag zurück gebracht hat. Ich werde wohl nicht übermorgen, sondern erst Freitag Nachmittag bei Dir sein, und hoffe alles bei schönster Gesundheit zu finden. Wenn ich Dein Arzt wäre, schickte ich Dich mit nach Karlsbad.

Dienstag den 19. Aug. 1847.

78.

Karlsbad (Stadt London)
17 Sept. 1847.

Ein Badeort ist ein Badeort, sagt Kamptz: Trägheit, lange Weile, und mässige Belustigung, geben einen Wechsel der auf die Länge zur Desperation führen kann, wenn nämlich so schlechtes Wetter wie dies hinzu kommt und der 15 September, in Karlsbad das Ende aller Dinge, vorüber ist. Dennoch hat mir der Brunnen so wohl gethan dass ich nichts von galligen Empfindungen über diesen Zustand fühle, sondern in ziemlich guter Gesellschaft an der langen Weile mein Amüsement habe. So denke ichs denn noch heute und morgen zu treiben. Sonntag früh bis Zwickau, Montag früh um halb neun Uhr *te dulcis amice revisam* [Hor. ep. 1, 7, 12] und die Deinigen. Wenn Ihr dann bis Mittwoch früh mich dulden wollt, so wäre es wohl schön Du reistest dann gleich mit nach Berlin, so dass wir den Freitag nach Lübeck abzögen: denn da, denke ich ja, werden die andern Berliner wohl auch abgehen. Das weitere, ausser diesem Allgemeinsten, wird sich in Leipzig näher ins Reine bringen lassen. Und so fortan.

L.

1848.

79.

Sieht es nicht würklich beinah so aus als ob ich nicht schreiben wollte? Und doch ist es natürlich nur Faulheit und Schwierig-

---

*) [S. zu 73 S. 176.]

keit des Entschlusses zur Ausübung der Kunst die ich gewiss so
wenig als das Pulver erfunden hätte. Nachdem ich seit dem Dieffen-
bachischen Begräbniss und einem Besuch in Baumgartenbrück zwei
Mahl etwas gezippert hatte, bin ich zumahl seit Neujahr absolut
nur wenn ich muste ausgegangen; wobei ich auch noch ziemlich
bleibe. In meinem Leben hab ich die Kälte nicht so empfunden:
ich sehe, ich werde alt und kalt. Übrigens bin ich denn doch bei
guter Laune, ausser wenn ich denke dass ich noch keine Wohnung
habe. Und das Neueste ist dass ich in diesen Tagen Massmanns
*Germania**) gelesen habe. Ich denke im Philologus zu zeigen dass
die Handschrift zwar nicht die absurden Abbreviaturen Massmanns
gehabt hat, aber in *PR^a R^c* gut genug dargestellt ist**). Ein Paar
gute Conjecturen hat mir Tagmann vorweggenommen, 42 *præ-
cingitur*, 20 *tamquam exin animum firmius*. Über folgendes
wünschte ich eh ich abschicke Dein Urtheil zu hören. 18 *intersunt
parentes ac* (nicht *et*) *propinqui [ac munera], probant munera
non* —. 38 *in aliis gentibus — rarum et intra iuventae spa-
tium, apud Suevos usque ad canitiem, horrentem capillum retro recurvant: ac saepe in ipso solo vertici religatur, prin-
cipes et ornatiorem habent. ea cura formæ, sed innoxia* (nothw.
Besserung): *neque enim ut ament amenturve, in altitudinem
quandam et terrorem adituri bella comptius hostium oculis
ornantur.* Ich bitte hier zu bedenken dass etwas dem *obliquare*
entsprechendes da sein muss, und dass die vordern Haare rück-
wärts, die hintern vorwärts, beide gegen ihren graden Wuchs, ge-

---

*) [Germania des C. Cornelius Tacitus. Mit den Lesarten sämmt-
licher Handschriften usw. von H. F. Massmann. Quedlinb. u. Leipz.
(Basse) 1847.]

**) [Lachmanns Aufzeichnung ist weder im Philologus noch m.
W. irgendwo gedruckt worden, weshalb, wird z. Th. aus 80 S. 187
erklärlich. Dagegen hat Haupt bei seiner Recognition (*Cornelii Taciti
Germania In usum scholarum recognita a M. H.* Berlin 1855) seine
Adnot. auf die von Lachmann bezeichneten Handschriften beschränkt
und seinen Text mit Benutzung der hier mitgetheilten Berichtigungen
geformt. S. auch zu 29 S. 86.]

strichen werden.   40 *pax et quies tunc tantum amata, tunc tantum nota.* Umgekehrt müste es heissen *tunc etiam amata.*

45. *quae vicini solis radiis expressa, ea regelantia in proximum mare labuntur.* Es fällt mir ein dass ich über Dialog. 32 mich äussern sollte. Erstlich p. 532,22 [Bekk.] fordert die Eleganz *ornatus:* dann 533,2 ist das natürliche *ipsa quoque cotidiani sermonis foeda ac pudenda vitia. in actionibus quorumvis cumque*)* versteh ich vermutlich nicht recht: denn es scheint mir matt, da es doch nicht heissen kann 'auch der aller besten.' Übrigens hat Massmann meines Wissens nur Eine Conjectur gemacht, aber trefflich, 16 *ne pati quidem* (sc. *urbes*) *inter seiunctas sedes.*

Mommsen hat neue Vorschläge gemacht 1) Henzen ohne Besoldung die *inscript. publicæ,* 2) Mommsen die italischen Communalinschriften, 3) Zumpt die der Provinzen. Dies will Gerhard vertheidigen. Sage dies Jahn. Seine Abhandlung ist sehr hübsch, aber die 2 Verse der Tristien kann ich nicht aufgeben**).

Franz hat die Scholien des Mediceus ganz. Ob er sie auch ganz heraus geben will, fragt Hermann. Ich zweifle nicht daran, kann aber Hermann noch nicht antworten, weil ich ihn noch nicht gefragt habe (er liest nicht, und schreiben an ihn ist zuviel Ehre): aber selbst wenn er nicht will, so thut ers sobald man es ihm sagt.

Der Lucrez ist innerlich vermehrt, mit *Lucilianis* und *Frontonianis* besonders: weiter schreiben kann ich im Winter nicht, bekomme aber mit dem wärmeren Wetter Lust dazu.

Das neue Heft ist bis auf den Goldemar noch ungelesen***). Dass aber Stälins würtemb. Geschichte vortrefflich sei gebe ich

---

*) [Erst spät von Haupt selbst im Hermes 4 (1870) S. 32 (Opp. 3,450) mitgetheilt.]

**) ['Über Lykoreus' in den Berichten der sächs. Gesellsch. der Wissensch. vom 18. Decemb. 1847 (1. Band S. 416 f.), worin Jahn S. 420 Ovid. Trist. 2,437 f. für untergeschoben erklärte.]

***) [Haupts Zeitschrift 6. Bd. (1848) 'Goldemar von Albrecht von Kemenaten' von Haupt herausgegeben S. 520—529. Ebend. S. 528 das Urtheil über Stälin.]

von dem 2. Bande, den ich allein gelesen, nicht zu. Er ist trocken und ohne Gedanken.

Bunsens Dedication*) kannst Du mir und unsern Diognetstudien zu Ehren schon lesen: sie ist würklich sehr hübsch, das Buch mag sein wie es will. Beim Abschreiben des Briefes fand sich freilich leicht, was wir auch ehr hätten sehn können, dass es [110,6 v. u.] πῶς οὐ μέθης ἐστίν; heissen muste statt θέμις. Wo Du τρεῖν wolltest, habe ich αἰνεῖν gesetzt [108,5], weil gleich darauf [109,1] ein τὸ νῦν in gleicher Beziehung αἰνεῖν heissen muste. Übrigens habe ich von Bunsen auf die Sendung keinen Bescheid. Es wird ihn doch ärgern dass ich gesagt habe Marcions Verfasserschaft sei nicht bewiesen und die beiden letzten Capittel seien aus einer andern Schrift**).

Zacher erhält auf meinen Antrag vom Minister 200 *Rthlr.* und Fortsetzung seines schwachen Gehalts. Hoffentlich kündigt er in diesen Tagen seine Ankunft an. Zählen können wir die Bücher***) lassen durch Dase, der so fünf Jahre lang von der Akademie muss beschäftigt werden.

---

*) [Seiner Schrift 'Die drei ächten und die vier unächten Briefe des Ignatius von Antiochien' (Hamburg 1847), an der Lachmann erheblichen Antheil genommen (s. 65 S. 164), hat Bunsen (v — xiii) einen eingehenden Widmungsbrief an Lachmann vorgesetzt, der, wie für beide seit jungen Jahren verbundenen Freunde, so namentlich für Lachmanns wissenschaftliche und persönliche Eigenart von besonderem Interesse ist.]

**) [Die von Bunsen am Schluss seiner zweiten Schrift über Ignatius ('Ignatius von Antiochien und seine Zeit') angekündigte 'Marcion und Hegesippus oder der Brief an Diognet' usw. ist erst lange nach Lachmanns Tod, im J. 1854, erschienen in *Analecta ante-nicaena. Collegit recensuit illustravit Chr. C. J. Bunsen. Vol. I. Reliquiae literariae. Londini*: worin v. *Epistola ad Diognetum. Accedit fragmentum alius auctoris.* vi. *Hegesippi fragmentum* edirt ist. In der Vorrede zur *epist. ad Diogn.* S. 103—106 wird des Antheils, den Lachmann und Haupt an dieser Publication gehabt haben, mit besonderer Anerkennung gedacht.]

***) [Es handelte sich um die Katalogisierung der Bibliothek des

Zur Wiener Correspondenz*) wünsche ich Dir viel Glück. Die
Liste der auswärtigen Mitglieder habe ich nicht geschn: Hermann
wird natürlich fehlen.

Ich hoffe, Du und Dein Haus seid nun durch den Winter, und
weil der Mensch von Natur kein Philister ist, freut er sich alle Jahr
neu auf die *vogellin*. Grüsse alles herzlich, und ich wünsche Euch
vergnügten *vogelsanc*.

Berlin d. 11 Hornung 48.

80.

Es ist schöne Zeit bei mir. Seit acht Tagen begegnet mir
lauter Annehmliches, z. B. dass ich nach vieler Noth Donnerstag
eine Wohnung gefunden habe, Charlottenstr. 23 zwischen der Leipziger und Krausenstrasse. Der Vers des Lucretius ist auch eine
dankenswerthe Annehmlichkeit. Ich zweifle nicht dass er von Lucrez ist, der Mico müste denn in den Namen sonst sehr stark fehlen,
was Du ja wissen wirst. Ob Lucrez die spätere Form βορειυοί gebraucht oder *borii* geschrieben hat**), ist kaum fragenswerth: Ennius, die Tragiker und Cicero oder Lucilius werden wohl beides
nicht haben. Da die übrigen Stellen aus dem 2. Buche sind, so
wird dieser Vers in die grosse Lücke fallen, statt deren bei Forbiger V. 164 steht. Aber die Lücke ist älter als unsre Abschriften:
sie ist nach der 13. Zeile der Vorderseite eines Blattes. Es muss
also im 9. Jahrh. an Micos Aufenthaltsort noch eine Handschrift
des Lucrez gegeben haben, falls er sein Citat nicht von einem an-

---

1847 gestorbenen Freiherrn K. H. G. von Meusebach; s. 81 S. 189; 83
S. 194; und vergl. Wendeler Briefwechsel Meusebachs mit J. u. W. Grimm
S. cxx.]

*) [Haupt war am 1. Febr. 1848 zum correspondierenden Mitglied
der kais. Akademie der Wissenschaften zu Wien ernannt worden;
G. Hermann war Ehrenmitglied derselben Akademie.]

**) [Hiernach ist der vermeintliche Vers des Lucretius der 57.
des Licentius *nec fera tempestas Zephyrum fremitusque Borini.* Über
den Mico s. 81 S. 189.]

dern entlehnt hat. Ob seine Gelehrsamkeit eigenthümlich ist, wirst
Du ja aus 260 Versen wohl sehn: mir ist es wahrscheinlich, weil
er sich so an Ein Buch des Lucrez hält. Ich nehme dies Blümchen
ohne Bedenken in den Text, nicht aber das bergkische *semperque*,
welches ich mit Virgils *Lappaeque triboli que absint* zurück weisen
werde*). Ich danke also schönstens, dass Du meiner Faulheit zu
Hilfe gekommen bist: *inedita* zu entdecken ist mir nun einmahl
nicht gegeben.

Massmann hat dem Ministerium vorgestellt, er sei bei der von
dem Decan (mich nennt er, als ob ich *perpetuus* sei) ausgeschriebenen Sitzung zur 'Bereinigung des Cataloges der Vorlesungen der
hohen Schule' zu erscheinen durch ein im Fall verletztes Schien-
bein verhindert und durch ein Rescript (nach dem er im Sommer
nicht lesen darf) abgehalten. Wenn er aber im Sommer nicht lese,
so werde die hohe Schule sich darüber mehr als über seine Anwesenheit zu beschweren haben**). Auch habe er bei einem Gehalt
von nur 2000 *Rthlr.* wenigstens auf Honorarien gerechnet. Seine
Anstellung an der hohen Schule sei sonst nur illusorisch. Wenn
er grob wird, lässt er den Purismus fahren. Der Minister hat ihn
abgewiesen, und der Referent aus Spass und Bosheit der Facultät
Abschrift der massmannischen Eingabe zugehen lassen.

Indem ich gestern anfieng über die *Germania* zu schreiben,
ist es mir schwer aufs Gewissen gefallen, dass ich kein Wort davon
weiss, wie der *Agricola* an Puteolanus und in die Welt gekommen
ist***). Ich wollte fragen, ob das Leute wissen, die über römische
Litteraturgeschichte lesen. Dass was ich Dir schreibe immer auch
für Jahn bestimmt ist, versteht sich doch wohl von selbst.

21 Febr. Gestern schrieb ich, ich hätte eine Wohnung: aber
dies Mahl heisst es *La femme propose* (sie behauptet jetzt freilich,
nur in der Noth, weil sie nichts anders zu fressen gehabt), *l'homme*

---

*) [S. Lachmann im Comm. z. Lucr. 1, 313 und den dort citierten
Purmann im Philol. 3, 74.]

**) [S. 68 S. 170.]

***) [Vergl. 79 S. 183.]

dispose: er fand die Wohnnng zu klein und zu schlecht, und wird
nun in eine freilich um 100 *Rthlr.* theurere ziehn, Behrenstrasse 17.
Sie ist aber reizend und kann auch auf gute Freunde eingerichtet
werden. Für Dich wäre zwar immer gesorgt: denn die Paulowski
hat zu Dir eine wahre Zärtlichkeit. Ein schwacher Mensch ist der
Mensch einmahl, und dem Pantoffel entgeht er nicht.

— — Die Sache turbiert mein professorisches Gemüt ungeheuer: wenn Dich nicht, so bin ich darin besser. In manchem andern bin ich leider Gottes nicht so gut als Du. Dies wird Deine
Frau und Dein ganzes Haus bestätigen und (wie die Münchner
nach den Pariser Zeitungen) *God save the king* singen. Der König
und seine *undertánen* (auch *hävene kezzel*)*) sollen schön gegrüsst sein.

81.

Nicht wahr? *C. Calpurnius* (das *cognomen* ist zu suchen)
hiess der Mann, seitdem er von seinem Gönner *C. Calpurnius Piso*
adoptiert war**). Dann hat die wunderliche Kunst nur Einer. Eli-
sionen im *panegyricus****) sind doch mehr als ich mir angemerkt
hatte, *necessest* [14], das unglaubliche *Quare age* [259]***), *credi-
bilest* 156, *Atque illos* 24. [Calpurn.] 4,40 wird es ja wohl *tetri-
cis* heissen dürfen. Eine Emendation im *paneg.* 228 *alta tonantis
— nomina Gracci*†), des Tragikers, bitte ich als ein kleines Gegen-
geschenk für Dein Porträt (jener sagte 'abscheulich, aber doch ähnlich') anzunehmen. Es ist so übel nicht, aber der Mann hat Dich
nicht gut unterhalten, oder er liebt ennuyierte Gesichter. Überhaupt schönen Dank, ob man gleich von allen persönlichen Dingen
in dieser Zeit nichts wissen mag. Ich wünsche Glück zu Falken-

---

*) [Dies wohl mit Anspielung auf Parzival 206,29 und Nibel.
720,2.]

**) [Vergl. Haupt *De carminibus bucolicis Calpurnii et Nemesiani*
(1854) S. 26. Opp. 1, 391 f.]

***) [Vgl. 75 S. 179; und Haupt a. a. O.]

†) [Siehe unten 92 S. 207; 93 S. 208.]

steins Abtritt. Unsre gestrige Thronrede ist nicht ganz so zweideutig als sie scheint: denn die von den Ausschüssen auf den Land-
tag übertragene Periodicität lautete 'so oft nöthig, aber w e n i g s t e n s
alle 4 Jahr.' Leider ist aber wahr dass die Wenigsten dies w e -
n i g s t e n s wissen, und es hätte sollen gesagt werden: so wäre die
Anerkennung grösser.

Wenn Dein Freund Mico*) den Lucretius und den Licentius
(den ich nun zum ersten Mahl ohne Nutzen gelesen habe) in einem
Athem citiert, so kann ich es seinem Abschreiber freilich nicht übel
nehmen dass er die Namen verwechselt. Unwahrscheinlich war es
dass aus der Lücke im 2. Buche noch im 9. Jahrhundert etwas
übrig sein sollte. Besser ist es so wie es ist, obgleich Du zum Dank
für die grosse Gefälligkeit Dich leider hast ärgern müssen. Wenn
es Dir nur nicht schadet.

Ein kleiner Auflauf beim Schlosse soll allerdings gestern gewesen sein; auch etwas Unruhe von Arbeitern die aus der Borsig-
schen Fabrik entlassen sind; aber so unbedeutend dass niemand
etwas rechtes davon weiss.

Zacher ist seit Mittwoch in Baumgartenbrück**). Ich höre,
nicht von Dir, dass Du Ostern hin willst. Das wäre sehr schön,
und wir werden das nähere ausmachen: am 1. Aprill werde ich
spätestens in meiner neuen Wohnung eingerichtet sein, Behrenstr. 17.

Das E. O. auf dem verlorenen Briefe mit v e r s t e c k t e m Datum zeigt dass er (was auch das wahrscheinliche war) im Hause
mir entfallen und von meinem Wirt gefunden ist. Mir ist recht lieb
dass ich ihm nicht zu danken brauche: warum er aber Dich lieber

---

*) [Über den Mico (vgl. 80 S. 186f.) schreibt Lachmann z. Lucr.
v, 559 S. 299 *Mico Centulanus lerita, qui vixit eodem saeculo nono in-
eunte, in libellum quo exempla quantitatis vocabulorum ordine alphabetico
collegit, tres Lucretii versus e libro* ii, 447 128 365 *coniecit: in eius libelli
codice Halberstadiensi saeculo tertio decimo scripto, quem mihi Mauricius
Hauptius ostendit, scriptum est ut debet* 'derivare queunt' usw.]

**) [S. zu 79 S. 185.]

hat das Porto zahlen lassen als mir meinen Brief zugestellt, kann ich nicht recht begreifen.

Grüsse Dein Haus, besonders das redende, herzlichst von

Deinem

C. L.

Berlin 7 Merz 48.

82.

Berlin Mittwoch 22 Merz Abends $^1/_4$ auf 8.

Eben komme ich, ziemlich beschwert mit einem massigen Commisssäbel, hungrig wie ein Wolf, von der Leichenfeier zurück. Überall Ruhe und Ordnung wie sonst nie, alles ohne Polizei und ohne Militär, und eben deswegen. Morgen früh um 9 ist Appell, wo sich dann zeigen wird was die Rotte Lehnert, deren erstes ausgerufenes Mitglied ich bin, thun wird. Die vorige Nacht sind wir auf dem Schlosse gewesen, auf Befürchtungen, aber ohne den geringsten Grund. Die letzte Unruhe der Nacht von vorgestern auf gestern, die bei der grösten Aufregung durch Gerüchte der ärgsten Art so leicht durch Zureden beschwichtigt ward, und die heutige musterhafte Ruhe, geben mir die Überzeugung, dass die s. g. Propaganda wenigstens keine wohl organisierte oder gefährliche ist. Barricaden hats bei mir nicht gegeben, wohl aber am Donnerstag 2 Erschossene an der neuen Wache, und davon den Tag fürchterliche Aufregung in unserer Gegend. Ich bin seit Donnerstag immer zwischen zu Haus und der Universität, immer im schönsten Verkehr und Eintracht mit den Studenten, denke aber an nichts als Parole Patrouillen und Wachtposten, mit grosser Fidelität und endlich auch mit Beruhigung. Wir bitten uns aber nun endlich aus dass wir Berliner nicht mehr als eine schändliche Rotte berimpft werden. Grüss alle schönstens: was ich übermorgen thun werde weiss ich nicht, erwarte es aber in allergröster Ruhe — ausgenommen dass ich diese Nacht nur 3 Stunden, nämlich von 6 bis 9 Uhr morgens geschlafen habe. Gott spare Euch einen solchen Weg durch so viel Blut, aber bei uns muste es sein. Von Studen-

ten sind geblieben 2 v. Holtzendorf und Weiss, verwundet 3, ein
Paar Ambulanten abgerechnet, einer von den dreien noch gefährlich.
Dies sind seit langer Zeit die ersten Zeilen die ich schreibe.

83.

'Besser weres doch, es were nich, mit die Freiheit', sagte mir
gestern eine Frau, bei der ich im Laden eine Cocarde kaufte; so
zutrauensvoll, ohne dass sie irgend wuste ob ich ihrer Ansicht
wäre. Sie liess sichs denn auch wohl gefallen dass ich ihrem Satze
beschränkend widersprach. Gleich nachher in der Gesetzlosen spielte
Encke und sein Bruder Oberstlieutenant ein gräulich reactionäres
Lied auf, grade wie ich es neulich von Ihro Exexcellenz Eichhorn
(eicht ihm so) auch hörte, alles sei Nachäffung (ich sagte, bewährte
Erfindungen, wie Barricaden, könne man samt dem Namen nach-
machen, gab aber natürlich andres zu), von einigen Franzosen sei
alles ausgegangen. Die Frau Eichhorn nahm noch ein Paar Juden
und Studenten dazu, und warf mir bitter *camaraderie* mit den Studenten vor. Das Wunderbare ist mir aber nur dass bei den wider-
sprechendsten Ansichten einer den andern durchaus nicht zu fressen
Lust hat, und nicht bloss aus dem Abscheu vor vergiftetem Fleisch.
Republicaner giebt es beinah nicht mehr, und die übrigen zwei Parteien sind innerlich wie sie gewesen sind, wenn auch die Sätze zum
Theil anders lauten und jeder in seinem Sinne viel freier spricht.
Das Vertrauen ist dem Deutschen so natürlich, dass man immer
wieder dazu kommt, wie schwer es einem auch in 33 Jahren gemacht ist. Für Berlin wären wir auf gutem Wege, wenn sich endlich ein grosser Gedanke fände, der uns die Tausende von Leuten
die nicht arbeiten wollen vom Halse schaffte. Mit den Arbeitslu-
stigen ist leicht durchzukommen, weit besser als mit den geizigen
hosennassen Bürgern. Die Studenten stehn bei den Arbeitern zwar
zum Theil nur durch die falsche Meinung in grossem Ansehn, dass
sie so gewaltig an den Barricaden gestritten hätten: aber sie verdienen die Achtung würklich durch ihr geschicktes und unbefan-
genes Reden mit den Leuten. Die republicanischen Schrullen und

Abstractionen sind ihnen fast ganz vergangen. Anfangs muste man freilich entsetzliche Redensarten für voll nehmen und ihnen den grösten Eifer und gelegentlich Grobheiten entgegen setzen. Mir ist das grade nicht sauer geworden: denn ich habe mich mit Studenten, sobald sie nur mit mir zu thun haben wollten, jeder Zeit ganz gut zu behaben gewust. Das schlimmste war Anfangs fast die grauenhafte Vorstellung die sie von Senat und Universitätsgericht und Ungerechtigkeiten bei Examinibus hatten: nach und nach haben sies dann eingesehn. Zum Glück hab ich mit Medicinern nicht zu thun: denn freilich medicinische Facultäten und Examina zu vertheidigen wäre Sünde. Ein Paar unnütze und meist verachtete Extraordinarien und Privatdocenten*) haben bessere zusammen getrommelt und Reorganisationspläne entworfen. Dass die Extraordinarien den Rector mit wählen wollen, ist mir ganz recht: aber die Narren wollen auch Privatdocenten und Studenten zu Wählern, um sich populär zu machen. Im Senat wollen sie Assessoren *sine voto* sein: ich habe längst vorgeschlagen, damit sie auch Jesum Christum erkennen lernen, zu unsern 12 Senatoren 2 oder 3 Extraordinarien hinzu zu wählen *cum voto*. Sie würden dann einsehn wie viel man immer für sie theils gethan theils zu thun versucht hat. Die Abschaffung der Bevollmächtigten hat der Minister schon beschlossen. Auf eigne Verwaltung unserer Fonds und Stimme bei Besetzungen werden wir antragen und gewiss etwas erreichen. Allerlei Scharwenzel ist auch abzuschaffen, z. B. Seminarien, die Ausschliessung der Universitätsschriften vom Buchhandel.

Dass man alles was Euer deutscher Verein fordert auch billige, werdet Ihr nicht verlangen: das meiste ist gut und das Vereinigen lobenswerth. Ich nehme indess an unserem constitutionellen Clubb keinen Antheil: neben täglichem Appell und ziemlich häufigem Patrouillendienst habe ich keine Zeit dazu. Von den Schiessübungen habe ich mich zwar dispensiert, aber noch nicht vom Wachtdienst, und heute Abend um 7 bis morgen Abend um 7

---

*) [S. unten 85 S. 197.]

muss ich im Palais des Prinzen von Preussen theils unnütz auf
Posten stehn theils etwas weniger unnütz in der Wachtstube Schimpf
und Ernst*) treiben, *non sine Cerere et Baccho*, d. h. bei Bier und
Punsch und mit unzähligen Cigarren. Seit dem 5. Aprill hab ich
auch wieder mit dem 2. Buch des Lucrez angefangen. Ich konnte
der Lust nicht mehr widerstehn, bin aber noch nicht zu vollen 4
Blättern gekommen, bis V. 98. Deine *Luciliana* lauten leider in
meiner angefangenen Sammlung**) etwas anders als im Philologus
2, 489***); nämlich *thauma men, inquit balba* [201 L.]. Ferner
ego quae nunc Aemilio prae Canto atque exigo et excanto [55]:
aber *Aemilio prae* versteh ich nicht, von Zauberei ist wohl die
Rede. Endlich *infumam egestatem turpemque odisse popi-
nam* [23]. Besser aber als dies ist (Non. p. 308,24. 37, 22. 28)
*Rem populi salute et fictis versibus Lucilius, Quibu' potest,
impertit, totumque hoc studiose ac sedulo* [631], und (Non.
p. 472) *Sospita* (Iuno), *imperti salute plurima et plenissima*
[633]. Nicht *sospitat:* dactylische Wörter können nie für einen
Trochäus stehn: gegen diese Regel hat Bentley und alle oft gefehlt: sie ist aber sicher †).

Schleswig, Posen, Frankfurt, Baden, und zumahl Österreich,
machen einem das Herz gewaltig schwer. Weit leichter ist es den
ungebürlichen Spott zu ertragen über die allerdings verfassungs-
mässig, übrigens aber verkehrt genug, angestellten Wahlen für
Frankfurt zu ertragen. Die Zurücknahme ist gut, der Übermut vieler unter den 50 Tyrannen aber schadet ihnen selbst.

Wilhelm Grimm kann sich noch immer nicht erholen. Jacob
ist so schnell zurück gekehrt um nicht unter die 50 zu gerathen.
Ich sehe beide sehr selten, der grossen Entfernung wegen, und weil

---

*) [Siehe zu 94 S. 210. — Ter. Eun. 4, 5, 6.]

**) [Von Lachmann unvollendet hinterlassen und erst 1876 aus
seinen Papieren ediert.]

***) [Haupt Opp. 1, 201 f. Vergl. oben 73 S. 176 f.]

†) [Lachmann im Comm. z. Lucr. 2, 466 S. 99. 2, 719 S. 116.]

jeder auf seinem Miste genug zu thun hat.   Zacher*) ist fleissig und
scheint Frau von Meusebach wohl zu gefallen. Ambrosch schreibt
mir, Stenzel habe ihn an Jacobis Stelle so unverschämt angepriesen
(er müste nothwendig gleich Ordinarius werden), dass er, Ambrosch,
geschwiegen habe, die andern wütend seien, und ich, wenn ich für
ihn sei, ihn gründlich empfehlen müsse. Ich habe von Zacher Auf-
klärung über seine an Stenzel gestellten Wünsche verlangt, und
werde ihn dann möglichst empfehlen. Könntest Du nicht auch etwas
für ihn thun? Oder weist Du einen bessern? Ich schreibe sobald
ich Antwort von Zacher habe.

Den 11. werde ich und werden wir meist anfangen zu lesen,
ohne Zweifel vor auserwählten Häuflein. Grüsse die Deinigen
schönstens: dass man jetzt aus Berlin keinen Fuss setzen kann,
siehst Du wohl. In Nipperdeys Cäsar**) habe ich vor dem 18.
viel gelesen und mich sehr darüber gefreut. Forchhammer ist hier
(ich habe ihn noch nicht gesehn): er sollte lieber wie Jahn zu
Hause sein. Der Vorwurf, dass die preussischen Truppen nicht schon
angegriffen haben, ist unverständig. Gott gebe dass sie bald dran
kommen! Leider ist es aber auch wahr dass in Potsdam die Garde
noch immer nicht die deutsche Cocarde trägt: sie seien noch nicht
fertig. Kamptz bin ich neulich mit einer grossen Burschenschafts-
cocarde begegnet. Er sah mich von oben bis unten an, ich konnte
mich aber nicht entschliessen ihn zu grüssen.

Behrenstr. 17. Sonntag d. 16. Apr. 48.

84.

Wie oft ist mir in diesen letzten Wochen der Gedanke gekommen, es wäre hübsch vierzehn Tage zu Hause oder draussen

---

*) [S. zu 79 S. 185.]
**) [Dessen grosse Caesar-Ausgabe (*C. Iulii Caesaris Commentarii
cum supplementis A. Hirtii et aliorum. Caesaris Hirtiique Fragmenta.
C. N. recensuit optimorum codicum auctoritates annotavit, quaestiones cri-
ticas praemisit*) mit einer Widmung an Haupt Leipzig 1847 erschienen war.]

zu sein, aber es wäre frevelhaft und man hielt es nicht aus. Nun kommt Eure Einladung: soll ich? oder soll ich vielmehr darauf bestehn dass Du zu Frau v. Meusebach kommst? Sie sehnt sich nach Dir, wegen des Manuscriptnachlasses. Thu ich nicht Unrecht Dein Herkommen zu hindern? Wenn Du wärest wie ich (um mit dem Apostel zu sprechen), so käm ich nicht, sondern zwänge Dich her: so aber, da Du wohl nicht darfst und magst, möchte ich meiner Sehnsucht nach andrer Luft und andern Menschen Rechnung tragen und am Sonnabend hinüber wischen. Bin ich dann nicht da, so ists nicht gegangen: denn etwas zu versprechen, auch nur auf morgen, hat man sich jetzt wohl abgewöhnt. Der Politik werden wir wohl nicht entgehn, zumahl da Du ein *public character* bist und ein gewaltiger Kämpfer gegen Polen und Zittauer. Etwas Lucrez und Calpurnius*) kann aber immer mit unterlaufen. Z. B. könntest Du unterdess Lucr. 2,940 *terraque creatis* richtig emendiert haben. Grüsse die Deinen vorläufig schönstens und herzlich, und sag ihnen dass wenn sie mir auch viel werden verzeihen müssen, ich sie doch allem Anschein nach nicht durch Krankheit belästigen werde. Von ganzem Herzen

Dein

C. L.

Berlin Dienstag 6 Juni 48.

85.

27 Juli 1848.

Entbindungsanzeige.

Heute wurde mein lieber Karl von einem kleinen Grobian entbunden. Der Wöchner befindet sich nach den Umständen recht wohl.

Emilie Lachmann.

Diesen einzigen erträglichen Spass, der in meiner Franciade**),

---

*) [S. zu 65 S. 165.]

**) [Über Lachmanns Streit mit dem Professor Johannes Franz s. M. Hertz Karl Lachmann S. 251 fg.]

die vergessen ist wie die von Ronsard*), vorgekommen ist, magst
Du als einen schwachen Versuch ansehen Dir für Deine Entbin-
dungsanzeige**) zu danken. Gott gebe dem Revolutionskinde fröh-
liches Gedeihen. Wenn es sich versteht, wird es wenigstens einen
etwas festeren und übersichtlicheren Zustand zu sehn bekommen.
In dem jetzigen hat mich Sauppens Anwesenheit recht erfreut, mit
dem doch ein gemässigtes Gespräch zu führen war, während mit
Göschen sich fast nur zanken liess. Der 6. August wird bei uns
lautlos vorüber gehn und in Frankfurt die Lehre predigen, dass ein
Souverain nicht despotisieren dürfe. Gott weiss wie gewissenhaft
wir (ich meine mich ganz namentlich mit) den Sonderpatriotismus
in uns geschweigt haben: aber dieser Entwurf von Dahlmann und
Beseler (denn was schiert mich Mittermaier?), $^3/_4$ Doctrin, $^1/_4$
Herschgelüst, $^1/_8$ Sonderhass gegen Preussen, insbesondere darin
dieser Angriff gegen unser Heer, nein, dabei muss sich auch das
geduldigste preussische Herz umkehren. Es richtet sich aber in der
Stille wieder ein, und denkt, man wird ja in Frankfurt wohl eher
zu Mässigung und Verstand zurück kehren als man ein Reichsheer
gegen uns marschieren lässt.

28 Juli 48. Ich habe nicht geglaubt dass wir jemahls das
wahre an meinem kindischen Scherz empfinden würden. Es ist
aber so, zwar nicht die beste aber jetzt die einzig möglich gewordene Regierungsform ist die tyrannische, und es muss ein guter
Tyrann sein. Wir haben weissgott nichts gegen den Erzherzog,
aber zum Kriegsminister den eitelsten und geistlosesten Menschen
des preussischen Heers zu nehmen ist eine thörichte Handlung, bei
der das s. g. Einvernehmen nicht bestehn kann. Unsre Aufgabe
ist aber freilich uns rein im Widerstande gegen die Despotie zu
halten und unser verletztes Gefühl zu überwinden. Dass dies in
Zeitungsblättern und Maueranschlägen nicht hervor kommen solle
kann man nicht verlangen, auch in Brochüren, zumahl wenn sie so

---

*) [Pierre de Ronsard (1525—1585), Verfasser einer epischen
Franciade in 4 Büchern.]
**) [S. zu 86 S. 198.]

wahre Sachen daneben (neben tadelnswerthem Zorn) enthalten wie die von Griesheim (Die deutsche Centralgewalt und die preussische Armee); wenn wir nur in Handlungen das rechte Mass halten.

Ich habe durch die Franziade keinen Freund verloren, ausser Franz, der nicht mehr wagt unter Professoren zu erscheinen. Unbekannte Leute drücken mir die Hand, — leider und zu meinem Schmerz freilich auch zuweilen Reactionnaire, aus Misverstand, ohne zu wissen oder zu bedenken dass ich in meiner Antwort (sie ist nur in der hiesigen Abendzeitung gedruckt) den Studenten gesagt habe, da sie keine Anwendung auf mich ausgesprochen haben, wolle ich unbefangen erklären dass ich ihre Grundsätze billige. So verächtlich sich übrigens eine Masse Studenten bei der Sache gezeigt hat (denn ohne alle Überlegung sind sie in purer Wut verharrt, in die sie nichts als die Worte der Nationalzeitung versetzt hatten 'ob sichs die Studenten werden gefallen lassen, wollen wir abwarten'), so wohl hat mir die Erklärung der wenigen gethan, weil sie doch eine Spur von der jetzt ganz verschwundenen Pietät hat.

Die Opposition der ausserordentlichen Professoren und Privatdocenten *) wird völlig bubenhaft betrieben, wir werden uns mit der Zeit aber schon zu rechtfertigen wissen, und gewiss werden von meiner Seite einige kleine Grobiane ans Licht kommen. Um Rosenkranz und Gyldenstern bekümmern wir uns vorläufig nicht, weil wir noch nicht wissen was er für 3000 *Rthlr.* Gehalt und 2000 *Rthlr.* Pension, mit der er sich eine Professur auf einer beliebigen Universität wählen kann, *tanto hiatu dignum* leisten wird.

Am 14. Juni, nachdem ich von Euch nach so schönen Tagen unschuldig Abschied genommen und dann den ganzen Tag einen Berliner Philister, der in allem Reaction witterte, bekämpft hatte, kam ich Abends ³/₄ auf 7 eben mitten in die Zeughausschmach hinein, und brachte die Nacht in fürchterlichen Aufregungen und Hunger zu, bald zum Kriegsminister deputiert, bald ermattet und ohne alles Mitgefühl dicht neben einem Todten auf einer Bank sitzend,

---

*) [Vergl. 83 S. 192.]

bis ich mich um 12 durch einen Schnaps und ein Stück Brot stärkte
und um 1 Uhr, todtmüde und in tiefstem Schamgefühl, nach Hause
gieng. Erst am 18. entschloss ich mich wieder an das zweite Buch
des Lucrez zu gehn und beendigte es in drei Tagen. Seitdem kann
ich aber den Anfang des ersten Buchs noch nicht finden, weil man
sich ja überhaupt nicht zu finden weiss. Ich wollte, ich könnte
wie Du ein Kind wiegen, wovon man doch einen thierischen Dank
hätte. Ob Deine Mutter wieder gekommen ist hast Du mir nicht
geschrieben. Gott helfe, wir wollen aber nicht verzagen.

Genau drei Wochen nach dem Verlust der beiden Schlüssel
wurden sie aus den seitdem oft getragenen und gereinigten Bein-
kleidern herausgeschüttelt. Ohne Zweifel habe ich vergessen gehabt dass ich als Urwähler auch eine Urtasche habe, in der sie sich
müssen versteckt haben.

86.

B. den 31. Juli 1848.

Mein lieber Freund, es ist jämmerlich dass Du so hast Dein
vierzigstes Jahr schliessen müssen*). Mir ahnte nichts, als ich das
Paket öffnete: so thöricht fest hält der Mensch das Ungewisse das
er hat. Ihr werdet es überwinden, wie man es doch auch wieder
bei allem Menschlichen und Natürlichen kann. Aber Zeit muss
man haben: ich könnte mich jetzt in der ersten Stunde z. B. nicht
entschliessen Deine Rede**) anzusehn, freilich noch viel weniger
mit Dir zu zanken. Dies würde aber überhaupt nicht der Fall sein,
sondern nach einigen abgeschlachteten kleinen Grobianen würden
wir eins werden. Mehr als die neuesten leitenden Artikel der
deutschen Zeitung will ich nicht, sobald ich das zu heiss aufge-
tragene kühl werden lasse. Der Missgriff mit dem Reichskriegs-

*) [Haupts Sohn war gestorben, dessen Geburt vor wenigen
Tagen (s. 85 S. 196) erst gemeldet worden.]

**) [Die Festrede, die Haupt (zum Geburtstag des Königs) am
18. Mai 1848 in der öffentlichen Sitzung der k. sächs. Gesellschaft der
Wissenschaften gehalten hatte (Ber. 2, S. 90), Opp. 1, 236ff.]

minister giebt der Indignation einen Grund den man natürlich ausser Preussen nicht erkennt.

Gott gebe dass wir morgen einen Rector wählen der sich zu halten weiss. Wenn ich bloss nach meinem dummen Gefühl wählen sollte, so suchte ich mir den aus den ich am meisten hasste und verachtete: denn einem Freunde kann man die verzweifelte Stellung nicht wünschen.

Lass mich bald und oft hören wie es Deiner Frau geht, obgleich ich wohl weiss dass sie was vermag.

87.

Ich und ein Pythagoreer! Weit näher bin ich am Auswandern. In all diesem schwülen Wesen hab ich seit Sonnabend Podagra; zwar mässig, seitdem ich am Sonntag, unvorsichtiger Weise bei der Cholera, aber doch recht, durch laxieren meinen Boerhave hergestellt habe; seit gestern Abend jedoch vornehm in der grossen Zehe — also seit dem Sturz des Ministeriums Auerswald, dem nun Gott weiss welches folgen wird. Es ist Saucerei von allen Seiten. Den Waffenstillstand indessen vertheidige ich, ausgenommen die Wahl des Grafen Moltke: es hat sich aber nachher hier in der Ministerberathung gezeigt dass Dein und mein Freund Below gar nicht gewust hat wer Moltke ist. Übrigens ist Wildenbruch sogleich abgeschickt um ihn zum Rücktritt zu bewegen, und ich glaube der Rücktritt ist schon geschehen. Dass Below nun zugleich das Reichsministerium gestürzt hat thut mir leid, obgleich mir der Leininger ziemlich verächtlich scheint. Du siehst das vielleicht anders an, gleichwohl würden wir wohl mit einander zurecht kommen: nur Göschens massloses doctrinäres Schelten, in einer Zeit wo wir so verwundbar waren, hat mich damals vielleicht aus der Bahn gebracht, aber die griesheimische Schrift*) wieder hinein.

Unsere Universitäten denken wir still zu reformieren. Ich habe zunächst, zum grossen Verdruss der Reactionäre, Senat und

*) [S. 85 S. 197.]

Studenten vertheidigt wie Du es den 19. August gelesen hast.
Stahl hat die Ablehnung der jenischen Versammlung*) geschrieben,
die wir alle billigen. Wenn wir unsern Anfang der Revision weiter
geführt haben, werden wir schon Anträge stellen über vieles was
freilich in ganz Deutschland gleich sein muss. Da wir bei unsern
angefangenen Besserungen hätten den Abgesandten kein Mandat
geben können, haben wir es für ehrlicher gehalten uns ganz aus-
zuschliessen. Wenn z. B. die Frage wäre, ob die Promotion irgend
wo zur Anstellung erforderlich sein solle, so negiere ich zwar für
mich, mag mir aber nicht anmassen damit meine Universität zu vertreten; es müste denn schon erklärt sein dass die Universitäten
einzig von Frankfurt aus regiert würden. Übrigens, Deine Meinung
in Ehren, bin ich sehr für die 4 Facultäten, d. h. für eine grosse
und mächtige philosophische, die, ohne sonderlichen Einfluss im
Äussern, den Herschgelüsten der theologischen und medicinischen
widersteht.

Ich habe ein halbes Versprechen in Deinem vorletzten Briefe,
dass Du hieher kommst. Einladen kann man freilich hieher eigentlich niemand. Wegkommen kann ich mit meiner lahmen Pfote jetzt
auch nicht, wenn ich mich auch gestern auf derselben den ganzen
Tag bis Abend herumgetrieben habe. Mit dem Arbeiten wird es
gar nichts. Ich komme noch immer nicht zum ersten Buche, sondern ziere nur die übrigen aus, z. B. mit Lucilianischen Verbesserungen dieser Art**),

Hanc ubi vult male habere, ulcisci pro scelere eius,
testam sumit homo Samiam sibi, 'anophelé' inquit,
præcidit caulem, testisque una amputat ambo.

Hilft aber alles nichts: denn die unschuldige Freudigkeit ist hin,
und Gott weiss ob sie je wieder kommt. Grüsse sehr schön in Teplitz und befinde Dich wohl.

                                        Berlin 8 Sept. 1848.

---

*) [S. 92 S. 208.]
**) [Lachmann im Comm. z. Lucr. 2,466. Lucilius 231 ff.]

88.

Wie ich aus den Zeitungen sehe, bist Du schon lange wieder zu Hause. Es wäre doch aber sehr schön, wenn Du noch vor dem Anfang der Collegia ein wenig herüber gerutscht kämest. Wenn ich auch von mir ganz absehen will, so würdest Du der Frau von Meusebach sicher ein grosser Trost sein. Ich aber hätte Dich freilich auch gern ein wenig, und ich würde mich anstrengen mich erträglich finden zu lassen. Im Ganzen ist zwar die Lage trostlos, und man wünscht sich leicht sogar in eine göthische Beruhigung, 'eine Reihe völlig schön wie die Zeit der Barmekiden'*): man ist aber entweder zu einfach oder zu klein, um sich dazu zu entschliessen.

Gute Nacht. Ich will sehn ob ich auf gut sabinisch machen kann dass mir träumt wie Du nach willig und bald ertheiltem Urlaub von Frau und Kindern herüber kommst und unsre verkehrte Wirtschaft betrachtest. Grüsse herzlich und komm.

Berlin 8 Oct. 48.

89.

Berlin den 23. Dec. 48.

Die traurige Nachricht von Hermanns Krankheit hatte ich schon einige Tage früher von Jahn. Wir können die Säulen alter Zucht und Wissenschaft nicht entbehren in dieser Zeit, wo uns beide unter den Händen zu entwischen drohen, wo man auf allen Seiten nur Erbärmlichkeiten andringen sieht. Auch unsere Wahlen werden schwerlich besser ausfallen als Eure: selbst in Pommern fürchtet man, nicht die Bauern, aber die Tagelöhner. Und in Berlin zumahl, wo Wrangel meines Erachtens ganz recht thut rothe Federn zu verbieten, weil sie würklich gleich schaden, ist die Kunst einer eifrigen und verständigen Reaction gegen das Wühlen noch nicht erfunden, und gar mit Geld einzuwürken entschliessen sich die Wohlgesinnten nicht. Auf bedeutend bessere Kammern ist keine Aussicht. An Frankfurt aber mag man gar nicht denken. Das Kaiser-

---

*) [Westöstl. Divan S. 3,2 Weim. Ausg.]

thum ist mir in die Seele zuwider, und doch sieht man weder wie
es noch wie etwas andres zu Stande kommen soll. Alle diese politischen Dinge — es ist sehr schön von Dir, dass Du Dich so hinein begiebst, und persönlich für Dich ist mir zwar lieb wenn Du
durchfällst, aber der Sache wegen thut es mir weh: ich kann so
was nicht, ich könnte auch keine militärische Disposition machen,
mich schlagen oder auch schlagen lassen wohl. Aber die Sachen
quälen mich so dass auch kein rechtes Arbeiten zu Stande kommt.
Der Anfang des ersten Buchs ist wieder auf Neujahr verschoben.
Grimms Buch*) habe ich mit der grösten Mühe hinunter gewürgt.
Neben den schönsten Sachen soviel willkürliches und auf plumpe
Böcke gegründetes ist mir so zuwider wie eine unwahre und ungrade
Politik. Ritschls Trinummus**) ist gestern Abend angekommen.
Wenn er die Anmerkungen zum Lucrez gelesen hätte, so hätte er
nicht gesetzt *Ad caput amnis* (IV, 2): den Genitiv bei diesem
caput hat zuerst Hirtius, Virgil, Horaz, Vitruv***). Selten läuft mir
ein gutes Huhn in die Küche, wie neulich ein *redieit* in der Grab-
schrift des Mummius†) (warum soll Gratius [139] nicht *Exit inque
ipsa* geschrieben haben, wie Virgil Statius Martial *exit* und *transit*
vor Vocalen? Haben sie doch vor Vocalen *it abit subit perit* etc. etc.),
oder die Observation dass Horaz im 4. Buch keine langen Vocale
elidiert (ausser *muneris hoc tuist*)††), in den Oden überhaupt sehr
wenig, am seltensten aber *ae*, so dass *Et Esquilinae alites* [ep.
5. 100] doch recht sein mag. In den Ferien muss ich ein Programm

---

*) [Verm. Jacob Grimms 'Geschichte der deutschen Sprache', die
1848 erschien; mit Lachmanns Urtheil vergl. Scherer Jacob Grimm.
2. Aufl. (1885) S. 298. 303 f.]

**) [Ritschls Trinummus mit den Prolegomena zum Plautus und
der Widmung an Gottfried Hermann erschien hiernach Ende 1848
verm. nur kurz vor G. Hermanns Tod, und wird von Lachmann noch
ein paar Mal in dem z. Th. schon abgeschlossenen Commentar zum
Lucrez (S. 205. 248. 386. a.) erwähnt. S. auch unten 90 S. 204.]

***) [Comm. z. Lucr. 6, 729.]

†) [Comm. z. Lucr. 3, 1042 S. 207. 209. Vergl. oben 73 S. 176.]

††) [Zum Lucr. 1, 993 S. 66; u. 4, 97 S. 219.]

schreiben: vermutlich werdens einige *Luciliana*, aber lumpige. — Den beiliegenden Zettel von Bouth schenke einem Autographensammler, und sei so gütig ihm das Buch durch irgend eine Buchhandlung aus Italien besorgen zu lassen. Es eilt aber gar nicht, weil die Bibliothek das Buch besitzt.

Mutter Frau und Kind grüsse recht herzlich. In Eurer Noth habt Ihr freilich einander nöthig: sonst würde ich freilich sagen, Deine Anwesenheit würde mir in dieser verwirrten Zeit eine grosse Stärkung sein. Gott helfe im neuen Jahre, so wenig er auch bis jetzt davon merken lässt ausser durch schönes Wetter das ganze Jahr durch. Wir brauchen aber mehr, und Gott gebe es.

nimbifer eurus ist sehr schön, für *dedecus* ist aber ein δεύτερος πλοῦς nöthig*). Übrigens habe ich die Verlängerungen aus einigen Dichtern gesammelt, aber nichts heraus gebracht, ausser Horaz 1) nur *t* und zwar 2) entweder in *caesura legitima* oder 3) vor griechischen Wörtern. Catull. n. 3, Properz n. 2 und 3**).

Dux pecoris curtas auxerat hircus opes, Waardenburg***), halte ich für recht. Gieb das Blatt an Jahn, nachdem Du es gelesen hast.

1849.

90.

Berlin 6 Jan. 1849.

Wenn es nicht so grimmig kalt gewesen wäre, so hatten Meineke und ich, jeder für sich, daran gedacht zum Begräbniss†) hin-

---

*) [*nubifer Eurus* haben Silius (10,323) und Statius (Theb. 1,193): ob aber einer hiervon gemeint ist und worauf *dedecus* geht, weiss ich nicht. δεύτερος πλοῦς s. auch 46 S. 125 und 73 S. 177 und über den Gebrauch Ast zu Plato's Phaedo S. 744.]

**) [Vergl. zu Lucr. 2,27 S. 76 f. und zu 1,11 S. 17.]

***) [Tibull 2.1.58 und Waardenburg (Lachmann hatte in der Ausg. zu *opes Wassenberghius* geschrieben) Opusc. p. 180.]

†) [Gottfr. Hermann war am 31. Dec. 1848 gestorben; über seine Krankheit s. 89 S. 201.]

über zu kommen. Von den letzten Wochen erführen wir gern noch einiges Bestimmtere. Es heisst, schon im November habe er Fremde nur auf Augenblicke zulassen können; so dass wir fürchten, er hat doch sehr gelitten. Seine alte Geduld und Festigkeit hat er aber offenbar bewährt. Es ist immer ein schöner Tod, wo die freudige Erinnerung ihn gehabt zu haben grösser ist als der Schmerz des Entbehrens, und in dieses Gefühl wird sich glaub ich selbst Deine liebe Frau bald finden. Du aber sollst Dich nun wegen Deiner Gesundheit zusammen nehmen und schonen, weil es nöthig ist und geschehen muss. Ich denke Du wirst keine Krämpfe davon bekommen, wenn ich das so hübsch aussehende *Gœtulis* im Calpurnius 7,54 nicht annehmen kann. Die ἐπανάληψις mit einem Epitheton, *Dentibus æquatis,* scheint zu erfordern dass zuerst *dentibus* ohne Epitheton stehe. Auch fehlt das Subject: ja ich zweifle ob *retia* das rechte Subject zu *extant* ist. Ceterum censeo dass der Calpurnius bald fertig werde*). Keils *observatt.* zu Cato und Varro**) haben mir Freude gemacht. Ritschls Trinummus zeigt wieder dass ohne Genialität so was doch nicht zu machen ist. S. CXLII kennt als *in vulgus notum* was ich nie zugeben werde, dass Italiäner unaussprechliche Dinge herausgewürgt haben. Ich glaube zwar gern an *quim = quidem, tam = tamen, eni = enim,* aber *sne dlo mlo* muss ich sagen 'unmögliches bleibt unmöglich'***). Unmöglich bleibt aber auch hoffentlich der edle Versuch von Gagern und Dahlmann, ein geschwächtes Preussen an die Spitze zu stellen. Nur weiss freilich ausser Gott wohl Niemand was sonst herauskommen soll. Indessen das hoffe ich zu guter letzt, etwas einigermassen besseres als der Bundestag, wenn auch theuer erkauft. Gott bessers

---

*) [S. zu 65 S. 165.]

**) [*Observationes criticae in Catonis et Varronis de re rustica libros. Accedit epimetrum criticum. Scr. H. Keil. Hal. 1849.*]

***) [Siehe Lachmann z. Lucr. 6, 1067 S. 412 *quamquam quid iis durum fuisse putabimus, quos hodie plerique credunt fortiter dixisse* s'ue d'lo m'lo usw. Und was Ritschl dagegen Opusc. 4 S. 411 bemerkt hat.]

in diesem neuen Jahre, das uns wohl nicht leicht werden wird.
Grüsse Dein ganzes Haus herzlichst von

Deinem getreuen
C. L.

91.

B. den 16. Jan. 49.

Gott sei Dank für die zwar nur 37 Stimmen Majorität für den
Gagernschen Antrag. Das auseinander fallen ist so doch für dies
Mahl abgewandt, und man kann wenigstens wieder hoffen. Den
allerhöchsten Bedenklichkeiten scheint Camphausen auch etwas
widerstrebt zu haben, so dass vielleicht bald eine halbweg tröst-
liche Äusserung erfolgt. Ich bin auf übermorgen zum Ordensfest
bestellt als Fressgevatter; hoffentlich nicht um solchen Ingrimm zu
hören und zu sehn wie am 15. October auf Bellevue.

In der Angst über Frankfurt habe ich nicht geschrieben, zugleich in den Geburtswehen mit den nicht bedeutenden *Lucilianis**),
die ich aus dem Deutschen übersetzen zu können meinte, bis ich
sah dass ich doch anders lateinisch als deutsch schreibe. Deine
Nachrichten haben wir (Meineke und Bekker) mit der grösten Er-
bauung gelesen. Meineke hat mir auf die Seele gebunden Dich und
Deine Frau ganz ausdrücklich zu grüssen. Bekker meinte, man
brauche ihn wohl nicht zu fragen ob ihm so was lieb wäre. Er hat
an Hermann immer eine ganz besondre Anhänglichkeit gehabt; freilich auch an Wolf, aber immer in ganz verschiedenem Sinne.

Curate ut valeatis, Du und Deine Frau, und Deine Mutter
grüsse herzlich: für Mariechen ist hier ein Kuss, wenn sie ihn sich
suchen will. Es ist jetzo 6: um 7 soll ich noch in eine Vorwahl,
die wohl wieder so unvernünftig wird eingerichtet werden dass man
auf nichts wird rechnen können. Eine etwas bessere Rechte werden wir dies Mahl wohl bekommen: ob aber Majorität, steht dahin.

Schönlein, der neulich meinte es sei eine Seuche unter die
Philologen gekommen, habe ich etwas angefahren, man dürfe nicht

---

*) [Siehe 89 S. 203 und zu 94 S. 210f.]

Hermann und Orelli*) in einem Athem nennen. Unser Verfasser (der Verfasser der Verfassung vom 5. December, Keller) vertheidigte seinen Landsmann, der auch nichts als ein nützlicher Verfasser ist. Hermanns Stelle, dachte ich, würde gar nicht besetzt, sondern vertheilt unter Euch und etwa den Leipziger Cicero**), wie ihn der jetzt nach Cottbus versetzte Nauck neulich genannt hat. Muss es aber sein, so wäre gut an Lehrs zu erinnern: denn von selbst denkt man wohl kaum an ihn.

Reimer (dies sage doch Jahn) hat versprochen mir einen Setzer zu schicken***): geschieht es nicht sehr bald, so werde ich erinnern.

Gott gebe uns nur etwas vernünftiges Frankfurt. Eins freut mich nur, dass man doch nicht mehr zum Sitz der Reichsregierung Erfurts Abtritt von uns verlangen wird.

Ceterum censeo dass Du Dich schonst, und Deine liebe Frau ebenfalls.

Von ganzem Herzen Dein
C. L.

92.

B. den 2 Febr. 49.

Deine Adresse findet hier grossen Beifall bei guten Leuten, bei mir ohnehin. Gleichwohl zweifle ich ob Eure Minister nicht wohl gethan hätten zu resignieren, damit Ihr auch Jesum Christum erkennen lerntet bei solchem unsinnigen Wahlgesetz. Was unser geringer Census für die erste Kammer vermocht hat, hat sich glänzend gezeigt. Die zweite wird (über die Stadt hinaus kann zwar Niemand urtheilen) freilich entsetzlich werden. An unserer Circularnote, die dem König abzudringen wohl Camphausen und Bunsen gewaltig schwer geworden sein mag, wird in Frankfurt und von den

---

*) [J. C. Orelli war den 6. Januar 1849, also wenige Tage nach G. Hermann gestorben.]

**) [Reinhold Klotz?]

***) [Für Jahns Juvenal. S. 92 S. 207.]

edeln Regierungen aus wohl noch viel gedreht werden: der Vorwurf des Hinterhalts und der Unredlichkeit wird so ungerecht sein
wie bisher. 'König in Deutschland' las ich vor der Universität am
21. Merz einem Volkshaufen aus einer Proclamation des Ministeriums vor, in der Herzensangst, weil mir das gedruckte 'von' nicht
über die Lippen wollte: dem König war der eben so unhistorische
'Kaiser der Deutschen' zuwider (die heutige deutsche Zeitung lügt,
die Note sei nach dem Beschluss der Nationalversammlung er-
lassen): wenn ein 'König der Deutschen und in Preussen' heraus
kommt, kann jeder zufrieden sein — ausser Waldeck und Temme,
Schaffrath und Joseph.　　Du lässt mich einmahl wieder recht
warten auf Nachrichten wie es Euch geht, und namentlich über
Deine Gesundheit. Dazu hab ich nur reizen wollen.

　Fünf Blätter Einleitung zum Lucrez sind geschrieben: es fehlen höchstens 2: die rechte Andacht fehlt aber in diesen Zerstreu-
ungen. Wie muss es denn heissen im *panegyr. Pisonis* [228]?
Eruit et populis ostendit nomina — Gracchi? oder wie des
Tragikers Name sonst gewesen ist. Wenn man nur wüste dass er
mit Mäcenas zu thun gehabt hat! Und wieder sieht *alta tountis*,
wenn man auch keinen Massmann dazu nimt, ganz aus wie *apta
togatis*: ich weiss aber wieder keinen Togatendichter *Graius**).
Vorher denke ich *Non sua Vergilio permisit carmina soli*, nach
Ludere que vellem calamo permisit agresti [ecl. 1, 10].

　Dass die Gottorper und Wiener Fragmente zusammen gehören,
habe ich mühsamst ausrechnen müssen und 2 Seiten darüber schreiben, weil Henrichsen albern und Purmann gar nicht (dieses Auctor
ist mir unbekannt: wer ist Pöschel?) angeben wie viel Zeilen die
Seiten haben**).

　Vom Juvenal habe ich noch keinen Bogen, trotz geschehener
Mahnung. Man muss mit Reimer Geduld haben. Er ist Wahlmann
für die 2. Kammer, und hat (mit Haase) das unglückliche Programm
für Centren unterschrieben. Bekker hat (freilich wider Willen)

---

*) [Siehe 93 S. 208 und vergl. 81 S. 188.]
**) [Lachmann Comm. z. Lucr. S. 8 u. 9.]

höchst radical gewählt: er giebt die Schuld dem elenden Borne-
mann. Pertz ist durch falsche Bestellung in eine demokratische
Versammlung gerathen und mit ihr, während er eben gegen ihre
Rechtmässigkeit protestiert hat, von Constablern aufgehoben. Dies
ist das schlimmste Unglück das bisher irgend einem honnetten Menschen durch den Belagerungszustand begegnet ist. Haben wir nicht
geduldig den weit unnatürlicheren Zustand eines 30jährigen Frie-
dens ertragen? Ich unterwerfe mich lieber einer offenen ehrlichen
Gewalt als einer geheimen tückischen.

Grüsse Dein ganzes Haus herzlich, und Jahn. Forchhammer
ist hier: heute werden wir ihn in der Griechheit haben, die dreimahl
ausgefallen ist wegen der Wahlwühlereien (stehn die Wörter würklich in Ablautsverhältniss?). Auch Liliencron ist hier.

Was macht Alex. Göschen? Ich erfahre nichts von ihm ausser
aus Unterschriften von Adressen. Wunderlich war neulich hier: er
habe sich mit Otto Göschen auseinander gesetzt, da dieser ein blinder Anhänger von Pernice sei. Er mag froh sein wieder einen Herrn
zu finden: sein alter Herr Keller ist noch nicht Minister, wird aber
wohl Deputierter werden. Er und Hengstenberg waren neulich dagegen unsere Universitätsreformvorschläge an die jenaische Commission in Heidelberg zu schicken (die wichtigsten Verhältnisse,
sagte Keller, seien ja nicht besprochen, das der Universität zur Akademie!! weil er nicht drin ist): der Minister hat uns andern beige-
stimmt, sie werden geschickt, und werden zeigen dass auch in
dieser Sache wider nichts Unehrliches und nichts Vornehmes gewesen ist*).

93.

B. den 4. Febr. 49.

Also mit dem Melissus wären wir im Reinen: *Mæcenas apta
togatis Eruit et populis ostendit acumina Gai***).

---

*) [Vergl. 87 S. 200.]
**) [Vergl. 81 S. 188 und besonders 92 S. 207. Haupt *De carm.
bucol. Calpurnii et Nemesiani* S. 37 (Opp. 1,406).]

So fieng ich gestern gleich zu antworten an, ward aber unterbrochen. Indem ich heute, den 5. um 12 Uhr heim komme, sind eben Phillips und Rodbertus vom 2. Wahlbezirk für die 2. Kammer gewählt: eben so schön werden die drei andern wählen. Wenn dabei manchen Reactionsgelüste ankommen, es ist verzeihlich. Der Hof ist allerdings ganz reactionär: sonst geht diese Gesinnung nicht sehr weit; obgleich es doch schadet dass der Name im halben Scherz für sichere Royalisten gebraucht zu werden pflegt. Gott verzeih uns allen unsre mannigfaltigen Sünden: ich kann aber den blinden undeutschen Hass nicht vergeben, nicht Dahlmann, nicht Gagern (mit seinem Wort beim Dombaufest an Zwirner, den er wahrscheinlich verkannt hat, 'eins freut mich nur, dass wir Preussen unter Null gebracht haben'), nicht Uhland, an dem ich gestehe eine kleinliche Rache genommen zu haben: die Dedication vor Walther*) ist den 27 Jan. gestrichen, und lautet jetzt 'Den wahrhaften Deutschen, die keinen Gegensatz von Nord und Süd gelten lassen.' Die unverständigen (wenigstens sollte man bessere Gründe, wenn sie da sind, bekannt machen) Ausweisungen schaden allerdings; aber freilich wo doch alles schadende gesucht wird. — — Das Ministerium, namentlich Bülow und Ladenberg, sind von der Reaction weit entfernt: mit Bülow war Bunsen auch in Ansehung der deutschen Ansichten sehr zufrieden.

Wenn Du in der Angst vor Laternenpfälen umher laufen must, hast Du gedacht mir auch etwas Angst gönnen zu dürfen. Ich war bis gestern ganz vergnügt beim Lucrez: aus meinem Frieden hast Du mich heraus geschreckt und mir in die Milch der frommen Denkart die Spinne der Vorrede zum NT.**) geworfen.

Auf die curiose Frage, ob mir Dein Herkommen angenehm sei, muss ich doch antworten dass es dabei sehr gleichgültig ist dass ich am 1. April einmahl wieder umziehen muss und noch nicht weiss wohin.

---

*) [S. oben 40 S. 110.]

**) [Vergl. zu 102 S. 221.]

Grüsse Mutter, Frau, Mieschen, Lieschen, Bion und Moschus *),
desgleichen Jahn und Göschen. Lehrs gesegne Euch Gott. Böckh
sagte mir heute 'ich dachte, sie wollten den Ritschl haben,' weiss
aber nicht worauf das beruht**).

94.

Berlin Dienstag 13/3. 49.

Ihr überschüttet einen mit unermesslichen Wohlthaten, mit
Ernst und Schimpf, Herzog Ernst und Cigarrenkästchen in unend-
lichem Papier, einer schönen Rede (oder vielmehr einem schönen
und lieben Geschreibe das keine Rede ist) und Sangaller Lucrez-
versen — es war noch mehr, Bion***) und Jahnisches, das aber
aufbewahrt ist zu späterer Betrachtung, wie auch der Text des
Ernst, den ich jetzt nicht lesen darf, wie Zeisberg, um nicht zu viel
falsches zu lernen †) das in die dann gar nicht fertig werden würdende Einleitung zum Lucrez nicht passt. Mein Lucilisches Mäus-
chen ††) bitte ich mit stiller Condolenz aufzunehmen. Ich habe

---

*) [Siehe unten zu 94 Anm.]

**) [Vergl. Lobecks Brief an Seidler in 'Mittheilungen aus Lob.
Briefwechsel herausg. von L. Friedländer' S. 155 f.]

***) [Herzog Ernst, herausgegeben von Haupt 17. August 1848,
in Haupts Zeitschr. 7. Bd. (1849) S. 193—303. — 'Ernst und Schimpf'
wohl nach dem Titel 'Schimpf und Ernst' des Joh. Pauli (Strassburg
1522). Vergl. auch 83 S. 193. — Über die von Jahn geschickten Sangaller Lucrezverse s. zu Lucr. 5,559 S. 298 f. — Unter der Rede ist
vermuthlich Jahns am 28. Jan. 1849 gehaltene Gedächtnissrede auf
Gottfried Hermann verstanden, die wenigstens treffender als es mit
Lachmanns Worten geschieht nicht bezeichnet werden konnte. —
Bionis et Moschi Carmina. Rec. G. Hermannus. Lips. 1849, von Hermann selbst noch abgeschlossen, aber erst nach seinem Tode gedruckt.]

†) [Vgl. 73 S. 176.]

††) [Das XIV *Ian.* unterzeichnete (oben 91 S. 205 erwähnte) Proömium zum Lectionskatalog für das Sommersem. 1849 über die Satiren-
bücher des Lucilius: Klein. Schrift. z. class. Philol. S. 62—66.]

dies Mahl den Tag der Abfassung drunter gesetzt in Betracht des Wechsels menschlicher Dinge. Heute und in den folgenden Tagen brächte ich schwerlich etwas zu Stande, da ich seit Mittag weiss was übermorgen in Frankfurt geschieht oder richtiger sich entscheidet. An die Annahme glaub ich jetzt: denn ich baue auf den allerhöchsten Ärger über Österreich.

Der zweite Bogen des Juvenal hat die Absendung der Lucilprooömien um einen oder zwei Tage verzögert. Etwas liefert der Codex P. allerdings, wie ich nun sehe, aber doch nicht allzuviel. Ein aufgenommenes *itidem* von Dir habe ich mir zu bezweifeln erlaubt: *eadem*, auf *urbs* bezogen, genügt mir [3,23]. Für Jahns Interpunction aber möchte ich lieber eine andre, in der es würklich durchgeführt würde dass man ausser dem Komma gar kein Zeichen mehr brauchte. Er interpungiert grade so wie die Zeitungen.

Ich habe eine vortreffliche (*præfiscini*) Wohnung, Markgrafenstrasse 65, Bell-etage, zwischen der Krausen- und Schützenstrasse (Behren, Französische, Jäger, Tauben, Mohren, Leipziger, Krausen, so ist die Ordnung, und parallel laufen Friedrichs, Charlotten, Markgrafen, Jerusalemer), worin Raums genug ist, wenn Du auch etwa ein Jahr hier wohnen wolltest. Da sie leer steht, so werde ich am 1. Aprill (Palmarum) ohne Zweifel dort schon in Ordnung sein und Dich mit Schmerzen erwarten, zumahl wenn Du ohne Legitimation ankommend etwa von einem Constabler solltest hergebracht werden, oder sicherer von zweien.

Hertz ist eben hier gewesen und meldet im Priscian stehe (Juvenal 3 [203]) *Codri* ohne eine Spur der Variante *Cordi*. Ich möchte daher Jahn sehr rathen hier anders zu schreiben als bei der Theseïs [1,2].

Warum erfahr ich denn nichts über die Hermannische Stelle? Ist es wahr (ich weiss es nur von Göschen, und nur halb sicher) dass Lehrs abgelehnt hat? Den Ritschl will ich Euch eben nicht wünschen, nicht bloss weil mir seine plautinische Kritik und Metrik sehr halsbrechend und zum Theil curios vorkommt. Wenn auf sein Verlangen die Ausgabe mit Schmutzflecken versehen (underseiten) ist, so können Weidmanns zufrieden sein dass sie solchen Schmutz nicht in die Welt gebracht haben*).

S. V. B. E. hätte ich wohl gleich zu Anfang sagen (oder notieren) sollen: aber das *E. V.*, ausser dass mir jedes Essen leicht zu viel wird und mich dick macht (verzeih dass ich davon spreche, ich spiele nicht an), versteht sich so von selbst dass ich das andre auch vergesse. Ich rechne das unter die Merzerrungenschaften, und kann nur bedauern dass Dú nicht ganz auf der Höhe der Revolution stehst. Hättest Du doch vorher *tabula rasa* gemacht, d. h. dem Doctor B. Rechnung getragen! Nun, Göschen bessers und bringe Dich zur wahren Civilisation.

Ferd. Ranke hat neulich in seiner Unschuld etwas Prächtiges gemacht, das Jahn freuen wird. Er nahm in der archäologischen Gesellschaft Erklärungen Gerhards von Vasenbildern vor, und fragte ob man denn wohl an irgend etwas sehn könnte dass das ein Ikarius und Erigone ohne Hund sei, zumahl (denn es seien heroische Personen, sagte Gerhard) Ikarius nicht, wie er angebe, ein König sondern ein Bauer gewesen — *tell me, boy, is a king a yeoman or a nobleman?* Lear —; ferner wegen des Kapaneus, eines Menschen der von Pfeilen umschwirrt entflieht, wie der einem vom Blitz erschlagenen gleiche. Die Fragen waren sehr misliebig; die Antwort aber hiess so, die Namen müsten durchaus so lange bleiben bis etwas besseres angegeben sei. Sollte dieser absoluten Regierung nicht können ein Ende gemacht werden? Vornehme Leute wie Jahn überlassen dem *tiers état* Ranke die Initiative. Soll das Volk in seinem Schmerz wild werden? Stephani hat über den Laokoon geschrieben und unsere Erklärung von *de consilii sententia* auf eine Art zu Schanden gemassregelt dass ich nicht mehr daraus klug werde. Übrigens sollte man untersuchen was *domus Titi* sei, und was Titus gewesen ist als er sie baute**).

---

*) [Die ungewöhnlich dicken Handschriftenbezeichnungen im Apparat des Anfangs Weidmanns angebotenen Plautus, die fast wie Schmutzflecken sich ausnehmen und auch Freunden Ritschl's missfielen.]

**) [Stephani Die Zeit der Verfertigung der Laokoon-Gruppe.

Winckelmann*) hat uns einige Wochen gequält. Endlich hat
er auf eine bestimmte Erklärung des Ministeriums, er habe hier gar
keine Aussichten, beschlossen sich morgen nach Leipzig zu begeben, um dort — privatim zu docieren. Im Plutarch *de puer.*
educ., sagte er mir rühmend, hat er die eklektische Methode durchgeführt und aus jeder von fast 20 Handschriften etwas genommen,
auch aus den aller schlechtesten. Aber "man wird niemahls fertig,
man kann immer noch Lesarten aufnehmen." Als ich ihm rund erklärte an der Universität hier sei kein Platz für ihn, antwortete er
'also vielleicht bei der Akademie.' Wenn Ihr ihn in die Hermannische Stelle bringen könntet ohne dass es Jemand merkte, er würde
ein unschädlicher College sein, die lange Weile abgerechnet. *Ad
vocem* lange Weile sollte ich wohl meinem Geschwätz und Deiner
langen Weile ein Ziel setzen, und das will ich auch. Nur muss ich
mich noch bei Deiner lieben Frau recht herzlich bedanken für das
schöne Stückchen von Hermanns Hausrat, das ich mit meinen besten
Cigarren gefüllt habe, die ich Dir daraus anbieten werde. Jahn
wird sie freilich verschmähen, aber darum sollte er doch seinen Gedanken in Berlin vorzusprechen nicht aufgeben. Frau, Frau Mutter
und Fräulein grüsse herzlich, und mache mit den übrigen Exemplaren des Proömiums was Du willst wie was sie werth sind.

C. L.

95.

Markgrafenstr. 65
den 31. Merz 49.

Auf Mittwoch wird Deine hohe Gegenwart gewünscht. Da das
Ziehen würklich sehr mühsam gewesen ist, so muss ich der Eitelkeit nachgeben, die Dich nicht ins Unreinste herein kommen lassen
will. Ich hätte Dich freilich lieber schon heute hier als morgen.

Petersburg 1848. — Lachmann in der archäolog. Zeitung 1848 S. 235 f.
Klein. Schrift. z. class. Philol. S. 273 f.]

*) [Aug. Wilh. Winckelmann, der u. a. *Plutarchi Opera moralia
selecta* vol. i. Zürich 1836 ediert hat.]

Der 3. Bogen vom Juvenal liegt seit vorgestern uncorrigiert; was
Jahn verzeihen muss.

Gott gebo der Kaisersache ein gutes Ende.

Ich warte mit Schmerzen vier Tage. Grüsse Dein Haus herzlich von

Deinem

C. L.

96.

B. 3 Mai 49.

Giebt es denn gar keinen Ort, wohin man aus dieser Wallachei
entfliehen kann? Wäre das am 28. Aprill gekommene den Regierungen am 3. vorgelegt, so wollte ich alle Achtung davor haben:
aber so ist es ein kleinliches hinterhältisches abwartendes politi-
sches Zagen. Nichts sieht man jetzt das geschehen kann, ja man
weiss gar nicht was man wünschen möchte. Ich bin noch nie in
solcher gedrückten mutlosen dummen Stimmung gewesen. SM. soll
neulich zu Beckerath gesagt haben sie sei kein Friedrich der Grosse
= *cursed spite, That I was ever born* [Hamlet] — Meine Stimmung, ich muss es gestehn, ist nicht die allgemeine, kaum sehr
verbreitet. Alles Kleinliche, das stückweise Reformieren gefällt, Gewaltiges ist nicht so beliebt als kleine Gewaltstreiche, die handgreif-
lichen Fehler der Verfassung, der aus Verzweiflung entstandene
Convent rechtfertigen alles wodurch redliche Gemüter doch sonst
wohl empört würden.

7 Mai. Was inzwischen bei Euch und in Dresden geschehn
ist, ist so dass man wahrhaftig nicht ruhiger wird. Von Dresden
erfahren wir wenig sicheres: die Republicaner verbreiten Nachrichten ihrer Art. Die Haltung des deutschen Vereins gefällt mir
besser als leider vieles sonst. Ich wüste aber zu Zeiten gern wie es
Euch geht: ob an die Pfingstreise zu denken ist, wer weiss das?
Im Lucrez stehe ich bei 1,360.

Gott sei mit Euch.

97.

Markgrafenstr. 65.
23 Mai 49.

Ich hätte gleich gestern antworten können, aber ich wollte doch erst den Lucrez entgiltig verkündigen, vorbehaltlich der Revision durch den demnächst zu berufenden Lucrezrath, und das konnte ich erst gestern Abend um 9 Uhr.

Sonnabend früh um 8 Uhr denke ich von hier abzufahren, und ich freue mich so leidenschaftlich darauf wie man in dieser Zeit leider Gottes alles thut. Man brauchte nicht so leidenschaftlich zu politisieren, wenn etwas Grosses geschähe, möchte es uns recht oder zuwider sein. Ich freue mich von ganzer Seele darauf mit Deiner Frau und Mutter und mit Mariechen unpolitische Lieder*) zu singen, und wir werden unter sich (wie man in Göttingen sehr richtig sagt) wohl auch bald zu einer leidlichen Harmonie kommen. Dazu heute Morgen das schönste Wetter, und warm, so dass es nur traurig ist dass ich nicht jetzt sondern erst in einer Stunde einen Baum zu sehn bekomme. Gott befohlen bis Sonnabend Nachmittag: was dann kommt empfangen wir mit einander.

98.

Mittwoch 27 Juni 49.
Markgrafenstr. 65.

Ich hätte mich ja freilich längst der trefflichen *handelunge* bedanken sollen: aber da war denn die Faulheit, meine sotadeischen cinädischen Vergnügungen**), die Trauer um unsern Freund Joseph Heller, der ohne Boner mit Zagen vor seinen Richter getreten sein wird. Seit Montag laure ich nun Doven auf, und habe ihn eben erst getroffen. Es wird noch heute von ihm ein Brief an Erdmann abgesandt, der das genauere enthält: er selbst lehnt nicht ganz ab,

---

*) [Verm. Anspielung auf Hoffmann v. Fallersleben 'Unpolitische Lieder' Hamburg 1840.]

**) [Siehe zu 99 S. 217.]

unter den vorgeschlagenen (auch über diese schreibt er genauer an Erdmann) sei nur an Karsten zu denken.

Für und wider Göschen ist nichts geschehn: die Stellen in Gr. sind fortwährend unbesetzt. Etwas, meinte Lehnert, könnte Ladenberg wohl gegen ihn eingenommen sein wegen der Leipziger Geschichte: Lehnert wird aber, wenn sich das zeigt, das mögliche dagegen thun. Der Einfluss der Kreuzzeitung ist nicht so gross als man wohl auswärts meint: man lacht mit, weiss aber dass sie lügt.

Meine besten Wünsche sind auf Deine Nordseite gerichtet und nach Norderney. Ob ich aber dahin kommen kann, weiss ich nicht, zumahl ohne Aussicht auf Salbäder: denn diese stehen uns hier bevor, zum September will das Ministerium einen Universitätsreform-convent zusammen berufen*), was m. E. so bald noch nicht nöthig wäre.

Reise doch künftig nach Berlin ja über Riesa. Es war so hübsch ruhig, wenig Lärm und Frequenz, weit rascher und doch etwas bessere Gegend. Bei dem schönen Wetter war es mir fast als wenn ich zu Hause, d. h. in der Georgenstrasse n. 13, wäre.

Da Du doch nicht arbeiten sollst, so kann man Dir um so mehr zumuten Dich durch ein Nachschlagen im Ovid von Arbeit abzuhalten. Ich wünschte zu wissen ob M. 12,128 14,188 kein *fremibundus gemibundus* angemerkt ist**).

Die Verachtung gegen Baiern und Pfordten ist jetzt unbegrenzt. Man freut sich über die Siege: wenn der Mensch einen Kriegszustand sieht, nach dem er lange geschmachtet hat, kommt er über die feinere Politik ohne quälende Gedanken weg. Dass Ihr den deutschen Verein aufgehoben habt, ist mir um Deinetwillen lieb: er stand gegen Dich mit dem erzürnten Dr Boerhave in Allianz.

Grüsse doch Luischen recht schön von mir: ich merke dass ich zu der Krabbe eine besondre Zärtlichkeit habe. Dann geh aber auch weiter und grüsse durch drei Generationen. Dass ich Euch dankbar bin, kannst Du mir glauben: denn ich war würklich caput,

---

*) [S. 100 und 101.]

**) [Vergl. Lachmann zu Lucr. 1,95.]

jetzt aber trotz der Kälte (die aber seit gestern aufgehört hat) frisch wie ein Fisch. Cholera und Cholerine müsst Ihr nicht an Euch kommen lassen: man legt sich ins Bett so schnell als möglich und schwitzt bis zum Unerträglichen, erträgts aber. Geniessen kann man dabei was unsern Soldaten in den ärmsten Strichen des Wester-walds als Kost geboten ist, Kartoffeln und Kamillenthee; und so fortan.

99.

Markgrafenstr. 65.
15. Juli 49.

Ich höre von Meineke dass Eure Abreise würklich beschlossen ist. Gott gebe dass Dir die Reise wohl thue und Dich, was jetzt kaum möglich scheint, erfreue. Ich bin zum Pessimisten gewor-den, werde übermorgen roth reactionär wählen, werde fortdauernd jeden Abend Diarrhöe haben und darauf vortrefflich schlafen, zum Lucrez *Addenda* machen, hoffentlich auch die von Dir so sehnlich verlangte Vorrede zum N. T.*), und dann nach Eintritt der Ferien sehn ob ich noch lebe oder versauert bin. Bei den *Sotadicis***) hab ich den Ärger gehabt ein Fragment und eine Anspielung bei Plinius erst während der Correctur zu finden.

Nipperdeys Cornel gefällt mir sehr wohl, aber in Dein Lob von Fäsi kann ich bis jetzt nicht einstimmen***).

Indem kommt Deine Zusendung 'ohne Werth' — doch nein, ich sehe es steht da *ohne Geldwerth*. Und das, glaub ich, ist wahr: denn ich glaube nicht dass das Publicum einen freilich von Dir

---

*) [Siehe zu 102 S. 221.]

**) [Das am 11. Juni 1849 abgeschlossene Proömium zum Lections-katalog f. d. Wintersem. 1849/50 über die Sotadeischen Verse und Accius Didascalica (Klein. Schrift. z. class. Philol. S. 67—72). S. oben 98 S. 215.]

***) [Nipperdey's Cornelius Nepos und Fäsi's Odyssee (1. Band), beide zu der von Haupt in Gemeinschaft mit H. Sauppe unternom-menen 'Sammlung griechischer und lateinischer Schriftsteller mit deutschen Anmerkungen' gehörig, erschienen schon 1849.]

sehr schön ausgezierten neuen Catull*) sehr stark begehrt. Aber
was kann man in dieser Zeit anders thun als in der Tasche studieren und sich allenfalls ärgern? Glückliche Reise, und herzlichen Dank.

100.

*O decus Phoebi —, o laborum Dulce lenimen medicumque
salve Rite vocanti**).* So wünschte ich Dich feierlichst anzureden
und wie Radetzki in meiner Staatscarosse zu mir fahren zu lassen,
wenn Du jetzt noch zum Schluss der Ferien ein bischen herüber
kommen und Deinen, wie Beuth sagt, enormen Bart pflegen wolltest. Ich müste sonst ganz verkommen in Universitätsreorganisationspropositionen, die Dir doch grade die Annehmlichkeit einiger
täglich von mir Dich befreienden Zeit geben würden. Ich denke mir
das so sehr hübsch und nervenstärkend, dass ich glaube es würde
unsern beiderseitigen Seebädern den Kranz aufsetzen, den ich so
nach Damensitte in Heringsdorf zu opfern versäumt habe. Deine
etwas hypochondrische Übersendung des Catull und Deinen Landsmann, den ich sonst für einen Juden hielt, G. Schlesier (er ist kein
Jude, denn er sagt 'wann kann ich Dieselben besuchen?'), könnten
wir dann nebst vielem andern fördersamst tractieren. Da Dich
Deine Frau doch auf der ganzen Reise gehabt hat, so kann sie Dich
schon einmahl fortschicken, und Deine Mutter hat ja, wie ich höre,
die Unannehmlichkeiten der Einsamkeit schwer kennen gelernt, so
dass Du allein ihr wohl nicht so sauer wirst. Mich würdest Du in
ganz guter Heiterkeit antreffen, geneigt zu allem möglichen Zank
und Übermut. Und 14 fremde Professoren, worunter einige rare
Stücke, wären doch auch wohl kennenswerth. Sehr freilich begehr

---

*) [War das die Vorbereitung zu der erst 1853 erschienenen
eleganten Taschenausgabe des Catull Tibull Properz (vgl. unten 100)?
Oder ist es das *Catulli exemplum quod Hauptius a se correctum Lachmanno
donavit,* das U. v. Wilamowitz in Haupts Opp. 1 S. 35 Anm. erwähnt?]

**) [Horaz C. 1,32, 13 nach Lachmanns Schreibung *medicumque*
für *mihi cumque,* über die Comm. z. Lucr. 5,311 S. 288.]

ich sie nicht, recht sehr aber Dich, und ich will daher ausser Grüssen an *omnes et singulas* diesem Liebesbriefe kein vernünftiges Wort beifügen, sondern Dich erwarten als Dein

Berlin 26/9. 49.   liebhabender Mensch

C. L.

101.

Freitag 6. Oct. 49 früh.

Wenn Du nicht noch einen ganzen Tag auf Gottliebs ganze Gelehrsamkeit über den lateinischen Dio warten sollst, so muss ich sie, wie hiedurch geschieht, ohne Brief abgehen lassen. Die Masse unserer Sitzungen*) wird fast unerträglich. Doch bin ich durch dieselben zu einer grossen Verehrung von Barkow und Bauerband gelangt, auch Huschke, und zu einer tiefen Verachtung von . . . . Wärest Du nun hier, so müstest Du daran im Einzelnen Theil nehmen, und vielleicht pflanzte ich Dir auch etwas von meinen zwar nicht sehr festen deutschen Hoffnungen ein. Göschen habe ich nur auf der Strasse im Dunkeln gesehn, er ist aber mit Deinem Zustande, obgleich Du darüber klagst, wohl zufrieden. Kortüm, der Grippe hat, dankt für den Gruss: von der Frau soll ich der Deinigen auch das sagen, es habe sie betrübt dass Ihr so ohne Abschied auseinander gekommen wäret. Mariechens Zustand, tröstet mich Göschen, sei denn doch nicht gefährlich.

Ein mehreres in Ruhe, die in der nächsten Woche wohl noch nicht eintreten wird. In der Unruhe die schönsten Grüsse von

Deinem getreuen

C. L.

1850.

102.

Markgr. Str. 65, den 1. Januar 1850.

Mein Erstes im neuen Jahre, leider doch erst nach Beendigung der Vossischen Zeitung, soll sein an Euch zu schreiben. Es ist lange

---

*) [S. 100 S. 218.]

nicht geschehn, weil man mit Briefen und verdriesslicher Stimmung
denen die selbst genug zu tragen haben nicht beschwerlich fallen
muss: ein hartnäckiger Husten und ein Blutschwer am Wangen,
nebst einem Hühnerauge nicht am Wangen, hatten mich ganz dumm
faul und ärgerlich gemacht bei der strengen Kälte, bis ich, als diese
vorüber war, endlich beschloss mich um das dumme Zeug nicht
mehr zu bekümmern. Gott gebe dass mit dem neuen Jahr endlich
bei Euch ein erfreulicherer Zustand eintrete: so wird man über das
Kleine schon weg kommen, selbst über das Politische, wo es einem
auch schwer wird.

Wenn man so mit Gaben überschüttet wird, kommt man gar
nicht recht zum Dank. Politische Blätter (bei denen die Verfasser
mit Bleistift stehn sollten) und Schmossmann*) mit sauffe (ist es
Druckfehler oder Witz für sausse?) sind vergnüglich genossen, die
Markgräfin**), wie sich gebürt, aus der Ferne verehrt. Jahn über
Göthe***) ist sehr hübsch: dafür danke ich ihm mit der Verzweiflung, die mir ein oft liederliches und wie eine Correctur abge-
fasstes Manuscript***) macht. Wenn ich der Setzer wäre, ich
schickte es ihm zurück. Die *Marmi* von Doni†) hat er zwar einem
Unwürdigen geschenkt, aber die Litterarhistoriker und Bibliographen
verehrens und studieren daran herum. Mommsens Sache ist einer

---

*) [Doctor Schmossmanns predigt (mit Vorrede v. Haupt). Leipz.
1849. Vergl. was Scherer über Haupt (in der allgem. deutsch. Biographie) schreibt, dass er 'an Producten des 16. Jahrhunderts, wie
Dr. Schmossmanns Predigt, Dicteria Grylli und Dr. Schwarmen Fass-
nachtpredigt, die in seinem Freundeskreise neu gedruckt wurden,
sein Vergnügen hatte.']

**) [S. Haupt 'über eine Stelle in Wolframs Parzival' in den
Berichten der sächs. Gesellschaft der Wissenschaften vom 24. Novemb.
1849 (Philolog. histor. Classe 1. Bd.) S. 186 ff.]

***) ['Göthe's Briefe an Leipziger Freunde', Leipzig 1849. — Das
folgende geht auf Jahns Juvenal, den Lachmann mit corrigiert. S.
91 S. 206; 92 S. 207; 94 S. 211; 95 S. 214; 103 S. 223; 109 S. 229.]

†) [*I Marmi del Doni*. Vinegia 1552. 4.]

Commission übergeben (Pertz Dirksen Gerhard Meineke): Böckh
hat ihm schon 600 *Rthlr.* zugestanden, 800 werdens wohl werden.

Morgen wird die kurze Vorrede zum N. T.*) angefangen: ich
habe sie schon im Kopfe. Am Lucrez nachzutragen habe ich wenig
Lust mehr, da in diesen Tagen der ganze Sallust so gut als nichts
ergeben hat ausser einem *utique* in den Noten (Kritz sehe ich aber
nicht an) zu lug. 3, 1 [z. Lucr. S. 250]. Ich werde mir nun nächstens einen Verleger suchen. Was hältst Du von 'Weidmanns Erben
und Reich'?

Ihr Gustav Schlesier hat mich auch mit seinen Conjecturen erfreuen wollen: er war aber wenig erbaut, als ich alles nicht verstand, z. B. [Catull. 8] *tu quoque impotes velle* = *tu quoque
potes nolle.* Er hatte keine Ahnung davon was *impotens* hiesse.
Und das bei solcher Kennermiene. Hol der Teufel alle — Litteraten.

Dieser zwar nicht, aber sonst ein Esel kommt nach dem andern, um mich in meiner Festandacht zu stören: ich muss sie wohl
schliessen, da ich bei Pertz soll zu Mittag essen, und zwar mit
Zahnschmerzen, die ich seit gestern habe, heute aber etwas scharf.
Ich werde nicht melden wenn sie aufhören, aber ich bitte Euch auf
das schönste um häufige Nachricht: denn wer wollte so leicht zu
hoffen nachlassen? Gott helfe im neuen Jahr. Das wünsche ich
allen von ganzem Herzen.

103.

Versus in laudem solis**). Vers 4 ist unsinnig. 1 könnte
man wohl das *Dum* des Rubricators in *Cum* verändern. Bei der

---

*) [Dieser Vorsatz ist ausgeführt worden: die nicht umfangreiche
Vorrede zum 2. Bande des NT., zu deren Abfassung Haupt nach 93
S. 209 und 99 S. 217 angetrieben, trägt das Datum 27. März 1850
(vgl. unten S. 223): sie bildet in ihrem Haupttheile (denn wieder aufgenommen ist hier die 1834 geschriebene *disputatio de ordine narra-
tionum in evangeliis synopticis*, s. zu 14 S. 49) eine nothwendige Ergänzung zu der Vorrede des 1. Bandes, indem wie dort die *recensio*
so hier die *emendatio* des N. T. fundamentiert und exemplificiert wird.]

**) [Von Haupt ediert in d. Berichten der sächs. Gesellschaft der

Scheidung der Elemente brachte die Sonne den Tag: er vertrieb die Wolken und leuchtete: Nachts wurden die Sterne sichtbar an dem durch die Scheidung heiter gewordenen Himmel, *mundo*. Denn ein 'Chaos ist ohne die Sonne der Tag' = die zum Tage bestimmte Zeit würde ohne die Sonne nur Chaos sein: wie sich die Nacht ohne Sonne behilft und nicht Chaos wird, ist nur durch den *sereniger mundus* erklärt, das heisst so schlecht als alles in dieser gräulichen Poesie.   11. *Hinc homines, armenta simul, et saecla ferarum, Alituum hinc pecudumque cluet genus omne natantum*. Wohlfeiler weiss ich diese Verse nach Deinem Vorgange nicht herzustellen. *natantes pecudes* ist aus Lucrez 2, 342. Ob Du *cluit* lieber willst, überlasse ich Dir: die Lucrezhandschriften haben fast immer *ciuet*. Ist das folgende *quod* etwa *quot*?   15 verstehe ich *Dulcia mellislui dum celat* (oder *fundit*) *munera victus*: der Poet wird aber geschrieben haben wie die Hdschr. hat.   16. So war es bei der ersten Entstehung des Lichts (die vorhergehenden Präsentia gehören nur der ungemeinen Lebendigkeit des Dichters): *ast ubi iam*, wenn er nun aber jetzt täglich aufgeht, *cuncta patent tamen*, wie fest es auch die Nacht eingeschlossen hatte.   Nach 21 Punkt. Aus den Wellen hebt er sein Haupt, bald aber geht die Fahrt los.   24 brauchtest Du nicht zu zweifeln.   27. *irēque iuvat* wird er wohl nicht geschrieben haben, und *quemque ire iuvat* ist zu fern: Dein *mireque iuvat* 'und er hilft uns sehr' (oder 'erlaubt ist und uns sehr divertiert'?) mag also wohl richtig sein.   29. *sensus* muss wohl bedeuten *calorem*, und *gubernat* auf das Zeugen gehn. Das ist aber elendeste Armseligkeit.   35. *surgitque ac deficit* ist besser, weil man dann *totiens* wiederholen kann.   41. *instar* ist wohl Substantiv.   39. ist *vernanti* richtig?   42. *dividit axem* versteh ich nicht.   43. Der Unsinn ist aus dem verdorbenen Lucrezischen 5, 1435 *mundi magnum versatile* (l. — *li*') *templum Sol*,

welche Wörter gar nicht zusammengehören*). 45. Etwas besseres als Dein recht schlechtes *Sol claror Trivia* (denn es heisst
soviel als *Sol Luna est*) weiss ich nicht zu finden. *Sol labor et
Trivie* ist ein Theil toller: *Sol est Luna, quæ solet aliquando
laborare. numina* gewiss: *cui* geht auf die Sonne. 46. *Sol
Hyperionio fit matutinus in ortu*. Im Osten entsteht er: dann
leuchtet er, *cum pingit Olympum*: das dritte ist *sol mergens* in
Vers 50, der also vor 49 zu setzen sein wird. 54. *repetit* versteh ich nicht. *reficit* erquickt? Oder schafft wie V. 30? Oder *re-
perit*? 55. Den scheusslichen Fehler weiss ich nicht zu heben.
Ist auch hier wie V. 4 *mundo* verdorben? Vermutlich liegt ein Vers
eines alten Dichters zum Grunde, den man erst finden muss.
59. *lyra* ist ganz richtig: s. Jahn zu Juvenal 15,5.

16 Jan. 50.

Gestern Abend hab ich das vorstehende über die *versus* zu-
sammengekohlt, und ich wünsche mehr als ich erwarte dass Einiges
brauchbar ist. Ich halte mich (wie ich sehe, nicht ohne Grund) davor gefürchtet, und so wären die Blätter ohne Deine Mahnung allerdings
vielleicht länger als Dir lieb war liegen geblieben. Was soll man
auch in solcher Verwirrung anfangen? Wenn z. B. volle zwei Tage
hingehn über Correctur eines Juvenal- und eines Apokalypsenbogens.
Denn sobald ich Reimer mit einem Worte gesagt hatte die Vorrede
sei angefangen**), schickt er mir natürlich gleich den Setzer auf
den Hals. Und was kann man überhaupt jetzt thun, da einem die
bängste Erwartung das Herz abstösst? Beide Kammern können sich
nicht entschliessen, ob sie die Vorlagen annehmen sollen (d. h. Pairs-
kammer annehmen und Steuerbewilligung bedingen) oder ablehnen,
weil weder Minister noch sonst Jemand versichern kann was die
Folge sein wird da wo leider dies Mahl allein die Entscheidung ist
und wo man allein nicht einsieht dass Preussen und Deutschland
auf dem Spiel steht. Hoffen kann man nichts, sondern alles ist Zu-

---

*) [Vergl. Lachmann zum Lucrez 5,1436 S. 347.]
**) [S. 102 S. 221.]

fall. Magst Du auch über noch so viel zu klagen haben, einladen
können wir jetzt weissgott niemand.

Grüsse Mariechen sehr schön wieder, und Gott gebe dass es
dauernd mit ihr besser gehe; aber natürlich auch Luischen, die beiden Frauen und Konrad: und Du *cura ut valeas* und lass Dich
nicht so leicht anfechten was keinen Ärger belohnt.

Meine Frage nach einem Verleger [102 S. 221] bedeutete dies.
Parthey hat mich längst um den L. angegangen: ich muss ihn aber
G. Reimer zuerst anbieten, und wer es nun ist der soll als Bedin-
gung leisten Papier und Druck so gut als in Berlin möglich, und
Deckersche Lettern. Wenn wir aber durch tolle Politik *in rutubam*
[Varro sat.] kommen, so soll es auf Löschpapier gedruckt werden.

104.

B. den 11 Merz 50.

Es könnte fast scheinen, ich wollte mich weder bedanken noch
Deine Selbstankündigung annehmen. Der Schein ist aber falsch.
Ich habe seit Wochen einen Rheumatismus im rechten Arm, der
seit Mittwoch oder Donnerstag ein Rheumatissimus geworden ist
und bei den beständigen Erkältungen grade wenn ich zu Hause bin
oft unerträglich ist und zur Entschuldigung des Nichtschreibens
dient. Dass Du willkommen bist in den Ferien und ausser den Ferien versteht sich, und es ist daher nicht nöthig zu schreiben dass
sie gesetzlich vom 23. Merz bis zum 15. Aprill dauern und in der
That höchstens eine Woche länger. Gesundet wünscht ich Dich
freilich: solltest Du aber in Leipzig damit nicht ganz zurecht kommen, so würden wir hier das mögliche thun. Also komm, und
schreib vorher wann, und bleib so lange Du magst. Das neueste
ist dass gestern die Universität die Verfassung beschworen hat (ich
Donnerstag mit der Akademie), und dass Huber zu Protokoll erklärt hat, er habe gegen den Eid protestirt — mit wohlfeiler Courage, wie es Schönlein nennt: warum sollte er auch die Professur
aufgeben, für die er doch nichts thut, sondern nur von ihr zieht?

Du hast recht gehört dass ich mich mit dem Lucrez beschäftige.

Es ist mir an einigen Stellen gelungen das Schlechte zu verkleben und Besseres darüber zu setzen.

Gross und Klein sollen herzlich gegrüsst sein, und *Curate ut valeatis.*

105.

B. 25. Merz 50.

Also Gottlob doch endlich eine Antwort. Sonnabend um 3 ist Gesetzlose; da der Bahnzug dann schwerlich hier ist, so wäre mir Freitag angenehmer — oder Donnerstag oder Mittwoch u. s. w. Hienach (um mit dem schleinitzischen kleinen Grobian an Hügel zu reden) muss ich Dir die Schritte selbst überlassen, die Du unter den gegebenen Umständen angemessen findest. Übrigens wirst Du merken dass ich mit meiner lahmen Pfote sehr undeutlich schreibe: sie thut mir auch schändlich weh.

Auf die mitgekeilten (S. 13, Z. 4 v. u.) vielen Epigramme*) kann ich nur eins setzen, aus Plinius n. h. 35, 37**)

Dignis digna loces . picturis condecoravit
reginae Iunoni' supremi coniugi' templum
Plautiu' Marcu', cluet qui Asia lata esse oriundus;
quem nunc et post semper ob artem hanc Ardea laudat.

mit der Bitte an Mommsen, sich weiter nicht um die der *ortho-graphia* des Aldus beigelegte Frage zu bekümmern.

Deine Nachricht von Mariechen freut mich trotz meiner eben sehr heftigen Schmerzen unendlich, zumahl weil ich nun für Deine Gesundheit auch guter Hoffnung bin, wie Stolbergs Oceanide. Das deutsche ʻReich der Mitte' wollen wir hoffentlich während Du hier bist begraben. Die Thronrede des Grafen von Würtemberg, des Burschenschaftskaisers, ist nicht mit Golde zu bezahlen. Kladderadatsch lässt von 'W. König in Stutgart' eine neue Ausgabe von

---

*) [In den Berichten der sächs. Gesellsch. d. Wissensch. 1850. S. oben zu 103 S. 221 f.]

**) [Vergl. Lachm. z. Lucr. 4,53 S. 216.]

Albertis Complimentierbuch ankündigen, vermehrt mit Thronreden,
Liebesbriefen u.s.w.

Mit welchem Tone, den man vor Gericht stellen könnte,
müste ich Dir als ein guter Schauspieler jetzt zurufen 'Komm her'?

Mein da — schwerlich ist zu urgieren: wird es negiert, so
hab ich nichts gesagt. Das 'nach den Feiertagen' Deines Briefs,
sieht mir so drohend aus, dass ich alles zurück nehmen möchte;
zumahl da ein solches nach gar keine Endbestimmung enthält.
Grüsse Gross und Klein, und sie mögen flink packen helfen.

106.

Seit vorgestern weiss ich von Haase, seit gestern von Stenzler,
was die Breslauer in Beziehung auf Dich gethan haben. Ich denke,
es wird Dir lieb sein, der Erfolg sei welcher er wolle. Graue Haare
wirst Du Dir nicht darum wachsen lassen. Zum Entschluss ist
Zeit genug, da es sehr unklar ist wo Geld herkommen soll*).

Vom Lucrez hat Decker zwei reizende Probeklummen setzen
lassen, die für Reimer, wenn er wieder kommt, zu theuer sein werden. Meinetwegen kann das Buch gern ungedruckt bleiben: wenn
ich nur aufhören kann weiter nachzutragen. Es stört mich, und es
wird monströs. Auf Nipperdeys Tadel habe ich erwidert, für einen
mimus passe mehr *elegans* als *pingue orationis genus***).

Göschen lässt fragen ob auch sein Brief mit den Recepten
richtig angekommen sei: Du hättest ihm, glaub ich, den versprochenen Bescheid nicht gegeben, und zwischen Halle und hier giengen
Briefe verloren: diesen habe er aber selbst auf die Post gebracht.
Ich wünsche dass die Mittel gut anschlagen, vielmehr dass sie nicht
nöthig sein mögen. Ich schreibe mit meinem Arm mühsam und
so schlecht wie es sich hier *in naturo* zeigt, sagte eine klenzische
Kinderfrau, und Dreher-Schütz im Faust *In forma humano*.

Zu Himmelfahrt hat sich der König seinen Congress bestellt.
Man möchte fast lieber wünschen auf Pfingsten, damit der heilige

*) [Vergl. 83 S. 194 und zu 114 S. 237.]
**) [Zu Lucr. 2,371 S. 94.]

Geist über sie käme. Vielleicht entschliesst er sich auch anderthalb Wochen eher zu kommen.

Einmahl erführe ich noch gern vor Pfingsten wie es Euch samt
und sonders geht und ob Ihr mich nicht ab bestellt. Wenn das
Wetter nicht in seiner heutigen Wärme vorwärts geht, so werdet
Ihr an mir oft einen knurrigen Gesellen haben. Am Donnerstage
hat ein schlecht geheiztes Zimmer der Akademie mich eine halbe
verstöhnte Nacht gekostet. Der sonst bewährte Grundsatz 'keinen
Feind zu statuieren' will auf die Länge nicht ausreichen.

Ich kann noch melden, dass die Nibelungen*) sollen wieder
gedruckt werden; was ich freilich meinen Zuhörern nicht verrathe.
Ohne sie zu betriegen: denn wenn Du mich nicht etwa herum
kriegst, so wird so gut als nichts geändert.

Mit lahmer Pfote streichle ich noch alle möglichst manierlich:
mache bei der Bestellung einen zierlichen Gruss daraus.

Sonnabend Abend 4/5. 50.

107.

Eiligst will ich melden dass ich Sonnabend nach Mittag mit
der Köthner Bahn kommen werde, geliebts Gott, Wind und Wetter
dienend, nebst einer ganzen Schar Narren, nämlich zwei Schiffs-
ladungen, einem *her Nithart***), und dem den ich selbst in mir
führe. Ich will nur hoffen dass der letzte Euch nicht lästig wird,
zumahl bei dem wiederigen kalten Wetter. Grüsse herzlich alle.
Ich freue mich ganz unbändig.

Donnerstag 16. Mai 50.
Mittag 12 Uhr $\frac{1}{4}$
(wie Massmann vor Mittag 12$\frac{1}{2}$,)

108.

Ich wollte nicht eher schreiben, als bis sich etwas mit mir
verändert hätte. Mit mir: denn in öffentlichen Dingen hat sich

---

*) [S. 110 S. 231.]
**) [Vergl. zu 65 S. 165.]

15*

genug zugetragen, was schlimm genug ist. Ich aber habe meinen
Rheumatismus fortdauernd: nur hab ich endlich gestern die erste
Correctur von 430 Versen Lucrez gelesen. In der Freude darüber
will ich denn Dir und den Deinigen meinen herzlichen Dank sagen
für die schönen Tage: wer weiss wann sie wieder kommen? jetzt
da man nichts weiss. Ich hoffe, Du lässt Dir die Sachen nicht allzu sehr zu Herzen gehn, sondern vielmehr Schönleins Mittel zu
St—. Lass mich hören dass sie Dir wohl thun, und dass Deine
Stimmung den Beifall Deiner Frau hat. Von Göschen kann ich
keine Ermahnungen schicken: denn ich habe ihn nicht gesehn. Er
weiss, scheint es, den Weg zu mir nicht zu finden, sondern ich nur
zu ihm. Er weiss daher auch noch nicht dass ich Mariechen so gut
gefunden habe, wie ich wünsche dass es fortgehn möge und dass
die Mutter es mehr als bisher erkenne.

Zu meinem Ärger ist im Horaz C. 2, 3, 9 *Quo amant?**) doch
richtig. Doch weiss ich nur virgilische Stellen, E. 6, 23, A. 2, 150
11, 735 12, 879, nachdem ich mühsam das ganze *quo* im Index
durchgesucht. Im Valer. Fl. 4, 476 wollte Gronow obs. IV p. 329
restra voluntas Quo? aber Heinsius verlangt den Accusativ, und
setzt *Quid* für das *Quod* der Hdss. Was soll man aber von den zwei
Stellen mit dem Ablativ denken? Aen. 4 [98] *quo certamine tanto?*
und [Vit. Virg. 61] *Tityre, si toga calda tibi est, quo tegmine fagi?*
was von Varros *Quid mihi somno?* bei Nonius s. v. *dormitio.*
'Darüber könnte man mahl was schreiben', sagte der selige Hecker.

Ein zweiter Ärger ist dass ich Lucr. 1, 163—165 Eichst. erst
bei der Correctur richtig interpungirt habe. Wie muss es sein?

Aber was sollen die *possen?* Zumahl da mir mein Arm beim
Schreiben recht ordentlich weh thut. Ich wünsche Euch allen zu-
nächst *indoloriam*, dann alles positive Gute, und einen baldigen
Entschluss wegen der Sommerausfahrt.

Mittwoch den 5. Juni 1850.

---

*) [Gehört zu den 55 S. 141 erwähnten Verbesserungen zu Horaz
im Rhein. Mus. a. a. O. u. in den Klein. Schrift. a. a. O. Vergl. unten
117 S. 243.]

109.

Du bist nun also allein und — kochst Dir selbst?*) Schon
das wünschte ich eigentlich nicht, weil Du dann ohne Andacht und
ohne Nutzen essen würdest. Wenigstens, hoffe ich, bist Du sonst
vernünftig, d. h. Du brauchst das vorgeschriebene, da sie nun einmahl meinen es sei nothwendig, und Du arbeitest nicht allzu toll,
sondern hübsch mit Masse. Mich haben die Correcturen, als einen
um den andern Tag ein Bogen kam, und noch dazu einmahl einer
vom Juvenal, würklich ermattet. Ich habe mir geholfen mit Faulenzen (darum hab ich auch nicht geschrieben) und mit Schlafen,
und ich bin wieder ganz frisch. Gestern ist der Text**) zu Ende
corrigiert (15 $^{1}/_{2}$ B.): zu den *capitulis* müssen Nonpareil-versalien
gegossen werden, an dem Steckbriefe wird gesetzt. Gute Setzer,
die kein Wort Latein können, sind, wie ich jetzt gelernt habe,
schätzbarer als gelehrte.

Mich über die *politica* zu grämen habe ich aufgegeben. Wenn
mir sonst alles recht wäre, und ein Hamlet hindert, weil er nicht
anders kann, so vermag ich nichts dagegen und durch Ärger richte
ich gar nichts aus. Euch souverainen Herren Professoren könnte
man wohl ein *macte* zurufen, aber es ist doch zu schmählich dass
gegen 20 gleich 16 elend sind. Für den Erfolg giebt dies Verhältniss wenig Hoffnung. Es bleibt bei dem allen nichts als Mr. Burchells *Fudge***)*.

Wie sollte ich doch über *bêre*†) mehr wissen als Du? Aber

---

*) [Dazu auf dem Rand.] Ich habe vergessen dass ja die Mutter
bei Dir sein wird: wenigstens hast Du nicht geschrieben dass sie
auch mit fort ist.

**) [des Lucretius.]

***) [*Vicar of Wakefield* c. 11; vgl. oben 57 S. 148.]

†) [S. Haupts Neidhart von Reuenthal S. 93,32 *sine triuwe habent
aberhäken als ein gér*, wofür II. S. 225 *als ein bér* zu schreiben vor-
schlägt; worauf auch Lachmanns Bemerkung sowohl die über den
Vers des Hardeggers (v. d. Hagen M. S. 2 S. 137ᵇ), wo *in ir schanden
berren* steht, als auch die weitere über *gér* sich bezieht.]

ein Neutrum scheint es zu sein, und schon deshalb nicht schwach
declinirt. In der waltherischen Strophe des Hardeggers verstehe
ich *jaget* nicht: denn es ist doch nicht so viel als *vœhet*. Ich
glaube es muss heissen *in ir schanden werren*, sie jagt sie in
ihren Schandenkrieg. Ein flüchtiger Einfall ist, ob nicht ein *gêr*
auch Widerhaken haben könnte, und ob sie nicht namentlich *des
herren Amores gêr* haben sollte: aber nachzusuchen bin ich wahrhaftig zu faul, zumahl da es bloss eine heerensche I d e e ist.

Dass die Aufforderung wegen Breslau*) an Dich kommen
würde, wuste ich, nicht so bestimmt dass sie der Facultät sollte
aufgetragen werden. Dass Du ihnen ehrlich geantwortet hast finde
ich recht. Ich würde so wenig als möglich mich in der Sache von
meinem Willen leiten lassen, sondern alles nehmen wie es sich
macht. In einer Welt des Zufalls leben wir jetzt doch einmahl,
und glücklich wer um zu leben nicht allzu sehr nöthig hat zu bitten.

Mein Arm — weil ich ihn eben fühle, will ichs doch sagen
— war bei der schönen Hitze fast gut: jetzt ist er minder gut, doch
leidlich, bei dieser unleidlichen Kälte. Ich habe in der Stube 14
—15 Grad.

Lass mich bald hören was Du von Dir und den Deinigen
weist, und grüsse die beiden Holsteiner schön: sie sollten nicht
zu toll werden, die Welt wäre jetzt einmahl toll. Gott bessers.

C. L.   10/7. 50 Abends.

110.

Aus einem Zettelchen von Jahn sehe ich dass Du wieder zu
Hause sein wirst. Dass Dir das Bad wohl gethan hat, schreibt er:
ich hätte aber gern von Dir selbst die Bestätigung, und dazu die
wahrhafte Versicherung dass Dich die lächerliche Disciplinarunter-
suchung**) nicht verstimmt, schon weil man ihnen den Gefallen
nicht thun muss. Haase war bis Sonntag hier, um seine Schwieger-

---

*) [Siehe zu 114 S. 237.]
**) [Siehe zu 111 S. 232.]

mutter zu begraben (mit dem Beerben hats grosse Noth): der Confusionarius (*huic mandes siquid recte**) meinte Deine Berufung sei vom Ministerium versäumt, während es die gröste Lust dazu hat, aber mit Schmerzen auf einen Bescheid der Facultät wartet. Ich hoffe dass Haase nun schnell dafür sorgt. Was Du dann thun sollst, magst Du Dir an den Rockknöpfen abzählen: auf keinen Fall kann Dir die Berufung schaden**).

Ich bin denn gar nicht weg gekommen, erst weil mich Bunsen mit seinem allzu kurzen Aufenthalt in Bonn anführte, dann weil mich kein Ort (innerhalb der Union muste er doch sein) genug anzog. Die letzten Wochen habe ich an einem uncholerischen Durchfall gelitten, und ich geniesse noch einer etwas schwachen Verdauung, obgleich ich sonst sehr wohl bin und vom Faulenzen gedeihe, ja sogar etwas an Umfang zunehme. Der Lucrez geht munter fort: 17 Bogen, bis IV, 1169, sind corrigiert; in den Anmerkungen denn auch einige Druckfehler, z. B. [zu III, 867] *ias natum* und [zu III, 844] φυχή: vielleicht wähl ich noch einige bessere und zeige sie dennoch nicht an. Mit den Nibelungen***) gehts in bequemer Langsamkeit: es haben sich freilich noch 60 verlegte Exemplare gefunden. Zu einiger Zerstreuung hätte ich nun allerdings Lust, und freue mich daher sehr auf den ersten Bogen *hern Nithartes*†), der ja wohl nächstens gar werden wird. Ich muss doch endlich was andres geniessen als Lucrez, besonders da mich das 3. Buch ärgert, in dem die langen Observationen zu dicht gehäuft sind. Am mässigsten und angenehmsten ist das vierte.

Deine Frau, hör ich, hat im Bade für das Kind gute Hoffnungen geschöpft: hoffentlich hat es sie selbst auch gestärkt auf den Winter, den ich ihr leicht wünsche: er ist zwar immer schwer

---

*) [Nach Ter. Adelph. 3, 3, 18.]

**) [Siehe zu 114 S. 237.]

***) [S. 106 S. 227. Es war die dritte Ausgabe der Nibelungen, die aber bei Lachmanns Lebzeiten nicht mehr zum Abschluss kam.]

†) [Vergl. zu 65 S. 165.]

in Gegenden die, wie Dove sagt, von der Natur nicht bestimmt sind bewohnt zu werden. Von Deiner Mutter habe ich seit lange gar nichts erfahren. Also erbarme Dich (ich meine das ernster als wie man es in Preussen bei der lumpigsten Bitte meint) und lass mich etwas von Euch allen wissen. Dass Du auch mein liebes Lieschen grüssen must, versteht sich wohl von selbst.

Für die Philologenversammlung*), die Ihr unser einem zu Liebe eher besuchen als verschmähen solltet, habe ich gestern eine Kneipe zu Mittag und Abend ausgemacht, für Böckh, der von einer chronischen Augenentzündung noch nicht weiter als zum spatzieren gehn in der Sonne hergestellt ist. Meine Freude ist nicht gross: auch weiss ich noch keinen vernünftigen Menschen der kommen wird, ausser Marquardt.

Von ganzem Herzen Dein getreuer C. L. 18./9. 50 Abends.

111.

Freitag 4. Oct. 50.

Lieber Freund,

Müde und matt von der Philologenversammlung*) (die wider mein Erwarten zur ganzen Befriedigung der Fremden ausgefallen ist durch Böckhs Geschicklichkeit) bin ich sehr dankbar für Deine Einladung. Ich wünsche am Montag Nachmittag bei Dir und den Deinigen einzutreffen. Du hast noch Zeit mich durch den Telegraphen abzubestellen, damit ich anders wohin wild in die Welt hinein streife. Ich sehne mich nur nach einem faulen Ausruhn von dem herum laufen und suchen. Da Du nach dem vermutlich in diesen Tagen gehaltenen Verhör**) ohne Zweifel in der schönsten Beruhigung bist, so wird mirs gewiss dies Mahl noch besser als immer bei Euch gefallen. Einen Kranken zu pflegen sollt Ihr übrigens nicht haben, sondern nur einen Faulen zu dulden.

---

*) [Vergl. M. Hertz Karl Lachmann S. 223.]
**) [Siehe 110 S. 230 und zu 113 S. 235.]

Also entweder Telegraph oder nichts ausser den schönsten
Grüssen und vorläufiger Entschuldigung für

Deinen und Euren

Quälgeist

C. L.

112.

Sonntag den 27. October 1850
Abend 7 Uhr.

Endlich kann ich schreiben: denn eben ist der schwere und
schlechte Index fertig geworden, und ich langweile mich bereits im
Katzenjammer der Vollendung. Heute vor 8 Tagen Abends um
halb Zehn kam ich mit kalten Füssen an, und mit der Lehre 'Fahre
nie mit Güterzug: denn er fühlt wie Du den Schmerz.' Für mich
wäre es allerdings zehnfach vortheilhafter gewesen, wenn ich noch
den ersten Morgenanfang des Geburtstags*) mit gefeiert hätte, zumahl auch das Wetter gut war: aber ich tröste mich damit dass es
für Euch ein angebrochenes Opferfest geworden wäre. Schon am
Montag ging das Corrigieren wieder an, Mittwoch das Indexmachen,
Donnerstag das Lesen (ich fand im Äschylus nur 12 bis 14, theils
wohl wegen Franzens edelm Stücke**), theils weil Trendelenburg
zugleich Geschichte der Philosophie liest), Nachmittags Akademie
und Facultät, Freitags Griechheit bei Trendelenburg. Ordentliche
Leute muss ich trösten, nicht weil sie eben Eure Schuld sondern
die Strafe für zu gross und schon für sicher halten. Schulze, sehr
wohl gesinnt, hat mir vorgestern gesagt, von Breslau***) sei noch
nichts angekommen: für jetzt aber werde der Minister nicht wagen
den Vorschlag vor den König zu bringen: eher wäre es bei Friedrich
Wilhelm III. angegangen, wie damahls mit dem Demokraten Schönlein. Aus Jahns Briefe, der heute früh angekommen ist, schliesse
ich dass Du noch immer nicht suspendiert bist, und glaube nun dass

*) [Am 21. October war der Geburtstag von Haupts Frau.]
**) [Siehe zu 85 S. 195. 197.]
***) [S. zu 114 S. 237.]

es gar nicht geschehn wird. Die Bosheit wird endlich auch ihrer
selbst müde, wenn sie sieht dass sie die gewünschte Verachtung
nicht zu Wege bringt. Ich glaube noch gar nicht stark an Hubertsburg*): wenigstens ist Zeit genug daran zu denken, wenn die Geschichte da ist.

Frau von Meusebach war heute bei mir. Vom König hat sie
bis jetzt gar keine Antwort erhalten. Sie wollte nun vom Minister
verlangen dass die Bibliothek noch 3000 (oder 4?) *Rthlr.* geben
sollte, zahlbar nach dem Verkauf der Doubletten. Ich habe ihr
nicht widersprochen, da es deutlich war dass sie sich in jedem
Falle zum Ziel legen wird.

Es ist nicht allein der Schnupfen, nicht allein der besagte
Katzenjammer, was mich durchaus unbehaglich stimmt, sondern
diese verdammte äussere Politik bringt mich in eine gelinde Verzweiflung. Am Ende wäre es besser wie Curtius**) und seine Frau
nach Böhmen zu gehn, weil es doch eine Insel ist, während Deutschland zwischen Frankreich und Russland liegt. Zuweilen bin ich
so frevelhaft zu wünschen dass der zweite 30jährige Krieg nur erst
anfangen möchte. Immer aber muss man sich doch wieder sagen
dass es im Innern leidlich geht: schade nur dass man das ausser
Preussen nicht sagen kann.

Ich bedinge mir aus dass Du schreibst was sich in Beziehung
auf Dich irgend eräugnet. Namentlich auch erführe ichs gern, wenn
Du zur Beruhigung und Stärkung Deiner Frau wirst eine Einrich-
tung treffen können. Grüsse die beiden Frauen und die beiden
Mädchen recht herzlich, und vergiss nicht den Frauen meinen Dank
zu sagen: denn ich hatte würklich auch eine Ausruh nöthig, und
sie hat mir sehr wohl gethan, ob ich gleich vor der gewöhnlichen
Hetzerei noch immer Angst habe und sie vermeide, auch kleine
Freuden gern vorlieb nehme, z. B. dass ich in den übrigens zum
Theil bedenklichen Senat gewählt bin, dass gestern der Minister

---

*) [Siehe unten zu 115 S. 239; u. über die Suspension 113 S. 235.]

**) [Georg Curtius, der um diese Zeit einem Rufe an die Uni-
versität zu Prag folgte.]

Mühler, ein durchaus braver und lieber Mann, auf meine Einladung nach vielleicht 30 Jahren wieder in die Gesetzlose*) gekommen ist. Wenn Du, wie es natürlich ist, jetzt ebenfalls kleiner Freuden bedarfst, so lass sie mir auch zukommen und schreib namentlich bald ·

Deinem

getreuen C. L.

[Auf dem Rand.]

Oeuvres complètes de P. L. Courier. Nouvelle édition. Bruxelles, J. P. Meline 1833.

Für Mommsen. 1) In der Unterschrift der Institutionen steht CLEMENTORUM: es ist also nur der erste Buchstab falsch, und Hänel erklärt besser als er liest.

2) Er soll nicht zu unsinnig arbeiten.

113.

Vom 2. bis den 13. November habe ich für meine Erkältung gebüsst und eine extrafeine Sorte von Gonagra genossen, zwei Tage bis zum Schreigrade. Ganz ohne Schmerz im Knie bin ich noch nicht, und von der schwachen Kost hundematt, ob ich gleich seit dem 14. wieder sehr schöne Vorlesungen gehalten habe.

Du siehst nun dass ich zu Eurer Suspension**), die sehr weise zur Erregung der Studenten nach dem Anfang Eurer Vorlesungen verhängt ist, meine Condolation (*a condolando*) noch nicht geleistet habe. Mommsen thut mir leid: die Sache scheint ihn etwas zu verwirren: sonst hätte er der Akademie nicht die unnöthige Weitläuftigkeit gemacht, sondern sich begnügt dass er uns und der Oberrechenkammer sicher genug erschien. Böckh hat die Sache einfach abgemacht und ist zufrieden, Mommsen hat sein Geld und

----

*) [Siehe zu 22 S. 67; und vgl. 67 S. 169; 105 S. 225.]

**) [Die am 27. Octob. (s. 112 S. 233) noch nicht erfolgt war. Die erste Gerichtsverhandlung s. oben 111 S. 232. Über diese und die zweite Verhandlung (S. 236) s. Ad. Michaelis an dem zu 115 S. 239 angef. Orte.]

wird es wohl brauchen. Habt Ihr schon Vermutungen über die Zeit
der zweiten Verhandlung? Zuweilen scheint es doch ganz gut dabei zu ergehn, wie neulich einem Hrn Lischke, oder wie er hiess.
Ich wünsche Dir bei allem nur *sang froid* und guten Boerhave.

Bei mir war in meinen Schmerzen der letzte besser als das
erste. Die tiefe Niedergeschlagenheit ist durch die allenfallsige Er-
träglichkeit der Thronrede etwas erhoben. Bei der von den Abso-
lutisten hier und von den Feinden gewiss nicht erwarteten Stimmung welche die Mobilmachung überall hervor gebracht hat, hoffe
ich nun das letzte von den Kammern. Gott wird uns doch endlich zwingen uns selbst zu helfen: wo nicht, so fliegen die Stücke
davon.

Der Lucrez wird schon verkauft, bis jetzt aber noch nicht ver-
schenkt. Es soll aber noch heute losgehn. Der Index ist unter
Schmerzen miserabel corrigiert, z. B. *Pomponius Mula*. Eine Bosheit gegen Dich wird Dir aber ohne Druckfehler zukommen.

Köchly hat mir seine Einrichtung von Ilias B geschickt*). Ich
denke seine 2 Lieder im nächsten Proömium drucken zu lassen,
worin die Widerlegung liegt. Oder meinst Du es lohne nicht?

Ich bin durch einen ganz angenehmen Schotten, Andrew
Hamilton, gestört, der Hildebrandslied und was die Küche sonst
giebt hört. Ich schliesse also nur mit den schönsten Grüssen an
Gross und Klein, und mit der Bitte mich mein langes diesmahl nicht
unartiges sondern unverschuldetes Schweigen nicht entgelten zu
lassen. Ich muss bald wissen wie es Euch geht und wie Eure
Stimmung ist.

Von ganzem Herzen

Dein C. L.

23/11. 50.

---

*) [*De Iliadis* B 1—483 *disputatio* vor dem Züricher Lectionskatalog für das Wintersem. 1850/51: abgedruckt in Köchly's Philolog.
Schriften 1. Bd. (1881) S. 1—20. — Aus Lachmanns Antikritik ist,
scheint es, nichts geworden.]

114.

'Die Breslauer haben H. nicht aufgegeben: sie haben keinen andern genannt, sondern erklärt dass sie ihn unter jetzigen Umständen vorzuschlagen Anstand nehmen. Ich werde nun sehn wie der Minister gesinnt ist: denn jetzt ist ja keinen Tag die Ansicht voraus zu sehn.' Dies sagte mir Schulze[*]) gestern, und was auch daraus wird, es kann Dir nicht unangenehm sein dass er bei seiner Gesinnung bleibt. Man darf Dirs also wohl schreiben. Ich will aber damit nicht sagen dass ich Dir etwas zu verschweigen hätte was entgegengesetzter Art wäre.

Gestern habe ich zum ersten Mahl Einquartierung gehabt, drei Mann Pommern, die ich freilich habe austhun müssen, und die ich nicht einmahl besucht habe, weil ich bei einer katarrhalischen Augenentzündung besser thue zu Hause zu sein und zu dämmern ohne Lesen und Schreiben. Heute ist mir, wie *figura* zeigt, bedeutend besser: doch sind deshalb die auswärtigen Lucrezexemplare noch nicht bestellt. Ich schicke Dir vier, von denen Du das beste hoffentlich behalten wirst. Decker bittet dass man vor dem Binden nicht lese, wahrscheinlich weil er die schnelle Ausbildung der Buchbinder für das wesentlichste Stück der Civilisation hält.

An das Gerede von selbsteignem Oberbefehl haben wir nicht geglaubt, das Übrige was Du angiebst gar nicht erfahren. Wenn wir erst Krieg haben, ist uns überhaupt nicht bange: aber ob wir ihn haben werden, ob Manteuffel bleibt, das ist unsere Angst, und wie weit auf die erste Kammer zu rechnen ist. Zu Vicepräsidenten hat sie 2 Ministerialräthe gewählt, v. Jordan (der in Erfurt war, nicht unmässig rechts, aber Geh. Oberfinanzrath) und Brüggemann! Gott helfe uns, dass die Regierung das Volk wenigstens fürchte.

---

[*]) [Siehe 115 S. 239; und vgl. über diese beabsichtigte aber nicht ausgeführte Berufung Haupts nach Breslau 106 S. 226; 109 S. 230; 110 S. 231; 112 S. 233.]

βρυαλλίχται μενέδουποι*) ist beneidenswerth. Hätte ichs
gestern Mittag statt heute Mittag gewust, so konnte Meineke davon
in der Classensitzung erfahren, wo wir dem H. Keil zu 125 *Rthlr.*
vom Ministerium noch 175 mehr zugebilligt haben, um nach Her-
zenslust in Frankreich lateinische Grammatiker zu holen, von
denen freilich meinetwegen das meiste der Teufel holen kann.

Doch ich fürchte die Röthe meines Auges durch längeres
Schreiben zu mehren. Wenn Euer inneres Departement würklich,
wie Du schreibst, im Ganzen gut steht, so sind die äusseren Stürme
zu ertragen. Von ganzem Herzen

Dein und Euer

C. L.   26/11. 50 nach 1 Uhr.

115.

Du treibst den Scherz gar zu weit, oder es geht Dir einmahl
wie den gelehrten Herren die den Wald vor Bäumen nicht sehen,
wenn Du nach den Versen fragst

χλῦθ' ἀλαλὰ πολέμου θύγατερ,

ἐγχέων προοίμιον, ᾇ θύεται

ἄνδρες τὸν ἱρόθυτον θάνατον.

Ich wuste übrigens schon davon, und habe einmahl bei Böckh eine
Abschrift von Franz geschn. Dein hesychisches εὕρημα hat Meineke höchlich gebilligt. Er wollte den Zettel an sich nehmen, um
Bergk Mittheilung zu machen für die neuen Lyriker: ich habe ihn
aber behalten. Indem ich im Bergk blättere, sehe ich aus seiner
Note zu Fr. 219 dass es vielleicht heissen muss ἄνδρες ὑπὲρ πό-
λεων τὸν ἱρ. θάν.**)

---

*) [Siehe unten zu 115 S. 238.]

**) [Von Haupt erst später in der Sitzung der sächs. Gesellschaft
der Wissenschaften vom 14. November 1851 (philol. hist. Classe
3. Band 1851 S. 313 u. Opusc. 1 S. 310 ff.) unter dem Titel 'Über ein
Bruchstück eines pindarischen Dithyrambus' vorgelegt. Vergl. unten
116 S. 240.]

Hab ich Dir Schulzens Reden geklatscht*), so musto ich ihm auch Deine Antwort klatschen. Ich soll Dich von ihm grüssen: es sei schon manches durch Schwierigkeiten hindurch dennoch fertig geworden (nämlich) er habe die Sache auf zwei Monate reponiert und werde dann sehn und auch mit mir berathen wie die Umstände seien. .

Wir leben angstvoll aus einem Tage in den andern, ohne zu wissen wie er sein wird. Nach den schmählichen Olmützer Verhandlungen hat die Regierung keine Partei in der Kammer mehr: selbst Bismarck Sch. will (in der heutigen Sitzung) Mobilerhaltung bis die freien Conferenzen begonnen sind. Die Adresse der 2. Kammer ist an die Commission zurück gegeben zur Verschärfung nach den neuesten Eröfnungen. Ladenberg hat Sonnabend und wieder heute früh den Abschied gefordert. Wo das Hemmniss liegt wissen wir: ich kann mir aber nicht helfen, ich glaube nicht mehr dass dem Absolutismus sondern dass dem Katholicismus alle Chancen Preussens geopfert werden. *möht ich versläfen des winters zît* [Walth. 39,6]! oder Euch zur Gesellschaft in Hubertsburg**) wohnen. Der *Prinze* hat wieder grossen Streit mit dem K. gehabt, 'unser Heer soll mit dem Raubgesindel zusammen sein?' Du siehst, ich bin eben nicht geeignet Dich in Deinen Nöthen zu trösten. Und meine Entzündung will zwar noch nicht weichen und geht von einem Auge zum andern, aber sie macht mir die Stimmung nicht. Ein Ende muss doch jedes Ding haben: *wol im ders erbeiten kan* [Walth. 48, 21].

Die Lucreze müssen nun endlich in Leipzig sein: sonst sind die Reimerschen Leute zu nachlässig. Morgen werde ich mahnen: es wäre schon geschehn, wenn ich nicht die kalte Luft auf weiten Wegen scheute. Ich wünsche zu erfahren was Euch beim Lesen lästig und langweilig ist; zumahl da mir selbst die philologischen

---

*) [Vergl. 114 S. 237.]

**) [Vergl. 112 S. 234. 'In erster Instanz wurden Haupt und Mommsen zu längerer Festungshaft in Hubertsburg verurtheilt.' A. Michaelis über O. Jahn in der Allgem. deutsch. Biographie.]

Bücher meist langweilig vorkommen. Vom Äschylus*) soll Dich
aber das Lesen nicht abhalten, und vor allem *cura ut valeas*,
dann dass Du schreibst wie es allen herzlich gegrüssten geht (ich
meine auch die beiden Holsteiner) und wie Ihr die Schwere der
Lage tragt. Von ganzem Herzen

Dein C. L.

Dienstag 3/12 50 gegen Abend.

116.

Weihnacht gegen Mittag. 1850.

Wegen der Pindarischen *bévue* tröstet Dich wohl mein *edictum
unde vi* im Pomponius Mula, und mein Vergessen dass man doch
im Pindar ὑπὲρ πολίων schreiben müsse, wie auch dass der Opfer-
tod durch diesen Zusatz erst verständlich wird**).

Einen Besuch von Hertz und einen phrygischen Klagebrief
Haasens hatte ich eben überwunden, als ich obiges schrieb. Mit
dem letzten Wort erfolgte ein zweiter auch wenig lieblicher langer.
Dann folgte ein vergeblicher Anerkennungsbesuch auf Ladenbergs
Flur, hierauf ein erfolgreiches Essen bei Schott, empfehlenswerth
durch sehr gute kleine Austern, langweiliger Kaffe. Ein Besuch
beim alten Link, der trotz Grippe und Stein wohl noch einmahl
durchkommen wird, sogar gerührt war und mir die Philosophie
der gesunden Vernunft als Kranker schickte. In der Hausthür begegnet mir Pertzens Sohn, lädt mich auf morgen ein und zwingt
mich zu politischen Gesprächen. Das Centralblatt vom 28.***) hatte

---

*) [Dem von G. Hermann unvollendet hinterlassenen, den Haupt
nach Hermanns Tode seinem Wunsche gemäss zum Abschluss und
zur Herausgabe zu bringen unternommen hatte: er erschien aber
erst nach Lachmanns Tode 1852.]

**) [Siehe zu 115 S. 238.]

***) [Vermuthlich das mit 1. October 1850 ins Leben gerufene
Literarische Centralblatt von Fr. Zarncke, dessen letztes Blatt dieses
Jahrgangs, vom 28. Decemb., vielleicht schon etwas früher ausgegeben
war; die gemeinte Anzeige von Mommsen ist wohl die vom 2. Novemb.
S. 101 über das *Corpus inscriptionum Graecarum. vol. III. ed. Franzius.*]

ich zwar da liegen gesehn, aber kalt und ohne Begierde, bis ich zuerst auf Mommsens eliminierte Inschriften anbiss, von wo aus ich mich dann freilich mit dem grössten Spass ganz durchgefressen habe, obgleich Jahn übermorgen bei einigen Speisen noch den *nomenclator* wird machen müssen. Das nöthigste wird ihm gewährt werden, obgleich die Pawlowska krank ist, und dabei so sanft dass ich zweifle ob sie dies Mahl würklich recht krank ist oder gar nicht; es müste denn sein dass ich sie durch meine ungewohnte Sanftmut gerührt hätte.

Warum ich aber meinen sechsstündigen Lebenslauf so lang und langweilig geschildert habe? Weil heute morgen so schöner Sonnenschein war, und ich, statt zu schreiben, was ich eigentlich wollte, in dem neuen Hefte der Zeitschrift, aber auch zugleich in VII, 3, herum stöberte, und weil ich beweisen wollte dass ich zwar jetzt durchaus wohl bin und namentlich ein γόνυ χλωρὸν*) besitze: doch aber kann ich die Plackereien seit dem 20. Oct. nicht vergessen (14 Tage halb gesundes Quälen, 14 Tage *gonagra*, 14 Tage Augenentzündungen, 14 Tage Mattigkeit von entzogenem Fleisch und Wein — nicht Bein), und ich bin in einer gereizten Stimmung, die durch das Kleinste erregt wird und mich dann wieder ärgert. Nur muss ich mir doch zur Ehre nachsagen dass davon Niemand etwas merkt, ausser wer mir sehr gut oder lieb ist: und von solchen kommen die ärgerlichen Stimmungen nicht, weil ich um nichts weniger reizbar für alles angenehme bin. Ich weiss nicht wie Obbarius den horazischen Brief an Albinovanus [1, 8] erklärt *Vivere nec recte nec suaviter***), aber gewiss dumm, wie diese unmenschlichen Kerle immer.

Eben bemerke ich dass die Beschreibung meiner Reizbarkeit eine feine oder grobe Anspielung scheinen kann. Du wirst als Nicht-Obbarius gefühlt haben dass sie es nicht sein sollte: willst Du sie aber selbst dafür nehmen, so ist das Deine Sache. Ein Gutes weiss ich doch unter andern in Deiner Lage, das Nicht-

*) [Theocrit. 14, 70.]
**) [Vergl. 12 S. 44 u. 53 S. 137.]

lesen*), weil Du noch jung genug bist um in der Zwischenzeit
eine angenehme Wut auf das erneuerte Lesen (wenn auch grade
nicht in Leipzig) zu kriegen. Mir ist ganz anders zu Sinne, und
ich glaube dass ich schon in weniger als 10 Jahren mir ein zu
alter Professor scheinen werde: es kommt gar zu selten dass durch
Sache oder Person ein Junge ordentlich erwärmt wird. Du hast
gut reden, Du könntest nicht 2 Seiten der meinigen schreiben: ich
fühle es gut genug dass ich in keiner Zeile Deine Dialektik nach-
machen kann, dass ich für Eure fleissige und fruchtbare Gelehrsamkeit nicht Gedächtniss nicht Geschick habe. Und nun gar die
grimmischen Aufsätzchen: es ist wahr, ich mag sie nicht schreiben,
aber ich kann es auch nicht und eine solche fahrige Genialität liegt
ganz ausser meiner Fähigkeit. *Nippaldei***) hat, wie ich wohl fühle,
dem Lucrez viel zu viel grosses nachgesagt: aber worauf ich grade
den einzigen Werth lege, das was ich dem Marullus***) und Deinem
Erec***) nachgerühmt habe, das hat er den Interpunctionen und

---

*) [Siehe zu 113 S. 235.]

**) [Nipperdey's (*Nippaldei* wohl nach *hoppaldei* bei Neidhart;
s. Haupt Zeitschr. 6,81) Recension des Lachmannschen Lucretius in
Zarncke's Literarischem Centralblatt 7. Decemb. 1850 n. 10 S. 192.]

***) [Lachmanns Äusserung über beide möge auch hier stehen.
Comm. z. Lucr. S. 11 (vgl. oben 68 S. 170) *omnium studia cum ingenio
tum diligentia longe superarit Michahel Marullus, ortu Graecus, sed in poësi
Latina eximius, qui cum se totis viribus in Lucretii ingenium et
artem insinuasset, in eius carminibus emendandis multo plus praestitit
quam post eum vel doctiores.* Anm. z. Iwein 2. Ausg. S. 362 *eben so
glücklich hat Haupt das jugendwerk Hartmanns, den Erec, in würdiger
gestalt ans licht gebracht, indem er durch scharfes eindringen und
liebevolles hinein fühlen in des dichters weise die sprödigkeit
der überlieferung zu bezwingen wuste.* Die Übereinstimmung des Urtheils
über zwei so verschiedene Gelehrte und Leistungen ist einleuchtend
und lässt erkennen, worauf Lachmann auch für sich den Nachdruck
legte. Von dieser Fähigkeit aber in die Eigenart eines Dichters sich
hinein zu finden und zu fühlen, besass Nipperdey, der ein logischer
Kopf und ein guter Grammatiker war, nichts, und sie fehlt auch heutzutage vielen von denen die als Kritiker gelten.]

Emendationen nicht angemerkt: und das thut mir insofern weh als
ich sehe dass ich darin wieder ausser der Zeit bin und also eigentlich abziehn könnte.

Weihnachten habe ich, und recht angenehm, gestern bei der
Klenze gefeiert, freilich nun mit der Zeit ohne Kinder die mit
Mariechen und Lieschen zu vergleichen wären. Ist Konrad bei
Euch gewesen, oder hat er schon wieder die Braut vorgezogen?
Ob ich mir Zarncken bei Eurem Weihnachten denken kann und
ihn da zu denken habe, weiss ich nicht recht. Ich bin gegen ihn
dankbar und ehre ihn sehr — aber's heiraten tue i nit. Was ich
gern von Euch wissen möchte werdet Ihr Jahn mitgegeben haben,
und ich warte gern bis übermorgen. Nun allen und jeden, wie
Benecke jedes Jahr gleichlautend schrieb, *a merry Christmaſs and
a happy new-year*).*

1851.

117.

Da Hirzel sagte von Deinem *mignon* oder *dindo* Horaz**) sei
noch nichts ge d r u c k t, so wollte ich schon vorgestern, konnte aber
selbst gestern noch nicht schreiben dass doch ja nicht etwa mir
zu Ehren oder vielmehr zu Unehren ii, 3, [9] etwas andres gesetzt
werde als *Quo pinus — amant Ramis?* Denn sonst müste man
auch *cur* schreiben Virg. ecl. 6, 23 Aen. 2, 150 11, 734 12, 879
Propert. 2, 13, 45***). — *Thynus* [ii, 2, 11] *ego et Meinekius
correxerunt.* 1, 12, 46 *Marcellis ego et Perlcamp. corr —*
1, 20, 5 *Care eques* und *Maecenas eques* sind beide dumm.
Clare ist nothw. 1, 24, 13 *Quid si — Num* 1, 25, 12 *vento*

---

*) [S. oben 44 S. 122.]

**) [Haupts Horaz erschien 1851; ob ihn Lachmann, der am
13. März 1851 starb, noch fertig gesehen, ist zu bezweifeln; seinen
Antheil an der Ausgabe zeigt vorliegender Brief zur Genüge.]

***) [Siehe oben 108 S. 228.]

ohne Interpunction   1, 35, 3 habe ich gedacht *sursus* für *corpus.*
Gewiss gehört nach *triumphos* ein Punctum.   24 *linquis* versteh ich nicht. *perdis* wäre recht, ist aber keine Emendation.
II, 5, 12 *varius* scheint mir nur möglich, wenn *autumnus* = *au-
tumnitas* = *uvae.*   II, 6, 7 *Sit domus tibi lasso maris.*
'*Utinam Tibure in domo mea tecum consenescam. quod si
illinc Romam nimis saepe trahemur, quietiorem sedem petemus
Tarentum.*'   II, 11, 4 *Quaerere. ne trepides — fugit retro
nec* oder *neu* hat keinen Sinn.   23 *comptum* = *aptum, in
sese collectum.*   III, 2 und 3 zusammen.   III, 11, 30 *Im-
piae nam quid potuere maius?*   Epod. 2, 39 *Quid si ego et
Q codex Vanderb.*   16, 15 *Forte quod* '*Quae res vos forte
iuvet, mala effugere quaeritis?*'   S. 1, 1, 93 *minus, et —
parto quod avebas; ne facias quod U. quidam. non l. est fa-
bula. dives —, sordidus —, ad usque Supremum tempus —
metuebat.*   108 *qui nemo, ut avarus, Se probet* warum niemand
sich selbst als habsüchtig anerkennend das rechte zu thun und zu
haben meint, sondern neidisch ist. Aber *at potius* geht wohl nicht.
Aber *obstet.*   S. II, 2, 29 *distat nihil hac magis* (Schüssel)*)
illa. distare mit Ablativ könnte wohl richtig sein. Lucilius *Non
haec quid valeant, quidve hoc inter siet illud, Cognoscis?* in
der Stelle von *poĕsis* und *poĕma* [298 Lachm.].   II, 3, 163
ohne allen Witz aus Ep. 1, 6, 28 wiederholt. Desgleichen S. 1, 2, 13
aus A. P. 421 und Ep. 1, 1, 56. 18, 91. Carm. 4, 8, 33.
276 *in quem* C. Franke (der vor wenig Wochen gestorben ist) im
Januar 1838.   Ep. I, 1, 86 *auspicium, cras*   I, 2, 31 den
schon wieder versäumten Schlaf geniessen. *somnum.*   I, 11, 7
'*Scis — furentem.*'   I, 16, 7 *decedens*
Kohls genug: ich freue mich auf den Schmuck der Westentasche,
und fürchte auch wahrhaftig nicht dass der Äschylus**) darunter

---

*) [Dieselbe Erklärung hat im Jahr 1871 Madvig *Advers. crit.* 1
S. 102 n. empfohlen. Vielleicht dass jetzt die doppelte Autorität ihr
Eingang verschafft.]

**) [Hermann's Aeschylus. Siehe oben zu 115 S. 240.]

leidet. An die Krache des wankenden Thrones der Thronrede am Ordensfest denkt man lieber gar nicht, um sich nicht todt zu ärgern. Für Mommsen habe ich mir erlaubt an Huschken zu schreiben. Ich wollte nur, Eure Erkenntnisse kämen endlich: so könnte man ja Eurer Regierung den Gefallen thun sie von Euch zu befreien*).

Ein bischen Lucilius**) must Du trotz Deinem Hohn doch wieder geniessen. Da mich J. Becker widerlegen will***), so muss ich ihm doch mit meiner Widerlegung zuvorkommen. Übrigens fordre Dir von Tischendorf eine Belohnung für Deine Entdeckung des Apostels Lucas.

Mit Mariechen war Hirzel ja sehr zufrieden: ich hoffe Ihr seid es auch, und mit Euch selbst desgleichen. Ich grüsse Gross und Klein von ganzem Herzen.

24/1. 51.

---

*) [Der ministerielle Erlass, welcher die Amtsentsetzung Haupts und seiner beiden Genossen O. Jahn und Th. Mommsen verfügte, erfolgte erst am 22. April 1851.]

**) [Das xii. Ian. unterzeichnete Proömium f. d. Sommersem. 1851, die *Graeca* bei Lucilius behandelnd.]

***) [Im Philologus Bd. 5 (1850) S. 726.]

Nachträge.

S. 3. Die beiden Horazcitate sind bekannt. Das Citat aus Rümzlant hat mir K. Weinhold nachgewiesen. — Dass Haupt in Meusebachs Hause Lachmann zuerst kennen gelernt hat, deutet er selbst an in der Vorr. z. Erec S. III 'in dem Gehege des Seidenfadens, wo ich zuerst Sie kennen lernte': dieselbe Bezeichnung bei W. Grimm in der Widmung des Rosengarten (Göttingen 1836) an Meusebach S. VII. Vgl. Wendeler Briefw. Meusebachs mit J. u. W. Grimm S. 412.

S. 7 A.*** Vgl. Lachmanns Brief an Jos. Freih. von Lassberg v. 4. April 1838 (Fr. Pfeiffers Germania XIII. 1868. S. 496): 'Den Gregorius hätte ich wohl mehr zu bevorworten (in einer gedruckten Vorrede hab ich es nicht gewollt) wegen Ihres Schützlings Greith. Im Juli 1836 ward von Rom eine Notiz für die Staatszeitung geschickt, mit dem Zusatz, Hr. Greith wisse nicht wie das Gedicht heisse und ob es bekannt sei, dass ich dem Redactor das Nöthigste angeben muste, damit die Notiz nur vollständig erscheinen konnte, 19 August 1836. Die Arbeit ist aber doch noch schlechter geworden als danach zu erwarten war und Sie müssen es mir verzeihen dass ich im Grimm dieses zierlichste aller Gedichte des 12/13 Jh. möglichst herzustellen versucht habe. Ich begreife J. Grimms grosse Dankbarkeit nicht (ich erfuhr sie erst als ich schon 5 Bogen hatte drucken lassen) und finde an dem ganzen Buche nichts gut als den Abschnitt den er Ihnen verdankt' usw.

S. 11 A.* Vergl. 49 S. 133.

S. 12,1. Vergl. Lachmanns Brief an Fr. von Lassberg v. 4. April 1838 a. a. O. S. 496.

S. 15,10. Mit dem was Lachmann über Orthographie sagt ist zu verbinden Comm. z. Lucr. 4,78 u. 1,125.

S. 16,24. Über Hygin vgl. Vorr. z. Babrius S. XI.

S. 26 A.* Comm. z. Lucr. 5,679 S. 304.

S. 30 A.** Vgl. auch Lachmann z. Iwein 2. Ausg. S. 455 A.

S. 32 Br. 8. Über Greith vgl. Lachmanns Brief an Fr. v. Lassberg
a. a. O. S. 496 s. oben zu S. 7 A.***

S. 33,3. *Anglo Saxonica:* vermuthl. 'Altsächsische und angelsächsische
Sprachproben. Herausgeg. v. H. Leo.' Halle 1838.

S. 38,15 zwischen Rand und Lippe: d. i. μεταξὺ κύλικος καὶ χείλεος.
Vgl. Jahn Leipz. Ber. 1848 S. 128. Paroemiogr. Gr. 1 S. 148; 2 S. 617.

S. 39,1. Lexicalische Arbeiten: vgl. 10 S. 41 und Wendeler Briefw.
Meusebachs mit J. u. W. Grimm S. 418. 419.

S. 45 A.* Lachmanns Vorrede zum Walther 2. Ausg. S. x.

S. 60,15 ff. Die mit *A. Z.* unterzeichnete Recension im Hamburg.
Correspondenten schliesst mit den Worten 'Wir können in dem,
was uns hier als echter Kern der Nibelungen geboten wird, nur
eine Entwerthung, ja Entweihung des grossen alten vater-
ländischen Werkes erkennen.' In den Blätt. f. litter. Unterhaltung S. 1033b heisst es 'dieses unser grosses Nibelungengedicht
durch Zerstückelung auf die vermeinte ältere Gestalt zuzückzu-
führen, ist durchaus unstatthaft, ja frevelhaft.'

S. 68,3. Jos. Scaliger: *Scaligeriana sive Excerpta ex ore Iosephi Sca-
ligeri* (Genevae 1666) p. 208 '*nihil autem possunt pedantes in illis
rebus, nec ego nec alius doctus possemus scribere in politicis.*' J. Bernays Jos. Scaliger S. 175.

S. 68,5. Ion: s. Athenaeus XIII,81 p. 604 d τὰ μέν τοι πολιτικὰ οὔτε
σοφὸς οὔτε ῥεκτήριος ἦν ἀλλ' ὡς ἄν τις εἰς τῶν χρηστῶν Ἀθηναίων.

S. 72 Ahrens: s. S. 74. 77. 78. 81. 84 u. vgl. Ahrens Widmungsbrief
an Lachmann vor seinem Buch *De dialecto Dorica* (1843) S. v f.

S. 85 A.*** Comm. z. Lucr. 5,1006 S. 328.

S. 97,7. Lücke: Über Lachmanns Verhältniss zu Lücke s. jetzt 'Briefw.
Friedrich Lückes mit J. u. W. Grimm. Herausgeg. v. Sander'
(Hannover 1891) S. 86 ff. u. S. 113 ff.

S. 97,13. Palilienfeier: Über eine Palilienfeier in Berlin im J. 1843,
schreibt mir R. Kekulé, sei ihm nichts bekannt: bekannt sei,
was O. Jahn Eduard Gerhard (vor Gerhards Akadem. Abhandl.
2. Bd. 1868. S. xcviii) bemerkt, dass Gerhard in den J. 1833 u.
1835 Versuche gemacht habe, die Palilienfeier nach dem Muster
der römischen in Berlin einzuführen. — Über die römische Palilienfeier, das Doppelfest des archäolog. Instituts in Rom, s.
Ad. Michaelis Geschichte des deutsch. archäolog. Instituts (Berlin
1879) S. 41. 74. Gerhard in der von ihm seit 1843 herausgege-

henen Archäologischen Zeitung berichtet zwar Jahrg. 1843 über das zu Berlin zuerst 1841 begangene Winkelmannsfest S. 47 (vgl. S. 46) und über die am 21. April 1843 in Rom gefeierten Palilien S. 143 (vgl. 159), von einer ähnlichen Feier in Berlin in demselben Jahre findet sich aber keine Erwähnung.

S. 102,22. Scaliger: s. *Scaligeriana* (Genevae 1666) S. 264 *Persius miserrimus Autor obscuritati studet, non pulchra habet, sed in cum pulcherrima possumus scribere.*

S. 109 A.** S. Lachmanns Brief an Jos. Freih. von Lassberg v. 4. Juni 1826 (F. Pfeiffers Germania XIII. 1868. S. 492) 'Wie sehr beneide ich Sie um Ihre Arbeit für diesen Sommer am Weingartner Codex! Wenn ich ihn zwei Tage in Händen haben könnte, ich wüsste wohl, was ich thäte. Ich liesse mich bloss auf die Lieder unter dem Namen Walthers von der Vogelweide ein, und auf die welche ihm andre Handschriften zuschreiben — und dann sähe ich für meine längst vorbereitete Ausgabe Walthers ein Ende ab.' — Ebenda vom 20. Juni 1827 (a. a. O. S. 492) 'Vielleicht ist in Ihrer Ausgabe der Hdschr., die ich B getauft habe ... zu solchen Berichtigungen Raum und Gelegenheit. Wie begierig ich überhaupt auf das viele Belehrende bin, das sie nothwendig bringen muss, habe ich mir schon erlaubt in einer Anmerkung [z. Walth. S. v] zu sagen.' Vgl. auch den Brief v. 26. Jan. 1828 a. a. O. S. 494. 495.

S. 113 A.** Vergl. Lachmanns Brief an J. Freih. v. Lassberg v. 26. Januar 1828 (Pfeiffer Germania XIII. 1868. S. 494) 'Ich kann, wenn Ihre Ausgabe [des Weingartner Codex] da ist, besser in meiner Art, wie beim Walther fortfahren: denn ich hätte grosse Lust auf ihn die Liederdichter des 12 Jahrh. folgen zu lassen, d. h. was unter Kürenberg, Dietm. v. Ast, Veldeke, Friedr. v. Husen, Kais. Heinrich, Heinr. v. Rugge, Reimar d. alt., Bligger v. Steinach und Hartm. v. Aue steht, einiges auch unter anderen Dichtern und sonst zerstreut.'

S. 117,9. *Itinerarium Antonini:* Erst 1848 ediert u. d. Tit. *Itinerarium Antonini Augusti et Hierosolymitanum ex libris msptis edid. G. Parthey et M. Pinder.* Berol.

S. 119 A.† Es waren nicht die Brockhausischen Unterhaltungsblätter sondern die auch von Brockhaus herausgegebene 'Deutsche Allgemeine Zeitung,' wie ich auch schon vermuthet hatte, aber nicht constatieren konnte, weil der betreffende Jahrgang der Königl. Bibliothek fehlte, den nachträglich einzusehen die gütige

Vermittelung des Hrn. Wilmanns mir ermöglicht hat. Hier steht in N. 243 v. 29. Nov. 1843 die fragliche Mittheilung aus Berlin v. 26. Novemb., die nicht, wie man nach Lachmanns Ausdruck hätte vermuthen können, seine litterarischen 'Sachen', sondern sein Rectorat, Differenzen der Studenten mit Rector und Richter der Universität betraf, deren officielle Berichtigung v. 1. Decemb. in N. 248 v. 4. Decemb. 1843 abgedruckt ist.

S. 122 Br. 45,2. Griechheit: Über die 'Griechheit', deren Lachmann hier und 52 S. 136; 92 S. 208; 112 S. 233 gedenkt, sei nachträglich noch auf M. Hertz Karl Lachmann S. 211 fg. verwiesen, und bemerkt, dass sie unter diesem vermuthlich von Lachmann herrührenden, sicher immer von ihm gebrauchten Namen in ununterbrochener Tradition fortbesteht.

S. 123,3. Gebser: der, wie Hr. A. Harnack mir gütigst mittheilt, Berlin 1828 den 'Brief des Jakobus mit genauer Berücksichtigung der alten griechischen und lateinischen Ausleger übersetzt und ausführlich erklärt' hat.

S. 133,4 v. u. Die vorgängige Buchhändleranzeige, die Lachmann meint, kenne ich nicht, aber gleichen Dienst kann folgende Verlegerempfehlung des ganzen Werkes thun. "Die Verlagshandlung erlaubt sich die Aufmerksamkeit auf obiges Werk durch nachstehendes Urtheil eines bedeutenden Philologen zu lenken: Der ebenso geistreiche als gründlich gelehrte Verfasser legt dem gelehrten Publikum hiermit das Resultat seiner langjährigen tiefen Untersuchungen über Properz vor Augen. Der traurige Zustand des Textes früherer Ausgaben, so wie der höchst mangelhaften Erklärungen ist jedem Philologen bekannt, um so liebevoller und gespannter muss er diese Arbeit aufnehmen, die an systematischer Gründlichkeit wohl alle bisherigen exegetischen Arbeiten übertrifft. Der Verfasser nämlich hat den Versuch gemacht, dem Ideale wahrer Wissenschaft auch in der Erklärung, welche bis jetzt immer mehr oder weniger an Willkühr in der Form litt, so dass an systematische Nothwendigkeit nicht zu denken war, nahe zu kommen. Er legt daher ein Musterbild vor, dem die Philologen unsrer Zeit recht bald viele ähnliche Arbeiten an die Seite setzen mögen, wenn sie durch die That beweisen wollen, dass die Philologie wirklich zur Wissenschaft erhoben werden könne usw."

S. 135 A. ** sollte heissen: an dem oben S. 133 A. *** angeführten Orte.

S. 148,6 v. u. Zu Mr. (so) Burchells *Fudge* vgl. zu 109 S. 229.

S. 149. Br. an Hermann: *Plauti Bacchides. Rec. G. Hermannus.* Lips. 1845. — Das Programm vermuthl. *De Pindari ad solem deficientem versibus.* edit. a. 1845; wieder gedruckt im 8. Bd. der Opusc. S. 75 ff.

S. 151 A.* Vergl. auch G. Hermanns Aufsatz 'Über die Horazische Ode an Censorinus' in der Sitzung der sächs. Gesellsch. d. Wiss. v. 26. Januar 1847 vorgelegt (s. 1. Bd. d. Berichte S. 274 ff. u. Opusc. 8. Bd. S. 402).

S. 172 Br. 70, 14. Jena: zur Philologenversammlung; vgl. 71 S. 173 und M. Hertz Karl Lachmann S. 221.

S. 220, 12. Politische Blätter: worüber mir Ad. Michaelis mittheilt "Mit den 'politischen Blättern' sind ohne Zweifel neun Blätter von je 2—4 Quartseiten gemeint, jedes als 'Fliegendes Blatt aus Sachsen' bezeichnet, die in scharfer Sprache gegen Beust und die Sächsische Regierung sich wenden, an denen Haupt Mommsen und Karl Reimer Antheil hatten. Die von Lachmann vermisste Angabe der einzelnen Verfasser fehlt auch in meinem Exemplar der jedenfalls sehr seltenen Blätter. Die meisten derselben, wo nicht alle, fallen in den Schluss des J. 1849."

Demselben verdanke ich die Einsicht eines Exemplars von *Doctor Schmossmanns predigt.* Die vorausgeschickte Dedications-epistel an Klee ('Dem hochgelahrten Herrn, Herrn Julio Klee, Doctori und Rectori der Schule in der Altstadt Dressden') ist 'geschrieben zu Leipzig, am tage Sanct Schweinhardi 1849' und trägt die Unterschriften 'Moriz Haupt, aus der Oberlaussnitz ... O. Jahn .. Jens *Th.* Mommsen ... Salomon Hirzel ... Karl Reimer ... Jürge Wigand ...' — In der Predigt selbst S. 12 'Helffent mir bitten für den Pferdssdreck | das Eyer darauss werden | so wöllen wir es zů einer sauffen bon' ist wohl die Stelle, an der Lachmann an *sausse* für *sauffe* dachte. — Auch S. 221, 8 'Weidmanns Erben und Reich' ist Anspielung auf die Dedication S. 5.

S. 220, 19. Die *Marmi* von Doni, das Geschenk von Jahn, finden sich in Lachmanns Bibliothekskatalog n. 5502 verzeichnet. Über Doni (Antonfrancesco) selbst und seine *Marmi*, von denen mir ein Exemplar der Königl. Bibliothek zur Hand ist, erinnert mich R. Kekulé an die Mittheilungen von Tiraboschi in der Storia della letteratura Italiana (Moden. 1792) vii, 3 S. 1048. 1054. Es ist leicht ersichtlich dass diese *Ragionamenti fatti a i marmi di Fiorenza* für den Archäologen nicht, wohl aber für die Litteratur der Zeit und die Litterarhistoriker von Interesse sind.

Register.